프로네시스
그 영혼의 날갯짓

지성에
선함을
입혀라

프로네시스 그 영혼의 날갯짓

지성에 선함을 입혀라

조무남 지음

이담북스

영혼의 날갯짓,
나비는 왜 꽃을 찾아 나는가

애달픈 사연을 가진 영혼은 죽어서 나비가 되어 아름다운 꽃밭에서 너울댄다고 한다. 그래서 그런지 우리는 이 꽃 저 꽃을 찾아 나는 나비의 날갯짓을 보면서, 육신을 떠난 애달픈 사연을 가진 한 영혼이, 아직도 이승에 두고 온 무엇인가를 그리워한다고 걱정한다.

우리는 '나비'를 보고 자주 '영혼'을 연상한다. 고대 헬라스어 'psyche프시케'는 '영혼'을 뜻하기도 하고, '나비'를 가리키기도 한다. 우리가 '나비'를 보고 '영혼'을 연상하는 것은 결코 우연한 일이 아닌 듯싶다.

나비의 일생은 아름답기도 하지만, 그 아름다움은 왠지 처절하기도 하고 신기하기도 하다. 알에서 깨어난 애벌레는 그 질곡

桎梏의 세월을 보내면서 성장과 변신을 거듭한다. 겨울이 오면 나뭇잎에 매달려 번데기를 틀고, 그 안에서 살을 엘 듯 추운 눈보라를 견딘다. 그러나 봄이 오면 그 번데기는 날개 달린 나비가 되고, 아름다운 꽃을 찾아 날갯짓을 펼친다. 나비의 탈바꿈, 그 변신metamorphosis의 아름다움이다.

　윤도현이 부른, 박태희 작사 작곡의 <나는 나비>가 있다. 그 처절한 고난의 세월을 보낸 뒤, 그러나 꿈을 간직한 한 마리 나비가 꿈을 노래한다. 그 가사 가운데 몇 토막이다.

　　　내 모습 보이지 않아
　　　앞길도 보이지 않아
　　　나는 아주 작은 애벌레

　　　추운 겨울이 다가와
　　　힘겨울지도 몰라
　　　봄바람이 불어오면
　　　이젠 나의 꿈을 찾아 날아

　　　날개를 활짝 펴고
　　　세상을 자유롭게 날 거야
　　　노래하며 춤추는
　　　나는 아름다운 나비
　　　　：

그런데 노래하며 춤추는 이 나비의 '날갯짓'이란 무엇인가. 그 날갯짓은 무엇을 위한 몸짓인가. 꽃밭에는 아름다운 꽃들이 있고 그 이름들이 있다. 아름다운 꽃밭을 나는 나비의 몸짓은 분명 그 꽃들의 이름을 사랑하는 것일 거다.

그리스·로마 신화에 '프시케'라는 이름을 가진 공주의 이야기가 있다. 그녀는 에로스가 사랑한 아름다운 여인이었다. 기원전 2세기 로마의 작가 루키우스 아풀레이우스Lucius Apuleius의 「변신Metamorphoses」에 들어 있는 한 이야기의 주인공이다.

아풀레이우스는 <프시케 이야기>를 '사랑'과 '겸손'과 '절제'와 '지혜'와 '성실'과 '아름다움'과 '선함'으로 꾸몄다. 이들 고귀한 덕德들은 프시케의 캐릭터character였고 영혼이었다. 아니, 이 덕들은 프시케의 영혼에 피어 있는 아름다운 꽃들의 이름들이었다. 아풀레이우스는 프시케가 이 이름들을 위한 사랑의 날갯짓을 펼친 뒤, 올림포스에 올라 입신入神을 하는 애처롭도록 아름다운 모습을 신화로 묘사해 냈다. 아풀레이우스가 자신의 작품에서 이 아름다운 여인에게, 하필이면 '영혼'의 뜻을 가진 '프시케'라는 이름을 붙였는지 짐작이 간다.

그런데 나비가 찾는 꽃밭과 그 아름다운 것들의 이름들처럼, 인간 영혼[psyche]이 찾는 꽃밭과 그 아름다운 것들의 이름들은 무엇인가. 인간 영혼도 나비처럼 그 냉혹한 혹한과 숱한 인고忍苦의 세월을 이긴 뒤, 아름다운 것들을 찾아 가냘픈 날갯짓을 펼칠 것이다. 그러나 인간 영혼이 찾는 아름다운 것들의 이름은 분명, 풀과 꽃과 나무와 바람과 같은 것들만은 아닐 것이다. 그 것들은 오히려 프시케의 언어들, 곧 '사랑'과 '겸손'과 '절제'와 '지혜'와 '성실'과 '아름다움'과 '선함'과 같은 것들일 것이다. 그 런데 이 '영혼의 언어들'은 도대체 어디에서 오는가? 그것들은 하늘에서 내려온 것[天命之]인가? 아니면, 우리 영혼이 스스로 만들어내는 것인가? 이 책을 쓰는 이유다.

*** *** ***

아리스토텔레스의 작품 가운데에는 '영혼에 관하여'라는 뜻을 갖는 「데 아니마De Anima」가 있다. 「데 아니마」에서 아리스토텔 레스는 영혼의 속성을 처음에 '애정affections'으로 인식했다. 그 는 그 '애정'이 유연함과 두려워함과 불쌍히 여김과 용기와 기쁨 과 사랑과 증오와, 심지어 진리와 아름다움과 선함에 이르려는 열정을 모두 아우른다고 썼다. 그러나 그는 이 열정들 가운데 일 부를 '품성'에 관한 것을 일컫는 '에토스ethos'라는 이름으로, 다 른 일부를 '지성'을 뜻하는 '누스nous'라는 이름으로 분류했다. '유연함'과 '두려워함'과 '불쌍히 여김'과 '용기'와 같은 것들을 '에토스'로, '진리'와 '아름다움'과 '선함'과 같은 것들을 '누스'로 구분한 것이다. 그런데 이 후자들은 어느 세상의 것이고, 또 그렇 게 높아 보이는 이유는 무엇인가? 그런데 아무리 생각해도 이 후자의 세상은 전자의 세상이 없으면 갈 수 없는 곳인 것 같다.

아리스토텔레스는 자신의 명저 「니코마코스 윤리학」에서 '누스'를 다시 두 가지로 나눴다. 하나는 사물의 관계에 내재하는 불변의 법칙을 찾아내는 능력이고, 다른 하나는 항상 변하는 상황 속에서 그런대로 선한 것the good이 무엇인지를 찾아 끊임없이 숙고하는 능력[德]이다. 아리스토텔레스가 설계한 영혼의 구조다.

인간 영혼이 사물의 관계에 내재하는 불변의 법칙을 찾는 능력은 '있는 그대로의 세계the world as it is'에 관한 것이고, 항상 변화하는 상황 속에서 '그런대로 선한 것'이 무엇인지를 찾아 끊임없이 숙고하는 것은 '마땅히 있어야 할 세계the world as it should be'에 관한 것이다. 전자는 과학과 같이 객관적 진리를 추구하는 관조[theoria]의 세계에 관한 것이고, 후자는 인간 삶의 여러 유형이 그렇듯이 그런대로 선한 것을 추구하는 실제[praxis]의 세계에 관한 것이다.

'마땅히 있어야 할 세계'는 '있는 그대로의 세계'에 관련된 지식과 이론을 배제하지 않는다. '마땅히 있어야 할 세계'는 '있는 그대로의 세계'를 바탕으로 자신의 세계, 곧 '선善하다고 판단되는 세계'를 이룩하기 때문이다. '있는 그대로의 세계'를 '존재[is]의 세계'라 한다면, '마땅히 있어야 할 세계'는 '당위[ought]의 세계', 곧 '인간이 만들어 사는 세계'일 것이다. 그렇다면, '있는 그대로의 세계'를 바탕으로 하지 않는 세계가 있다면, 그것은 전도顚倒된 망상妄想의 세계에 불과할 것이다.

그런데 존재의 세계와 당위의 세계 가운데 어느 세계가 인간 영혼이 깃들기에 보다 더 적합한 세계인가? 답을 하기에 별로 어려운 질문은 아니다. 그러나 영혼의 진정한 모습을 파악하는 길목에서는 더할 수 없이 중요한 질문이다.

*** *** ***

고대 헬라스어 가운데에는 철학자들의 눈에 익은 참으로 아름다운 용어들이 많다. 그러나 그 가운데 가장 아름다운 것들은 이와 같은 것들일 것이다. 'egkrateia엑크라테이아', 'sophrosyne소프로쉬네', 'phronesis프로네시스', 'praxis프락시스', 'agathos아가토스', 'kallos칼로스', … 그런데 이들 용어는 아무리 봐도 서로 떨어져 존재할 수 있는 것들이 아닐 뿐만 아니라, '영혼'과도 결코 무관한 것들이 아닌 것 같다.

'엑크라테이아'는 '절제'를 뜻한다. 영어로는 'self-control'로 번역된다. '절제'는 지적 편견과 오만에서 벗어나 '앎'의 논리적 제약을 겸손하게 따를 줄 아는 덕이다. 소크라테스가 소피스트들에게 '너 자신을 알라.'라고 했을 때의 그 지적 겸손[self-knowledge]을 가리킨다. 그런데 '소프로쉬네'는 또 어떤 것인가. 플라톤은 '엑크라테이아'와 '소프로쉬네'의 용법을 구분하지 않았다. 그렇다면, '소프로쉬네' 또한 '절제'로 번역된다. 하지만 그 뒤 아리스토텔레스는 '엑크라테이아'와 '소프로쉬네' 사이를 구분하여 사용했다. 그는 '소프로쉬네'를 합리적 이성에서 벗어나지 않으려는 '절제'뿐만 아니라, 감성적 욕망에 휩쓸리지 않으려는 '절제'까지를 포함하는 보다 넓은 의미로 사용했다.

그런데 아리스토텔레스에게는 '엑크라테이아'와 '소프로쉬네'가 함께 작용하는 세계가 있다. '프락시스', 곧 '실제實際'의 세계다. 그의 '프락시스'에서 인간은 무엇이 '선한 것[agathos]'인지를 찾고, 삶을 통해서 그것을 구현해 내고자 한다. 이때 무엇이 '선한 것'인지, 그것을 어떻게 실현할 것인지를 궁구하는 지성을 헬라스 철학자들, 그 가운데 누구보다도 아리스토텔레스는 '프로네시스'라 했다. 우리는 이를 '실천적 지혜'라 번역한다.

그런데 '선한 것', 곧 '아가토스'는 또한 '아름다운 것[kallos]'과 따로 있으려 하지 않는다. '아가토스'와 '칼로스'는 서로 구분할 수 없을 만큼 그 의미가 중첩되어 있다는 뜻이다. 아닌 게 아니라, 고대 헬라스 사람들은 이들 사이를 '그리고'를 뜻하는 'kai'로 연결하여 'kalos kai agathos칼로스 카이 아가토스', 곧 '아름답고 선한 것'이라는 어구를 만들어 자신들의 국시國是로 사용했을 정도였다.

'엑크라테이아', '소프로쉬네', '프로네시스', '프락시스', '아가토스', '칼로스', … 아무리 보아도 이들은 서로 떨어져 존재하는 언어들이 아닌 것 같다. 이들은 알 수 없는 영혼의 힘에 의하여, 마치 천문天文의 세계가 우주의 힘에 의하여 성운星雲으로 이루어지듯이, 그렇게 독특한 언어의 세계를 형성하니 말이다.

그리고 보니, 이 독특한 영혼의 언어들이 꾸미는 세계는, 프시케의 그 아름다운 영혼이 추구한 세계이기도 하고, 인간 영혼이 만들어 살고자 하는 세계이기도 하다. 그러나 그것은 분명 '울 밑에 선 봉선화'처럼 우리의 육안에 들어오는 '있는 그대로의 세계'는 아니다. 그것은 오히려 '선한 것'을 추구하는 세계, 곧 '마땅히 있어야 할 세계the world as it should be'일 것이다. 이 세계는 영혼의 언어들이 꾸미는 세계, 곧 영혼의 형상形相을 가리켜 하는 말일 것이다. 그런데 이처럼 독특한 세계는 도대체 어떤 원리를 따라 형성되는 세계인가.

*** *** ***

'엑크라테이아', '소프로쉬네', '프로네시스', '프락시스', '아가토스', '칼로스', … 이와 같은 독특한 언어들로 형성되는 세계는 결코 공허한 세계가 아니다. 이 언어들이 만드는 세계는 인간 영혼이 '있는 그대로의 세계'에서 발하는 원초적 충동을 스스로 정화하고, 그 결과로 변신을 거듭하면서 이룩하는 세계이니 그렇다. 하지만 이 독특한 세계는 우리의 육안으로는 볼 수 없으니, 그것은 어차피 우리가 만들어낸 이와 같은 독특한 언어와 이 언어들로 엮어지는 형식을 통해서밖에 이해할 수 없을 것이다. 그리고 이 언어들이 엮어지는 형식에는 분명 우리의 육안으로는 볼 수 없는 힘이 작용할 것이다.

아닌 게 아니라, 이 언어들 사이에는, 마치 밤하늘의 별 무리가 그렇듯이, 서로가 서로를 끌어당기는 보이지 않는 힘이 작용할 것이다. 그래서 이들은 서로 한 무리를 이룰 것이다. 그런데 이들을 엮어내는 그 보이지 않는 만유를 이끄는 인력引力과 같은 그 '힘'이란 도대체 무엇인가. 이 책에서 그 '힘'은 '활동[activity]'을 뜻하는 '에네르게이아'이다. 고대 헬라스어 'energeia에네르게이아'는 '영혼의 형상'이나 '영혼의 본질'로 읽어도 된다. '에네르게이아'의 정체를 밝히는 것이 이 책의 주제다.

*** *** ***

별들의 세계에서 작용하는 그 힘을 '이론적인 것the theoretical'이라 한다면, 선의 세계에서 그 힘은 '실천적인 것the practical'이 될 것이다. 이 힘을 가리켜 우리는 아리스토텔레스를 따라 '프로네시스[실천적 지혜]', 곧 '실천이성practical reason'이 이끄는 힘이라 하면 좋을 것 같다. 이 추론은 결코 헛된 망상만은 아닐 듯싶다. 이 추론이 성립된다면, 결국 우리 영혼의 언어들이 이끄는 그 본질적인 힘은 다른 것이 아닌 실천이성이 되는 셈이다.

그러고 보니, '우리 영혼이 자라면 무엇이 될까?'라는 의문이 이미 풀린 셈이 되었다. 그러나 이 말을 이 책은 그 끝자락 어딘가에 다시 남겨놓지 않으면 안 될 것 같다. 그런데 거기에서 그것은 '인간 영혼이 자라면 무엇이 될까 했는데, 그것은 어느덧 자라서 실천이성이 되었네…'라는 아주 간단한, 그러나 평범하지만은 않은 한마디가 될 것 같다. 그런데 또 하나의 의문이 있다. 그것은 '프시케의 이야기'를 꾸미는 그 영혼의 언어들, '사랑'과 '겸손'과 '절제'와 '지혜'와

'성실'과 '정직'과 '공정함'과 '아름다움'과 '선함'은 어디에서 오는가이다. 이 책의 끝에 가서 답해야 할 관심거리다. 그러나 그 답의 정체는 이미 어렴풋하게나마 드러난 셈이다. 즉, 이 언어들은 하늘의 신이 아니라, 인간의 신 그 실천이성이 만들어내는 그 가장 알맞고 적절한 영혼의 모습에 붙인 이름이라는 사실 말이다. 이 책에서 저자는 이를 그 어렴풋한 이미지 속을 헤쳐가면서 증거해 보이고자 한다.

*** *** ***

프시케, 그 영혼의 날갯짓은 참으로 아름답다. 나비의 날갯짓이 봄바람을 타고 너울거리며 아름다운 꽃을 찾아 날 듯, 인간 영혼 또한 그 날갯짓을 하면서 선善의 세계로 향하니, 어찌 아름답지 않겠는가. 이 글은 여기저기에 흩어져 있는 영혼의 흔적들을 찾아 그것들 속에서 인간 영혼의 그 아름다운 모습을 추적해내려고 한다.

이 책「프로네시스 그 영혼의 날갯짓」은 이미 세상에 나와 있는 저자의 다른 작품「플라토닉 러브」와「공자, 그런대로 편안한 세상 만들기」의 속편으로 보아도 좋을 것 같다. 사실,「프로네시스 그 영혼의 날갯짓」은「플라토닉 러브」와「공자, 그런대로 편안한 세상 만들기」를 쓰고 난 뒤에 얻어낸 인간 본성에 관한 어렴풋한 이미지의 디테일이다. 아닌 게 아니라, 이 세 책들 사이에는 '선善'이라는 중심 개념으로부터의 일탈逸脫도 없고, 글쓰기의 방법적 차이도 없다. 이들 모두가 선善을 지향하는 인간 영혼의 존재 양식에 관한 담론으로 일관되어 있을 뿐만 아니라, 선善의 세계에 들어오는 언어들을 묶고 그들 나름의 논리를 따르는 인문학적 글쓰기를 했기 때문이다.

이 책은 '선함의 날갯짓'을 그 밑그림으로 삼았다. '나비의 날갯짓'을 추상화한 것이다. 그리하여 이 추상화된 모형을 아폴레이우스가 <프시케 이야기>의 주제로 삼은 '영혼의 변신 과정'과 나란히 놓고자 했다. 그렇게 함으로써 그런대로 한 가닥의 풍유諷喩를 즐기고자 했다. 인간 프시케의 영혼이 신성神性을 얻게 되는 아폴레이우스의 문학적 알레고리를, 철학적 모형으로 재구성하여 인간 영혼의 본질과 그 변신을 철학적 프레임으로 재조명하려고 했다는 뜻이다. 그렇게 함으로써 궁극적으로 이 책은 인간 영혼의 참모습, 그 사유思惟의 모형[프로네시스]을 하늘의 것들[天之道]이 아니라, 인간의 것들[人之道]로 다시 조각해 내고자 했다.

2021년 7월 19일 저자

▍목차

I

신화 속의 영혼

제1장

프시케의 변신과 영혼의 언어

아풀레이우스의 〈프시케 이야기〉

  '영혼'에 관한 우리의 관념이 언제 싹텄는지는 알 수 없다. 하지만 인류는 참으로 오랜 세월을 거치면서 이 단어를 이렇게 저렇게 여러 가지 용법으로 사용하여 왔고, 그러는 동안 그 의미도 이모저모로 다듬어 왔을 것이다.

  '영혼'의 모습을 완벽하게 그려낸 것은 아마도 아리스토텔레스의 「데 아니마De Anima」일 것이다. 그러나 '영혼에 관하여'라는 뜻을 갖는 이 책은 난해한 철학서로서 매우 드물게 읽히는 책에 속한다. 그런데 일반 대중에게 잘 읽히는 '영혼의 이야기'는 '영혼'이라는 뜻의 이름을 가진 프시케Psyche가 주인공으로 등장하는 이야기일 것이다. 〈프시케 이야기〉는 로마의 라틴 작가 루키우스 아풀레이우스Lucius Apuleius가 썼다. 에로스와 프시케의 사랑 이야기다. 그러나 이 이야기를 읽는 사람들은 에로스와 프시케의 애절한 사랑 이야기에 눌려, 우리가 관심을 두고 있는 '영혼'에 관한 이야기로는 읽지 않을지도 모른다.

'프시케psyche'는 '영혼' 혹은 '나비'를 가리킨다. 그래서 그런지 '영혼의 탈바꿈'과 '나비의 탈바꿈'은 아무리 봐도 비유로서 제격이다. 이 때문에 사람들은 예로부터 '프시케'를 때로는 '영혼', 때로는 '나비'를 뜻하는 단어로 사용했을지도 모른다.

영혼에 관한 이야기는 참으로 많다. 그것은 신화에도 들어 있고, 종교에도 들어 있으며, 민속에도 들어 있다. 그런가 하면, 그것은 철학과 심리학의 탐구 대상이기도 하다. 이와 같은 다양한 현상은 '영혼'이 하나의 특정 영역에 속할 만큼 그렇게 특수한 것도, 명료한 의미를 가진 것도 아니라는 점을 반증한다.

지금도 그렇지만, '영혼'은 처음에 애매하고 모호한, 불가사의한 실체reality를 가리키는 용어로 사용되었다. 아닌 게 아니라, 그것은 이해하기 어려운 인간 삶을 설명하는 데 이런 뜻 저런 뜻으로 사용하여 왔다. 하지만 그것은 인간 삶을 이끌어 가는 보이지 않는 힘이었다.

영혼의 세계와 과학

과학의 범위 안에서는 '영혼'이 어떻게 사용되어 왔는지를 찾아보기 어렵다. 객관적 지식을 탐구하는 과학자들은 애매하고 모호한 이 단어에 마음 놓고 뛰어들 수는 없었을 것이다. '영혼'이 가리키는 대상이 분명하지 않으니, 거기에 뛰어들 여유가 있었겠는가. 만약 '영혼'이 가리키는 대상이 객관적·가시적인 것이라면, 그들이라고 해서 어찌 그것을 다루고 싶은 충동을 억제할 수 있었겠는가.

아닌 게 아니라, '영혼'은 과학자들이 사용하는 측정방식이나 표현방식으로는 포착되지 않는다. 그것은 질량도, 무게도, 속도도, 시간도 갖고 있지 않으니 그럴 수밖에 없을 것이다. 하지만 '영혼'이 과학적 탐구의 범위에 들지 않는다고 하여, 그것이 우리 모두의 지적 호기심을 감소시킬 수는 없었다. 오히려 상황은 그 반대였다. 인간은 항상 과학의 한계를 넘어서는 경지에 보다 깊은 관심을 보인다.

'실재하는 것'을 '과학적 측정이 가능한 것'으로 제한하는 것은 인간의 폭넓은 지적 호기심에 대한 명백한 배반일 것이다. 인간 이해에는 과학적 방법에 한정시킬 수 없는 넓은 부분이 있기 때문이다.

뇌 과학자 알렉산더Alexander와 톰킨스Tompkins는 그들의 최근 저서 「천국의 지도」에서 과학적 한계에 관한 의미 깊은 단안을 내렸다. 예컨대, 이와 같은 것이었다. 플라톤과 아리스토텔레스의 사상이 비록 먼 옛날에, 그것도 과학적 방법이 충분히 발달되기 이전에 만들어진 것이었지만, 그리고 비가시적인 것에 관한 것들이 대부분이었지만, 그것은 지금은 물론, 미래에도 우리의 뇌리에서 사라지지는 않을 것이라는 것이었다. 알렉산더와 톰킨스가 우리에게 전하고자 한 메시지는 분명했다. 그러나 그 메시지는 분명 플라톤과 아리스토텔레스의 사상이 과학적 방법의 발달에 의해서 어느 날 객관적 진리로 인정받는 날이 올 것이라는 과학적 낙관론은 아니었을 것이다. 또한 플라톤과 아리스토텔레스가 개척한, 물질세계를 초월한, 그 상상하기 어려운 광활한 세계의 밑그림까지도 송두리째 과학의 범주에 들어오는 과학제국주의 시대가 올 것이라는 뜻은 더더욱 아니었을 것이다. 그런 것이 아니라, 알렉산더와 톰킨스의 뜻은 오히려 그 반대였을 것이다. 그것은, 소크라테스를 이어받아, 플라톤과 아리스토텔레스가 넓혀 놓은 그 신비롭고 은밀하여 정의하기조차 어려운 그 세계는, 비록 미래의 과학이 아무리 발달된다 하더라도, 과학연방주의에는 통합될 수 없는, 그 나름의 자율적·독립적 특성을 가진 세계라는 것을 강조하기 위한 것이었을 것이다.[1] 그렇다. 그들은 과학적 방법을 만능이라고는 생각하지 않았다. 그들은 오히려 과학이 잘못되면 과학주의의 이데올로기에 빠진다는 점을 경고하고 싶었던 것으로 보인다. 아닌 게 아니라, 그들의 「천국의 지도」에는 걱정이 깔려 있었다. 그것은 과학주의가 '영혼'과 같은 인간이 가지고 있는 그 신비한 특징[humanity]을, 과학의 한계 때문에 과학의 밖으로 거침없이 일축해 버리지 않을까 하는 염려였다.

영혼에 관한 연구는, 다른 연구 주제들과는 달리, 과학적 탐구의 범위를 훨씬 넘어선다. 아닌 게 아니라, 식물의 세계를 관

---

1) E. Alexander and P. Tompkins (2014), *The Map of Heaven*, Chap. 2.

찰하던 과학자 앨리스터 하디 경Sir Alister Hardy은 마침내 인간 내면의 세계에 눈을 돌렸다. 그리고 인간 내면의 세계를 뇌과학만으로 설명한다는 것은 불가능하다고 선언했다.[2] 생물학적 세계와는 달리, 영혼의 세계는 본질적으로 보이지 않는 세계이니, 그것이 송두리째 과학적 설명 안에 들어간다는 것은 상상하기 어려운 일이었기 때문이었다. 인간의 내면세계는 느낌과 상상과 의지와 이성적 추리와 같은 것들로 형성되고, 이들은 모두 무게도 없고 질량도 없고 부피도 없으니, 과학자의 현미경과 무게를 다는 저울로는 속수무책이었을 것이다. 그러나 인간 영혼의 내면세계를 들여다보는 데 실패하는 훌륭한 과학자들은, 자신들이 가지고 있는 현미경의 초점거리가 너무 짧다고 불평하지는 않을 것이다. 대신에 그들은, 그들의 과학적 탐구 과정에서, 인간 내면의 그 신비롭고 불가사의한 현상과 마주친다면, 그들은 오히려 그 잡히지 않는 신비의 세계를 경탄하면서, 자신들이 가지고 있는 과학적 방법만으로는 그 세계에 다가갈 수 없음을 애석하게 여길지도 모른다.

영혼에 관한 연구는 분명 과학자들의 실험실에서 이루어질 수 있는 것은 아니다. 하지만 아무리 그렇다고 할지라도, 만약 그들이 훌륭한 과학자들이라면, 그들은 이 일 때문에 영혼의 존재까지를 부인하려고 하지는 않을 것이다. 그럼에도 불구하고, 만약 '과학'의 이름으로 영혼의 존재를 인정하지 않는 경우가 있다면,

---

2) Alister Hardy (1979), *The Spiritual Nature of Man.*

그것은, 윌리엄 제임스_{William James}가 언급한 것과 같이, 과학의 오만이 무엇인지를 보여주는 아주 적절한 예가 될 것이다.[3]

'영혼'의 용법

'영혼'을 뜻하는 헬라스어 '프시케_{psyche}'는 '숨을 쉬는 활동[respiration]'을 뜻한다. 그리하여 '프시케'는 '호흡'을 뜻하는 'pneuma프뉘마' 또는 '바람이 부는 것[공기의 이동]'을 뜻하는 'pnoe프노에'와 함께 쓰인다. '프시케'는 공기[氣]를 호흡하여 생명[生]을 갖게 됨을 뜻한다.

옛사람들은 '프시케'를 '영혼'과 '호흡'과 '기氣의 이동'을 가리키는 말로 사용했다. '영혼'과 함께 '호흡'은 생명[生氣]의 근원이었다. 이 둘은 헬라스에서 원래 같은 의미로 사용되었다. '프시케'가 '영혼'과 '호흡' 그리고 '생명'을 가리킨다는 어원적 설명이다.

'생명을 가진 것'은 흥분, 용기, 욕망, 기개, 갈망과 같은 감성적 특성을 가지고 있다. 모두 '영혼'의 확장된 의미들이다. 그런데 이와 같은 다양한 의미를 가진 '영혼'을 우리는 어디에 초점을 맞추어 사용할 것인가?

아닌 게 아니라, 우리에게는 할 일이 하나 생겨났다. 그것은 무엇보다도 우리가 사용해 온 '영혼', 헬라스어로는 'psyche', 영

---

3) William James (1902), *The Varieties of Religious Experience.*

어로는 '소울soul'로 불리는, 이 '영혼'이 어떤 용법으로 사용해 왔는지를 확인하는 일이다. '영혼'의 정의에 관련된 이야기다. 그런데 그렇게 하기 위해서 우리는 먼저 과거로 되돌아가야 할 것이다. 그러나 이 일은 정말 난해한 일에 해당된다. 하지만 매우 뜻깊은 일 가운데 하나일 것이다.

과거로 돌아가 '영혼'이 어떻게 사용되어 왔는지를 살피는 일은 영혼에 관한 이야기를 이어가는 데 적지 않은 시사점을 제공할 것이다. 그리고 그 시사점을 통해서 우리는 영혼의 문제가 귀속되는 가장 적절한 학문이 어떤 것인지도 어렴풋하게나마 파악할 수 있게 될 것이다.

언제부터인지는 몰라도 인류는 '영혼'이라는 말을 만들어 그것을 이런저런 방식으로 큰 불편 없이 사용하여 왔을 것이다. 추정컨대 '영혼'은 처음에 무엇인가 아쉬움을 토로하는 일상적 담론에서 사용되기 시작했을 것이다. 그런 다음 그것은 신화와 전설 속으로 들어갔을 것이다. 또 그런 다음 그것은 인간의 영생과 사후의 세계를 마련하는 종교에서 사용했을 테고, 더 나아가서 그것은 한恨의 미학이나, 인간 정신의 숭고함을 그려내는 철학적·시문학적 표현에서도 중요한 자리를 차지했을 것이다.

그러나 이와 같은 과정에서도 '영혼'의 용법은 여전히 애매하고 모호했을 것이다. 아닌 게 아니라, '영혼'이라는 말은 그 지시 대상이 육안의 세계에 들어 있지 않으니, 그렇게 그 쓰임새가 애매하고 모호할 수밖에 없었을 것이다. 사실, '영혼'은 일상적 용법에서 '정신spirit'을 가리킬 때도 있고, 심리학에서는 '자아自我'와 동의어로 사용되기도 했으며, 신학에서는 신의 속성 가운데 일부를 가리키기도 했다.

아리스토텔레스의 저술에서 '영혼'의 의미는 참으로 넓다. 그에게 있어서 영혼은 인간만이 아니라, 모든 생물들, 심지어는 식물들 속에도 살아 있다고 생각했다. 많은 사람들은 인간에게 있어서 영혼은 육신에 깃들어 있다가, 그 육신의 생명이 끝나면 육신으로부터 이탈한다고 생각했다.

앞에서 잠시 언급한 것과 같이, '영혼'은 우리가 호흡을 할 때, 그 '숨'을 가리키는 경우도 있다. 우리는 기원전 15세기경의 「창세기」에서 천지를 창조한 신이, 처음에 인간을 진흙으로 빚어 그 형상形象을 만들고, 그것에 입김을 불어넣으니, 그 형상이 숨을 쉬기 시작했다고 읽는다. 창조주의 입김[호흡]은 생기生氣를, 그리고 영혼을 상징했다. 인도의 요가행법에서도 이 호흡을 중요하게 생각한다.

동양에서 '영혼'은 '혼백魂魄' 속에 들어가 있다. 이때 '혼魂'은 사라지지 않는 신적인 것을 가리키고, '백魄'은 육신이 생명을 다하면 사라지는 그 감각적인 것을 가리킨다. 그렇기 때문에 이때 '영혼'의 이야기는 주로 '혼魂'에 관한 이야기다. 그러나 '영혼'을 '넋'으로 사용하는 경우도 있다. 사람의 몸속에서 마음을 다스리는 것을 '넋'이라 한 것이니, '넋'과 '영혼' 사이에 구분이 있을 수 없었다.

'영혼'이 철학적 담론에 들어온 것은 철학의 초기부터였다. 물론 철학에서도 '영혼'의 용법은 단조로운 것이 아니었다. 초기의 철학에 일정한 형식이 없었으니, '영혼'의 용법도 일정한 틀이 없을 수밖에 없었다.

　에피쿠로스학파는 영혼이 원자들로 구성되어 있어, 육신과 함께 있는 것이라고 믿었다. 그렇기 때문에 그들에게 있어서 영혼은 육신이 사라지면 따라 사라지지 않을 수 없는 것이었다.

　플라톤학파는 영혼이 비물질적인 것이었다. 하지만 그것은 변화하고 생성하는 것이었다. 아리스토텔레스에게 있어서 '영혼'은 육신과 분리될 수 없는 것이었다. 아낙시만드로스도 그랬다. 하지만 아리스토텔레스는 '영혼'을 말하면서 그 특성의 한 가지로 '움직임movement'을 예로 들었다. '움직임'은 '생명을 가진 것'을 가리키고, '생명을 가진 것'은 '영혼'을 가진 것이었다. 16세기의 데카르트가 뜻하는 '영혼'은 더욱 흥미롭다. 그는 육신 속에 영혼이 살고 있어서, 이 영혼이 육신을 다스린다고 생각했다. 이 생각은 그가 세운 합리론의 바탕이 되었다. 그는 영혼에 해당되는 마음mind과 이를 담고 있는 육신body을 둘로 나누면서, 이 가운데 하나가 다른 하나를 다스린다는 이원론dualism을 만들어냈던 것이다. 이 이원론은 결국 마음과 육신의 문제, 흔히 'mind-body problem'으로 일컫는 철학적 난제가 되었다. 스피노자도 이와 비슷한 생각을 했다.

좀 더 진화된 영혼관이 출현했다. 칸트는 인간에게 도덕이 존재하려면, 논리적으로 영혼의 존재를 전제해야 한다고 했다. 하지만 그는 매우 신중한 사람이어서, 이 생각이 사실로 그러한지를 검증해 낼 수 있는 것은 아니라고 했다. 놀랍도록 절제된 칸트의 철학적 관점이다. 하지만 그의 태도는 분명 영혼의 존재를 부인하는 것은 아니었다. 그것은 오히려 영혼이 실증과학의 대상이 아니라는 것을 넌지시 암시하는 쪽이었을 것이다.

영혼의 불멸설은 한두 가지가 아니다. 피타고라스에게 있어서 영혼은 시작도 끝도 없는 신神에게서 온 것이었다. 그렇다면 그것은 사람이 태어나기 이전에도 있었어야 하고, 육신이 사멸한 뒤에도 사라지지 않는 것이어야 한다. 소크라테스와 플라톤도 영혼의 불멸을 주장했다. 그러나 아리스토텔레스는 이들의 설說을 그대로 따르지는 않아서, 영혼에는 감성적인 부분도 있고, 이성적인 부분이 있는데, 불멸하는 부분은 이성적인 것이라고 나누어 생각했다.

인류는 신화와 전설과 종교와 문학과 철학에 영혼에 관한 그들 자신의 다양한 생각을 주저함이 없이 투영했다. 이들 영혼의 이야기들이 모두 인류가 만들어낸 이야기들이라면, 인류는 분명 그만큼 그들의 '영혼'을 아름답게 다듬어놓는 데 적지 않은 공헌을 하여 왔다고 볼 수 있다.

나비와 영혼의 변신

프로메테우스는 인간에게 불을 전했다. 불은 문명을 이룩하였으니, 그는 결국 인류사회에 문명의 씨를 산포한 셈이다. 그런데 그는 이보다 훨씬 앞서 제우스의 부탁을 받고 진흙으로 사람의 형상을 만들었다. 그러나 그것은 아직 움직이지 않았다. 영혼이 없었기 때문이었다. 사람의 형상을 가진 것에 '움직임'이 없다면 그것은 생명이 없다는 뜻이고, 생명이 없다는 것은 결국 영혼이 없다는 뜻이다. 프로메테우스가 만든 사람의 형상은 제우스를 본뜬 것이었다. 그는 이 일로 제우스의 노여움을 살까 두려워 더 이상 진행하지 못하고 있었다. 그때 그 옆을 지나던 지혜의 여신 아테나가 나비 한 마리를 날려 보냈다.[4] 나비는 너울너울 날아 프로메테우스가 흙으로 빚은 그 작품의 콧구멍 속으로 들어갔다.[5] 프로메테우스의 작품은 움직임을 시작했다. 프로메테우스가 그의 작품에 콧구멍을 뚫은 것은 그 작품이 콧구멍으로 기氣를 들이마시도록 하기 위해서였다. '기氣'는 생명의 원천이었다.

탈레스에게 있어서 '기氣'는 '동력motive' 또는 '정신적 파워

---

4) 프로메테우스Prometheus는 '미리 안다'는 뜻을 가진 '지혜'의 신이다. 그런데 헬라스에서 가장 사랑받는 신 아테나Athena도 지혜와 전쟁의 신이다. 이 두 신들은 모두 지혜를 속성으로 하는 신들이다.

5) '나비가 날아 콧구멍으로 들어갔다.'는 표현은 우주의 에너지라 일컫는 기氣가 콧구멍으로 들어갔다는 뜻으로 이해하면 흥미 있을 것 같다. '기氣'는 살아 있는 기운을 뜻한다. 이와 같은 뜻에서 보면 '기'와 '영혼'은 서로 다른 것이 아니라는 유추가 가능해진다. 추사秋史의 서예를 공부한 프랑스의 죠르디Jordis가 추사의 서예를 이렇게 표현했다. '… 기氣의 호흡이 붓으로 이어져야 서예라는 예술이 의미를 갖게 된다.' 서예를 '기'가 우리의 눈으로 볼 수 있는 모양새를 갖추게 된 것이라는 해석은 흥미롭다.

psychic power'였다. 프로메테우스의 작품 설계에서 '나비'는 영혼을 상징하는 것이었고, 나비가 날아 들어간 그 콧구멍은 영혼의 통로였다. 나비가 날아 콧구멍으로 들어감으로써 작품이 '움직임'을 시작하도록 한 것은 프로메테우스의 그럴듯한 설계였다. 신화에서 나비는 영혼을 상징하고, 영혼은 생명을 상징했다. 그리스·로마 신화에 묘사된 영혼을 가진 인간의 모형이다.

프로메테우스 신화에서 나비는 탈바꿈을 하여 영혼이 되었다. 하지만 이번에는 거꾸로 영혼이 나비가 되었다는 이야기도 자주 듣는다. 나비가 영혼이 되고, 영혼이 나비가 되는, '가역적可逆的 변신變身의 모형'이다. 헬라스어 'psyche' 속에서 우리는 이 '가역적 변신'을 드물지 않게 마주한다. '영혼'을 뜻하는 헬라스어 '프시케'가 '나비'를 뜻하기도 하고, 거꾸로 '나비'를 뜻하는 '프시케'가 또한 '영혼'을 뜻하게 되는 신비다.

'나비'가 '영혼'이 되고, '영혼'이 '나비'가 되는 경우를 우리는 헬라스와 로마 신화에서는 물론, 고대 이집트의 신화에서도 읽을 수 있다. 그래서 신화 작가는 물론 시인들도 죽은 자를 말하면서 '한 마리의 나비가 창가에 날아와 너울댄다.'고 쓴다. 정신분석학자 융Jung이 들려주는 이야기다. 이와 같은 이야기는 우리의 민속 설화에도 자주 등장한다. 꽃밭에서 너울대는 외로운 나비 한 마리를 보면서, 사람들은 말한다. '저 나비는 또 누구의 영혼인가?'

의사인 알렉산더는 그의 「천국의 증언」에서 7일 동안 임사상태臨死狀態에 있었다. 그는 거기에 머물면서 나비 위에 앉은 여인의 손짓으로 위안을 받았다고 한다.6) 물론, 이와 같은 이야기를 그대로 인정하는 사람들은 많지 않을 것이다. 그러나 이와 같은 신비를 만드는 사람들은 그 우연까지도 문화적 맥락에 끌어들여 그것에 의미를 부여한다.

인류가 오랜 세월을 두고 만들어낸 민속에는 영혼 이야기가 그 밑바탕에 깔려 있기 마련이다. 민속에 '영혼'을 넣지 않으면, 그것은 우리의 문화를 반영하기 힘들었을 것이다. '영혼'은 문학적 서사敍事의 바탕이 되어 왔다. 거기에서 영혼은 모든 존재하는 것의 근원이었다. 이러한 생각은 물활론物活論으로까지 확대되었다. 물활론의 영어 표현은 'animism'이다. 그런데 이 말의 어원 'anima'는 '영혼'을 뜻한다. '사물'에 '영혼'을 넣어 움직이게 했다.

물활론은 모든 존재하는 것에 영혼이 깃들어 있다고 말한다. 사람들은 마을 입구에 서 있는 고목은 물론, 그늘진 산모퉁이에 서 있는 영묘한 자태의 바위에도 영혼이 살아 있다고 생각한다. 시인 임헌도는 바위를 기어오르는 담쟁이넝쿨에서 살아 움직이는 영혼을 보았다.

보이지 않는 누리에
향방을 헤매는 …

6) E. Alexander (2012), *Proof of Heaven*. E. Alexander and P. Tompkins (2014), *The Map of Heaven*.

어딘가 있을 그 사람
메아리 없는 영상인데
그래도 생각만으로
헛 감으며 뻗어간다.[7]

　나비가 흙으로 만든 사람의 콧구멍으로 들어가 그 사람의 영혼
이 되었다는 이야기는 나비와 영혼을 그럴싸하게 매치시킨 신화
적 발상이었다. 신화와 전설을 쓰는 법이 그렇다지만, 나비가 탈
바꿈을 하여 영혼이 된다거나, 역으로 영혼이 나비의 형상을 취
해 꽃밭을 날도록 하는 것은 모두 영혼에 대한 위대한 상상적 해
법이다.

　그 유명한 <호접몽胡蝶夢>은 영혼을 나비로 그려낸 상상적 해
법이다. '나비의 꿈'이라는 뜻을 갖는 '호접몽'은 장자莊子가 꿈
에 나비를 보았다는 이야기다.

　　어젯밤 꿈에 내가 나비가 되었다. 훨훨 나는 것이 확실히 나
비였다. 나는 참으로 유쾌하여 내가 장주莊周인 것을 몰랐다. 그
러나 조금 뒤에 잠에서 깨어보니 나는 틀림없는 장주였다. 도대
체 장주가 나비가 된 꿈을 꾼 것인가? 아니면 아직은 나비가 장
주로 된 꿈을 꾸고 있는 것인가? 그러나 인간 장주는 장주요, 나
비는 나비로서 구별이 있을 것이니, 이를 일러 만물의 변화[물화
物化]라고 하는 것이다.[8]

---

7) 임헌도의 시 <넝쿨>의 일부다.
8) 車柱環 역주 (1972), 「莊子」, 齊物論.

'물화物化'는 '만물의 탈바꿈', 곧 변신을 뜻한다. '탈바꿈'은 한 존재의 형태가 다른 형태로 바뀌는 것을 뜻한다. 장자의 <호접몽>은 하나의 가역적 탈바꿈 모형이다. 천수天壽를 다하여 한 생명의 모습이 다른 모습으로 바뀌는 것도 '물화'의 한 가지일 것이다.

사실, 세상에 존재한다는 것은 탈바꿈의 연속이다. 나비가 알을 낳으면 그 알에서 애벌레가 깨어나고, 애벌레가 다시 번데기를 튼 뒤, 그 매서운 인동忍冬의 세월을 견디면, 거기에서 놀랍고 신기하게도 넓고 아름다운 날개를 펼치는 나비가 탄생되고, 그것은 공중을 날며 아름다운 꽃을 찾는다. 자연이 만들어내는 연속적인 나비의 변신이다. 이 탈바꿈의 전형을 따라 작가들은 '소녀가 죽어 그 영혼이 나비가 되었다.'고 하면서 애상哀想에 잠기는 것이다. 소녀의 육신에서 영혼이 빠져나와 나비가 되었다 함은 우리를 슬프게 하지만, 그것은 한 생명체의 변신을 그럴싸하게 묘사한 극치가 아닐 수 없다.

죽음이 두려워서인지, 인간 영혼은 죽지 않고 오직 탈바꿈을 할 뿐이라는 강한 신념이 어느새 인류 문화에 깊숙이 스며들어 우리를 달랜다. 그렇게 호탕했던 장자의 영혼 또한 이 문화 속에 들어 달램을 받으며 잠들었다. 인간 세상에서는, 아무리 나비는 나비이고 장주는 장주라지만, 문화적 스펙트럼은 그것을 장주가 나비가 되고 나비가 다시 장주가 되는 탈바꿈의 극치로 투사해내고 있는 것이다.

신화와 민속에서 '나비'를 '영혼'의 상징으로 삼는 것은 문학적 장르의 한 표본일 것이다. 그것은 아마도 나비의 일생에서 볼 수 있는, 그 탈바꿈의 극치와 아름다움으로 영혼을 꾸며내고 싶은, 인류의 나약한 바람 때문이었을 것이다. 아닌 게 아니라, 번데기가 탈바꿈을 하여 나비가 된다든지, 그 나비가 비단결의 얇고 고운 나래를 활짝 펴고 아름답고 향기로운 꽃을 찾아 너울너울 나는 모습은, 인간 영혼을 조금이라도 더 미화시키는 데 제격이었을 것이다. 그런데 신화를 꾸미는 사람들이 하필이면 아름다운 꽃을 찾아 훨훨 나는 그 나비에 영혼의 모습을 투사하는 것은 진실로 그들의 영혼이 나비처럼 아름다워서일지도 모른다. 꽃밭에서 춤추는 나비는 분명 그들 영혼의 화신化身으로서 손색이 없었을 것이다.

프시케 이야기

인류는 상상을 통하여 그들 자신의 영혼을 여러 가지 모습으로 아름답게 그려놓는다. 그런데 이 그림들 가운데 가장 아름다운 것 가운데 하나는 아마도 <프시케 이야기>가 아닌가 싶다. <프시케 이야기>는 「변신Metamorphoses」 또는 「황금 당나귀」로 알려진, 기원후 140년에서 180년 사이에 아풀레이우스가 라틴어로 쓴 최초의 장편 소설 속에 들어 있다. 그런데 우리는 작가가 이 이야기의 밑바탕에 깔아놓은 프시케의 영혼, 그것의 모습, 그 본질을 읽어내야 한다. 그 이야기의 줄거리는 이렇다.

옛날 어느 나라에 '프시케'라는 공주가 살고 있었다. 그녀의 이름 '프시케'는 '영혼'과 '나비'를 뜻한다. 프시케는 인간 가운데 가장 아름다웠다. 그러니 사랑과 아름다움의 신 아프로디테가 어찌 프시케를 질투하지 않을 수 있었겠는가.

질투심으로 가득 찬 아프로디테는 아들 에로스[큐피드]를 시켜 아름다운 프시케의 운명을 바꿔 놓으려고 했다. 그 방법은 프시케로 하여금 괴물과 혼인을 하게 하는 것이었다.

어머니 아프로디테의 부탁을 받은 에로스가 화살통을 어깨에 메고 프시케가 살고 있는 왕궁으로 날아갔다. 프시케는 잠들어 있었다. 에로스는 화살을 빼어 잠자는 프시케의 아름다운 얼굴에 갖다 대려고 했다. 에로스는 이 방법으로 어머니 아프로디테의 간교한 질투를 성사시키려는 체했던 것이다. 이 마법의 화살에 찔린 사람은 누군가를 사랑하여 혼인을 하지 않을 수 없게 되기 때문이다. 그러나 마음이 여린 에로스는 차마 그 마법의 화살로 프시케의 얼굴에 상처를 낼 수는 없었다. 그러기에는 프시케의 얼굴이 너무나 아름다웠다. 그때 프시케가 크고 아름다운 눈을 떴다. 프시케의 얼굴이 너무 아름다워 에로스는 손이 떨렸다. 에로스는 실수를 하여 화살로 도리어 자신의 손을 찌르고 말았다. 그리하여 이 화살에 찔린 에로스가 오히려 마법에 걸리게 되었고, 그 결과 프시케를 그리워하고 사랑하는 운명에 빠지게 되었다.

프시케는 날이 갈수록 더욱 아름다워졌다. 에로스의 물병에 든

마법의 물이 에로스의 실수로 프시케의 머리를 적셨기 때문이었다. 이 물은 마법을 발하여 '없는 것은 있게' 하고, '있는 것은 더욱 아름답게' 하는 것이었다.

프시케는 너무나 아름다워 그녀에게 감히 청혼을 하는 사람이 없었다. 프시케의 앞날이 궁금한 왕이 어느 날 델포이의 신전에 사람을 보내어 아폴론 신이 아름다운 프시케의 운명을 어떻게 예정해 두었는지 알아 오도록 했다. 델포이 신전의 무녀 피티아가 프시케의 운명을 이렇게 전했다. "이 처녀는 인간의 아내가 될 팔자가 아니다. 보아라, 올림포스 신들이나 인간도 어쩔 수 없는 요사스러운 괴물이 산꼭대기에서 이 처녀를 기다리고 있구나. 어쩌다 이와 같은 저주를 받게 되었느냐. 아름다움이란 하늘에서 내리는 비와 같아서 모자라면 가뭄을 불러오고 넘치면 홍수가 되느니라."

프시케는 아버지의 반대에도 불구하고 마침내 신탁이 예정한 길을 떠났다. 바람의 신 제피로스가 그녀를 꽃이 아름답게 핀 골짜기로 가볍게 날려 보냈다. 거기에는 황금으로 꾸민 아름다운 궁전이 있었다. 아름다운 천상의 음악이 사방에서 흘러 들어왔다. 아름다운 멜로디, 나직한 노래, 수금堅琴의 선율, 화음의 조화가 더할 수 없는 합창이었다. 그러나 누구들이 이와 같은 음악을 연주하는지, 누구들이 부르는 노래인지는 알 수 없었다. 시녀들이 매일 프시케에게 성찬을 차려다 주었다.

그러나 프시케는 이 궁전의 주인을 한 번도 보지 못했다. 궁전

주인은 낮에는 늘 사냥을 하러 나가고, 한밤중에 들어왔다가, 날이 새기 전에 나갔다. 그는 프시케에게 자기의 모습을 보아서는 절대로 안 된다고 했다. 답답하고 호기심이 많은 프시케가 어느 날 그 이유를 물었다. 그가 말했다. "나는 그대를 사랑하는데, 내 사랑이 믿어지지 않습니까? 의심이 가득 찬 마음에는 사랑이 깃들지 못합니다."

그러나 의심이 다시 프시케의 마음을 두드리기 시작했다. 한밤중이 되어 돌아오는 그가 혹시 신탁이 알려준 그 괴물일 거라는 의심이 생겼던 것이다. 어느 날 밤 프시케가 등불을 켜고 잠자는 주인의 얼굴을 비춰보았다. 그러나 궁궐의 주인은 괴물이 아니라, 아름답고 젊은 청년이었다. 그는 틀림없는 사랑의 신 에로스였다. 넋을 잃은 프시케가 잘못하여 뜨거운 등불의 기름을 에로스의 머리에 떨어트렸다. 놀라서 잠에서 깨어난 에로스는 그 은빛 날개를 펼쳐 창밖으로 날아갔다. 그러면서 프시케에게 말했다. "어리석은 프시케여, 나의 모습을 보여주지 않았던 것은 우리의 사랑을 저주하는 어머니의 뜻을 거스르면서 그대를 사랑했기 때문이었습니다. 사랑의 그릇은 채움으로써 채우는 것이 아니라, 비움으로써 채우는 것입니다. 의심이 자리 잡은 영혼, 그대 프시케에게 나 에로스의 사랑은 이제 깃들 수 없습니다." 에로스는 밤하늘에 한 가닥의 금빛 줄을 그으며 어디론지 날아갔다.

프시케는 에로스를 그리워하며 그를 찾아 온 누리를 누볐다. 며칠이 지난 어느 날, 하나의 신전을 발견했다. 그것은 곡물의 여신 데메테르의 신전이었다. 신전 앞에는 곡식이 흩어져 있었다. 프시케는 그 곡식을 일일이 골라 담으면서 마음을 정화했다. 이를 가엽게 본 데메테르는 프시케를 아프로디테에게 데려다주었다. 그러면서 프시케에게 아프로디테의 저주를 푸는 방법을 가르쳐주었다. 데메테르가 가르쳐준 대로 프시케는 아프로디테에게 용서를 청했다. 아프로디테는 용서를 청하는 프시케를 꾸짖으면서, 그녀를 시험해 보기로 했다.

아프로디테가 프시케에게 내린 첫 번째 시험은 해가 지기 전에 신전 곳간에 뒤섞여 있는 비둘기 모이를 종류별로 골라놓는 일이었다. 프시케는 사랑을 위해 어려움을 무릅쓰고 겸손하고 성실한 마음으로 이 시험에 임했다. 그러나 이는 사람의 손으로는 절대로 불가능한 일이었다. 이를 안타깝게 여긴 마음 약한 에로스가 개미 떼의 신 뮈르미도네스에게 부탁하여 프시케를 도와주도록 했다. 뮈르미도네스는 들판의 개미 떼를 몰고 와 삽시간에 모든 종류의 곡식을 종류별로 골라놓았다.

아프로디테의 두 번째 시험은 강가에 있는 주인 없는 수많은 양들의 금빛 털을 한 마리도 빠짐없이 한 줌씩 뽑아 오라는 것이었다. 프시케는 좌절하지 않고 인내하면서 강가에 이르렀다. 그녀가 강가에 이르자 강의 신이 그녀에게 말했다. “모진 시험에 든 아가씨, 지금은 저 양 떼에게 다가가지 마십시오. 아침 해가 떠오를 때는 저 양들이 태양의 정기를 받아 그 억센 힘으로 아가씨를 해칠 것입니다. 하지만 정오가 되어 해가 뜨겁게 내리쬐

게 되면, 저 양 떼가 숲으로 들어가 그늘에서 쉬고, 해가 질 때 돌아가게 됩니다. 그런데 그들이 쉬던 숲의 나뭇가지에는 그들의 털이 걸려 있게 될 테니, 아가씨는 그것을 가져가시면 됩니다."

겸손과 인내 그리고 신들의 도움으로 프시케는 아프로디테가 주는 시련을 이겨내고 있었다. 그러나 프시케에 대한 아프로디테의 질투는 더욱 날카로워졌다. 아프로디테가 프시케에게 쏘아붙였다. "마음이라는 것이 무엇인지 아느냐? 한번 눈 밖에 나면 아무리 예쁜 짓을 한다 해도 더욱 미워지는 법이니라." 미움이 한번 생기면 쉽게 사라지지 않는다는 뜻이었다.

아프로디테는 마지막 시험을 프시케에게 부여했다. 프시케를 최후의 곤경으로 몰아넣는 시험이었다. 그것은 프시케가 저승으로 내려가, 그곳의 왕비 페르세포네가 사용하는 화장품을 얻어 오는 것이었다. 프시케를 저승으로 보내는 것은 그녀를 죽음으로 몰아넣고자 한 것이었다. 그 뜻을 알아챈 프시케는 가파른 바위산으로 올라가 천 길 낭떠러지로 뛰어내리려 했다. 그때 어디선가 바위산을 울리는 목소리가 들려왔다. "여러 번 신들의 가호를 받은 그대가 이렇게 생명을 가볍게 버릴 수 있겠는가. 그렇게 되면 지금까지 도와준 신들을 슬프게 하고, 오히려 그대를 미워하던 신을 즐겁게 하는 일이 되지 않겠는가." 이렇게 말한 그 목소리가 이번에는 저승으로 내려가는 안전한 길을 프시케에게 가리켜 주었다. 그리고 프시케에게 당부했다. 저승의 왕비가 아프로디테에게 가져다주라고 한 화장품 상자를 결코 열어보지 말라는 것이었다. 프시케는 그 목소리가 일러주는 대로 정직하게 저승의 왕비를 만나게 되었고, 아프로디테가 부탁한 화장품을 성심성의로 받아 들고 돌아오게 되었다. 하지만 프시케는 열어보지 말라는 그 목소리의 당부를 잊은 채, 저승의 왕비로부터 받은 화장품 상자를 열었다. 여자로서 프시케는 그 상자 속에 들어 있을 화장품이 어떤 것인지 궁금해하지 않을 수 없었던 것이다. 그러나 그 상자 속에 들어 있던 것은 화장품이 아니었다. 그것은 저승의 왕비 페르세포네가 아프로디테를 영원한 잠에 들게 하는 잠의 씨였다. 왕비 페르세포네는 아프로디테를 미워하고 있었다. 이들 사이에는 풀지 못한 감정의 매듭이 있었기 때문이었다. 왕비 페르세포네가 원치도 않은 저승의 신 하데스의 아내가 된 것도, 바로 아프로디테의 간계 때문이었던 것이다. 아프로디테는 그렇게 질투가 많았다.

잠의 씨가 든 상자를 열어본 프시케는 저승의 잠에 빠지고 말았다. 잠든 프시케의 주위에는 초목조차 잠들어 자라는 것조차 멈췄다. 프시케를 염려하며 기다리던 에로스가 나비 편에 이 소식을 전해 들었다. 이 나비는 프시케가 잠든 사이 그녀로부터 빠져나온 그녀의 영혼이었다. 에로스는 급히 프시케가 잠든 곳으로 날아갔다. 그는 프시케의 주위에 흩어져 있는 잠의 씨를 모두 수습하여 다시 상자 안에 넣었다. 그리고 화살 끝으로 프시케를 건드려 그녀를 잠에서 깨웠다.

에로스는 화살이 하늘을 가르듯 올림포스 산으로 날아가 제우스 신에게 프시케의 죄를 용서해 달라고 간청했다. 제우스는 프시케의 사랑의 열정이 결국 그녀에게 부여된 온갖 시련을 잘 이겨냈다고 판단했다. 제우스가 아프로디테에게 자신의 의견을 말했다. 신들조차 때로는 의심과 호기심을 이기기 힘든데, 유약한 인간으로서 사랑의 열정으로 그와 같은 온갖 유혹과 시험을 지혜롭게 극복했으니, 그 정도라면 능히 프시케가 에로스를 사랑할 만하지 않겠느냐는 것이었다. 그리고 프시케는 무엇보다도 아름답다고 했다. 아프로디테는 마치 원망을 하듯 아들 에로스를 곁눈질로 흘겨보며 제우스의 간청에 머리를 끄덕였다. 제우스는 신들의 전령 헤르메스를 시켜 프시케를 올림포스로 데려왔다.

프시케가 도착했다. 그녀와 에로스의 혼례식이 거행되었다. 신랑이 신부와 함께 윗자리에 앉았다. 그 옆에 제우스와 그의 아내 헤라가 앉았고, 그다음에는 다른 신들이 앉았다. 주신酒神 디오니소스는 신주神酒를 참석한 신들에게 따랐다. 아폴론이 키타라를 켜고, 아프로디테가 미모를 자랑하면서 음악에 맞춰 춤을 췄다. 아름다운 아프로디테의 춤에 맞춰 뮤즈의 신들이 합창을 하고 티비아도 연주했다. 이윽고 제우스가 프시케에게 신들의 음식과 술을 권하며 이렇게 말했다.

"프시케여, 영혼이여, 이것을 먹고 마시면 내가 그대를 위해 베푸는 불사의 은혜, 곧 영원히 사는 은혜를 얻을지니, 이제 그대가 설 자리를 그대 스스로 든든하게 다지고 지혜로써 지킬지니라. 그대는 이제 불사不死의 존재가 되었으니, 그대가 사랑하는 에로스조차 이 인연을 풀지 못할 것인즉, 이 혼인은 영원하리라."9)

축약하여 재구성한 이 이야기는 '프시케'라는 이름을 가진 한 영혼이 어떻게 그 사랑의 힘을 발휘하여 스스로 자신의 모습을 만들어 내는지를 그려놓았다. 그 그림의 주제는 '아름다움'과 '선함'과 '사랑'과 '열정'과 '겸손'과 '절제'와 '지혜로움'이었다. 영혼의 언어들이다. 이는 프시케의 이야기를 이어가는 언어들이다. 이들은 모두 프시케의 염원이 깃든 것, 그 염원의 이름들이지만, 그것은 또한 인류의 염원들, 인류 영혼의 언어들이었다.

성대하고 아름다운 에로스와 프시케의 혼례식이 올림포스 신들의 축복 속에 끝났다. 에로스와 프시케 사이에서 딸이 태어났다. 딸의 이름은 '에돈네Edone', 즉 '환희'라는 뜻이다. '프시케'는 '나비'와 '영혼'을 의미하지만, '기쁨'과 '즐거움'의 뜻도 지닌다. 그러니 '프시케'는 '환희'를 낳을 수밖에 없었다. 사실, '나비와 사랑', '영혼과 사랑'은 '기쁨의 소리', '환희'가 되기에 충분했다. 그런데 이 <프시케 이야기> 속에 함의된 그 영혼의 속성은 과연 무엇인가? 프시케, 그녀가 올림포스에 오른 그 날갯짓은 도대체 무엇으로 이루어진 것이었는가. 그것은 아무래도 <프시케 이야기>를 쓴 아풀레이우스가 그 이야기의 마디마디에서 적나라하게 묘사해 낸 프시케가 갖춘 영혼의 모습일 것이다. 그리고 이 모습을 우리는 '사랑'과 '아름다움'과 '선함'과 '열정'과

---

9) Mark P. O. Morford and Robert J. Lenardon (1995), *Classical Mythology*, 151-155.

'겸손'과 '인내'와 '절제'와 '슬기'와 '욕망'과 '호기심'과 '지혜'와 같은 영혼의 언어들로 읽어낼 수 있을 것이다. 프시케의 언어들이다. 그리고 무엇보다도 인간의 세계에서 신의 세계로 건너가는 그 아름다운 '변신metamorphosis'으로도 말이다.

그렇다. 우리가 <프시케 이야기>에서 읽을 수 있는 그 영혼의 모습은 무엇보다도 '변신'이다. 하늘의 신이자, 인간과 신의 아버지 제우스가 프시케에게 건넨 축복의 말은 아풀레이우스의 <프시케 이야기>에서 클라이맥스다. '불사不死의 존재가 되어라.'라는 그 축복의 말은 하늘의 신이 인간에게 내린 변신變身의 주술呪術이다. 그것도 필멸의 인간이 불멸의 신이 되는 더할 수 없는, 존재론적 변신을 위한 것이다.

인간 영혼은, 그것이 프시케의 경우든 그렇지 않든, '불사의 존재', 곧 신神으로의 변신을 열망한다. 그러기에 사람들은 훌륭한 인물이 세상을 떠나면 신전神殿을 짓고, 거기에 그 영혼을 안치하고 기렸나 보다. 지금도 우리들은, 지난날 제자들이 스승의 영혼을 위해 신전을 짓고, 그 영혼들을 기린 흔적을 살필 수 있다. 거기에는 인간 영혼은 늘 아름답고 완전하며 영원한 것을 추구한다는 염원이 투사되어 있다. 아름답고 완전하며 영원한 것은 신의 속성이니, 인간이 신으로의 변신을 열망하는 것도 이와 같은 존재가 되고 싶어서일 것이다.

그러나 필멸必滅의 존재 프시케가 불사의 존재가 되어 영원함을 얻게 된 그 놀라운 변신은 흔한 일이라고 할 수 없을 것이다.

그와 같은 영원한 존재로의 변신은, 인간 프시케의 경우가 그랬듯이, 사랑의 열정으로 온갖 시련을 겪으면서 스스로 신이 되는 정화의 과정을 겪은 영혼에게나 허락될 수 있는 것이었을 것이다. 아닌 게 아니라, 프시케가 온갖 시련을 극복하면서 발휘한 그 영혼의 힘은 보다 선善하고 아름다운 세계를 지향하는 '사랑의 열정'이었다. 그 열정은 인간 프시케가 신의 세계에 들 수 있는 가장 결정적인 조건이었다.

우리가 <프시케 이야기>를 읽어보면 프시케가 발휘한 그 사랑의 열정이 어떤 모습인지를 충분히 확인할 수 있을 것이다. 그러나 그것을 정확하고 명료하게 묘사해 낸다는 것은, 아무리 위대한 작가 아풀레이우스라 하더라도, 용이하지 않은 일이었을 것이다. '사랑의 열정'이 가리키는 영혼의 힘은 우리의 육안에 들어오지 않는 것이기 때문이다. '영혼'이라는 단어 자체의 의미가 원래 신비하여 알 듯 말 듯 한 말이니, <프시케 이야기>에서 그 힘이 어떤 것인지를 드러내는 일 또한 알 듯 말 듯 할 수밖에 없었을 것이다. 하지만 우리가 아풀레이우스의 <프시케 이야기>를 읽을 때, 그가 거기에 깔아놓은 그 영혼의 속성들, 예컨대 '사랑'과 '아름다움'과 '선함'과 '열정'과 '겸손'과 '인내'와 '절제'와 '욕망'과 '호기심'과 '지혜'와 '슬기', 그리고 '변신'과 함께 읽는다면, 우리는 프시케가 발하는 이 '사랑의 열정'이 무엇인지를 감지하는 데 크게 도움이 될 것이다.

아닌 게 아니라, <프시케 이야기>를 읽다 보면, 그 행간에 쓰여 있는 '사랑의 욕구와 열정'을 읽지 않을 수 없을 것이다. 거기에는 대부분의 영혼들이 그렇듯이, 무엇인가 '되고 싶어 하고' '소유하고 싶어 하는' 그 욕구의 변형들이 이어진다. 이것들은 그녀의 끊이지 않는 지향성, 무엇인가에 대한 '갈망'의 모티브일 것이다. 이와 같은 모티브가 빠져 있다면, 아풀레이우스의 <프시케 이야기> 쓰기는 진행될 수 없었을 것이다. 분명 아풀레이우스는 이 이야기 속에서 그 모티브의 강약과 리듬의 변조modulation를 조절하면서 프시케가 발하는 욕구를 여러 모양으로 드러내고자 했을 것이다.

<프시케 이야기>에서 우리가 또 읽을 수 있는 것은 프시케의 그 끊이지 않는 의지의 '지향성'과 더불어 새로운 것에 대한 '호기심'일 것이다. 미지의 세계에 감추어져 있는 것에 대한 '의문'도 그 한 가지일 것이다. 그뿐만 아니라, 불완전한 상태에 머물지 않고, 신과 같이 완전한 상태에 이르려고 하거나, 결핍된 것을 채우려고 하는 '욕망'도 함께 읽을 수 있을 것이다. 물론, 이 '욕망' 또한 프시케가 여러 가지 유형의 시련과 고난을 극복하면서 스스로 갈고 닦은 '의지'와 '절제'와 '인내' 그리고 '성의誠意'와 같은 언어들과 함께 읽어야 할 것이다. 이 영혼의 언어들이 모두 아풀레이우스가 '프시케 이야기'를 꾸미는 데 사용한 언어들이기 때문이다.

그러나 알고 보면, 이 언어들은 모두 프시케의 영혼이 정화 과정에서 닦은 덕목德目에 해당된다. 이와 같은 덕목들은 인간 프시케가 신성divinity을 획득하고, 결국 불사의 존재가 되는 영혼의 본질적 속성이었다. 물론, 이 본질적 속성 가운데 가장 핵심

이 되는 것은 사랑의 열정으로 선한 것, 신적인 것을 지향하는, 그리하여 인간이 신神이 되고자 하는, 그 영원하고 위대한 상승 上昇의 탈바꿈일 것이다.

제2장

신화에 투영한 영혼의 자화상

창세創世와 관련된 신화들은 수없이 많다. 그런데 이들 신화에는 공통적인 한 가지 현상이 있다. 에덴의 이야기가 그렇듯이, 창조자가 자신의 모상模像을 본떠 '인간'이라는 피조물을 만들고, 그 피조물이 살아 숨 쉬게 하기 위하여 그것에 영혼을 불어넣었다는 것이다.

인간에게 있어서 영혼은 육신이라는 '자연'과 함께 태어난다. 예컨대 심리적인 욕구 체제가 그와 같은 것이다. 그러나 육신과 함께 세상에 태어나는 영혼은 본질적으로 불완전하다. 이 불완전성은 육신의 방해에서 온 것일 수도 있고, 영혼의 욕구와 사회적 요구 사이의 불일치에서 기인한 것일 수도 있을 것이다. 어떻든 육신은 신의 완성된 작품이 아니니, 그럴 수밖에 없을 것이다. 영혼은 완전하게 될 수 있는 가능태potentiality만을 부여받고 태어난다.

육신이라는 자연과 함께 태어난 인간 영혼은 언젠가는 자연의 한계를 벗어나게 되고, 그 결과로 자유를 얻게 된다. 이 자유를 가장 잘 누릴 수 있게 된 것은 상상작용imagination의 덕분일 것이다. 상상의 자유를 얻은 영혼은 이제 자신의 이야기를 스스로 만들어 나갈 수 있는 능력을 가지게 된다는 뜻이다.

신화는 그럴싸한 신들에 관한 이야기였다. 그러나 신화 속의 그 신들은 어느덧 인간 이전에 이미 있던 것들은 아니었다. 그것들은 이제 인간 영혼이 만들어낸 이야기, 영혼의 언어로 꾸며낸 이야기였다. 그렇다, 인간 영혼은 언제부터인가 자신의 기원을 확인하고, 자신이 가지고 있던 열정과 염원을 거기, 신화에 투영하고자 했던 것이다.

신화는 사실 인간 영혼의 자화상이었다. 인간 영혼은 자신의 자화상을 그리기 위해 자신을 대역代役할 신들을 필요로 했다. 인간 영혼은 이제 더 이상 신의 입김도 아니고, 그 육신 또한 더 이상 신의 솜씨로 만들어지는 것도 아닌 것이 되었다. 그보다 이제 인간 영혼은 거꾸로 자신의 모상을 본떠 신들을 만들고, 그것에 자신의 입김을 불어넣는 존재가 되었다.

아닌 게 아니라, 신화는 인간 영혼의 열정과 염원으로 장식되어 있다. 이들 열정과 염원은 신화의 구성 요소들이었다. 그러나 이들 구성 요소들로 지어진 신화의 세계는 인간 영혼이 변신을 통하여 스스로 들어가 살고자 그려낸 세계였다. 인간 영혼의 자화상이란 늘 그런 것이듯 말이다. 그렇기 때문에 우리가 신화의 구성 요소들을 살펴보면, 인간 영혼이 어떤 삶의 세계를 염원하며, 어떻게 스스로 변신을 해 왔는지, 또 어떻게 변신을 하고자 하는지를 잘 알 수 있을 것이다. 우리가 신화를 읽는 이유다.

신화, 영혼의 자화상

신화는 이야기의 한 양식이다. 그것은 인류 영혼이 추구한 아름답고 선한 것에 관한 이야기다. 「창세기」에도 신화의 한 토막이 들어가 있다. 여호와 하느님이 진흙으로 사람을 빚어냈다는 이야기다. 하느님이 5일 동안 대지와 그 위에 살 수 있는 온갖 생명들을 창조했다. 여섯째 날이 되자 그는 말했다. "이제 나의 모상模像대로 사람을 만들자." 그리하여 하느님이 진흙으로 자신의 모상을 닮은 사람을 빚어냈다. 그리고 그것의 코에 입김을 불어넣으니, 그것은 생명을 얻어 숨을 쉬었다. 생명을 얻었다는 것은 영혼을 가지게 되었다는 뜻이다. 신이 사람의 몸을 진흙으로 만들고 거기에 영혼을 불어넣었다는 이야기는 이 밖에도 많다.

아랍 민족의 창조신화도 이스라엘 민족의 그것과 별 차이가 없다. 하느님이 진흙으로 사람의 모상을 만들고, 그것에 영혼을 불어넣어 생명을 주었다는 이야기다. 뉴질랜드 신화 또한 매한가지다. 거기에 신이 살고 있었는데, 그 신이 진흙으로 자신의 모사품을 만들고, 그 입과 코에 생명의 기운을 불어넣었다. 오스트레일리아의 신화도 그렇다. 세상을 만드는 신이 진흙으로 사람의 모상을 만들고, 그들의 입, 코, 배꼽에 바람을 불어넣었다. 그러자 이것들은 즉시 움직임을 시작했고, 신을 에워싸고 뛰어다녔다. 이와 동일한 이야기는 또 있다. 보르네오섬의 다야크 사람들이 들려주는 신화도 그렇고, 아프리카의 나일강 유역의 실루크족의 신화도 그러하며, 남아메리카 마야족의 신화도 그렇다.

이들은 모두 창세創世에 관련된 신화체계를 갖추었다. 이 신화들이 공통적으로 가지고 있는 신화소神話素들을 보면, 신[창조주]이 자신의 모상대로 인간을 진흙으로 빚은 뒤, 그것에 입김[영혼]을 불어넣었다는 것이다. 창조주로서 '신', 그 창조의 '원리', 자연적 소재로서 '진흙', 신적 소재로서 '입김[영혼]', 그것을 부여하는 방식으로서 '불어넣음' 등은 모두 이들 신화체계에 속하는 신화소들이다.

그런데 이와 같은 신화체계에는 또 한 가지 두드러진 특징이 있다. 창세신화가 모두 그렇듯이, 신화체계는 신적인 것[the divine]이 자연적인 것[the natural]에로의 하달下達이다. 그것은 이를테면 신의 입김[영혼]이 진흙으로 된 육신[인간]에 주입되어 자연적 소재인 진흙덩이가 생명을 갖게 되는 화신化神[God incarnate]의 체계다. 즉 '윗자리에 있는[上座]' 신성divinity을 '아랫자리에 있는[下座]' 인간적인 것[humanity]에 내려보내는 체계로 구조화되어 있다는 뜻이다.

그런데 이 신화체계에 역사적인 존재로서 신화 작가를 등장시

커 보자. 그러면 신화체계에 대한 우리의 해석은 전혀 다른 국면으로 전개될 것이다. 이를테면, 상좌의 것을 오히려 하좌의 것이 가상적假想的으로 만들어 냄으로써, 위에서 아래로 내려오는 것과 같은 구조를, 거꾸로 아래에서 위로 올라가는 구조로 탈바꿈시킨다는 것이다.

아닌 게 아니라, 신화의 구성 요소에 신화 작가를 투입하면 위에서 보인 그 가상적 구조, 즉 '위에서 아래로 내려보내는, 상층하달上層下達top down'의 구조는 무너질 수밖에 없다. 그런데 그렇게 되면 이제 신화 내용은 비로소 신화 작가의 작품이 된다.

신화 작가가 존재하는 한 신화는 더 이상 천상의 기록물이 아니다. 그리고 인간의 코에 들어온 그 숨 또한 더 이상 천상의 기운이 지상에 내려온 것으로 설명될 수 있는 것이 아니다. 신화 작가가 존재하는 한, 신화는 마땅히 그 신화를 쓴 영혼들의 상상력이 만들어낸 인간의 이야기이고, 그 이야기는 그 신화를 쓴 영혼들이 자신은 물론, 인류의 기원과 염원을 새겨놓은 것이라는 해석으로 탈바꿈된다. 그리하여 신화는 더 이상 천상의 비밀이 아니라, 인간의 염원으로 제작된 문학의 한 장르가 된다.

「단군신화」를 우리는 이렇게 읽는다. 옛날에 천제天帝 환인桓因과 그의 아들 환웅桓雄이 있었다. 환웅은 인간 세상을 다스리기를 원했다. 환인은 환웅의 뜻을 안 뒤, 인간 세상을 내려다보았다. 그는 환웅을 보내 다스릴 삼위태백三危太白[고조선]이 '인간을 널리 이롭게 하기[弘益人間]'에 적합한 곳이라고 생각했다.

그리하여 환인은 아들 환웅에게 신물神物인 천부인天符印 세 개 [칼, 방울, 거울]를 주며 인간 세상에 내려가서 다스리게 했다.

환웅이 천부인 3개와 바람과 구름과 비를 다스리는 신, 그리고 3,000명의 무리를 이끌고 삼위태백에 내려와 그곳에 나라를 세웠다. 그는 곡식과 생명과 질병과 형벌과 선악 등 360여 가지 일을 맡아 인간 세상을 다스렸다. 그때 곰과 호랑이가 환웅에게 자신들도 인간이 되게 해 달라고 간청했다. 환웅은 이들에게 쑥 한 자루와 마늘 20쪽을 주면서, 그것들을 먹고 100일 동안 햇빛을 보지 않으면, 사람이 될 수 있다고 했다. 곰은 시키는 대로 하여 삼칠일 만에 인간으로 변신을 하여 웅녀熊女가 되었다. 그러나 호랑이는 참지 못하고 뛰쳐나가 사람이 되지 못했다. 곰으로부터 변신을 한 웅녀는 혼인할 상대가 없자 신단수 아래에서 아이 갖기를 기원했다. 환웅은 잠시 인간으로 변신을 하여 웅녀와 혼인을 했다. 그 뒤 웅녀가 아들을 낳았는데, 그가 단군檀君이다. 일연의 「삼국유사」에 나오는 이야기다.

단군의 탄생 이야기는 일연一然이 지어낸 하나의 신화다. 하지만 그는 이것이 자신이 지어낸 글이 아니라, 「단군고기檀君古記」에서 가져온 것이라 했다. 그러나 「삼국유사」 이전의 「단군고기」는 찾아볼 수 없다. 그 유래가 어떻든 「삼국유사」 속의 단군신화는 '옛 기록'으로서 역사라기보다 한 역사의 서막에 덧붙인 한 가닥의 신화일 것이다.

고조선의 건국신화로서 단군신화의 형식은 다른 신화들의 형식과 별로 다르지 않다. 단군신화 역시 신적인 것이 자연적인 것과 결합되는 대칭 구조를 가지고 있다. 아닌 게 아니라, 그 신화소 가운데에는 '하늘'이 있고 '땅'이 있을 뿐만 아니라, 환인과 같이 신적인 존재가 있는가 하면, 곰과 같은 자연적인 존재가 있다. 어디 그뿐이겠는가. 거기에는 다른 창세신화에서 읽을 수 있는 것처럼 '신'과 '자연'이 '인간'이 되는 그 '변신'의 요소도 들어가 있다.

그런데 단군신화에서 가장 중요한 것은 다른 창세신화와 매한가지로 하늘의 권능이 인간 세상에 내려오는, 즉 '위에서 아래로 내려오는' 구조로 쓰여 있다는 것이다. 하늘의 증표인 천부인天符印이 지상을 다스리는 권능으로 내려진 것이다. 천제 환인이 아들인 환웅에게 인간 세상을 다스리는 데 사용하도록 준 세 가지 물건[神物]이 그렇다. 고대 청동기 문화에서 지배계층의 권위를 상징하는 것은 칼, 방울, 거울 세 가지였다. 단군신화에서 이 권위는 물론, 환웅의 강림降臨 또한 '위에서 아래로 내려오는' 구조로 되어 있다.

그러나 단군신화 자체가 그렇듯이, 신화 작가가 존재하는 한, 신화는 더 이상 천상의 기록물도 아니고, 하늘의 이야기도 아니라는 사실, 그것은 인간 영혼들의 이야기, 곧 신화 작가들이 상상력을 동원하여 만들어낸 가상假想의 세계라는 점에 우리는 더 큰 가치를 매긴다. 그것은 신화가 비록 가상적인 것임에도 불구하고, 자존심이 강한 영혼들이 자신들의 기원과 염원을 신화의 형식을 취하여 어딘가에 새겨 두었다는 데 가치가 있다. 이는 마치, 아직 우리 사회에서도 볼 수 있듯이, 같은 성씨를 가진 일종의 씨족사회에서 시조신화를 만들어 자신들의 존재 의식을 확인하고 선양하려는 것과도 다르지 않다. 신화는 그래서 인류가 그려놓은 인류 자신들의 자화상이다.

그 옛날 인류 영혼은 이렇게 신화에 자신들의 자화상을 그려놓았다. 그런데 이 자화상에 빠짐없이 그려 넣는 것은 자신들의 영혼이 가지고 있는 그 근원적 염원이다. 아닌 게 아니라, 신화의 주제를 자세히 들여다보면, 더욱이 그 주역들로서 신들gods을 경건하게 마주해 보면, 그들에게서 우리는 신화에 투사投射한 인류의 염원과 권위, 인간 영혼의 권화權化[psyche incarnate]를 읽는다.

인류 영혼들은 자신들의 염원을 신화의 이곳저곳에 새겼다. 그것은 일종의 미소그래피mythography, 신화예술이다. 이 미소그래피를 판독하기 위해 우리는 위대한 신화의 줄거리를 고집하여 뒤질 필요는 없다. 그리고 역사의 먼 곳까지 갈 필요도 없다. 그것들은 지금 우리로부터 가까운 데도 있다. 조선의 성리학자들이 아름다운 산하山河를 찾아 명명한 '구곡九曲'과 그 암벽에 새긴 자신들의 염원이 지금도 그 미소그래피의 일종이 되어 이 땅 여기저기에 남아 있다. 아닌 게 아니라, 이와 같은 영혼의 염원은 인류의 이상상理想像이 되어 이곳저곳에 각색되어 있고, 우리는 그것을 여기저기에서 마주한다. 좀 더 멀리 가면, 우리는 지금도 아테네의 아크로폴리스에서 헬라스인들이 파르테논 신전에 새긴 그들의 염원은 물론, 파르나소스산 아폴론 신전에서 '너 자신을 알라[Gnothi seauton그노티 세아우톤].'는 그들의 정화된 영혼의 외침을 읽는다. 마치 단군신화에서 '홍익인간弘益人間'을 읽듯이 말이다. 모두 인류 영혼의 염원들이 새겨 있는 미소그래피들이다.

인류의 염원은 이렇게 아래로부터, 즉 실제의 인간 삶으로부터 발하여 위로 올라가 상징화된다. 그 대표적 모델은 역시 헬라스 신화가 아닌가 한다. 헬라스의 신화 작가들은 여러 신들을 만들어 거기에 자신들의 염원을 아로새겼다. 아테네의 수호신 아테나에 '지혜'를, 아프로디테에 '사랑'과 '아름다움'을, 그녀의 아들 에로스에 '사랑'을, 술과 광기의 신 디오니소스에 '감성'과 '열정'을, 아폴론에 '이성'을 새겼다. 신화를 통하여 신들gods에게 투사한 덕목들[virtues]은 모두 인류 영혼이 성취하고자 한 염원들이었다.

신화와 성서 사이에도 닮은 점이 많다. 구약은 이스라엘 민족의 염원, 에컨대 '정의'의 덕을 그려놓았다. 그 염원은 참으로 오랫동안 그 구약 속에서 이스라엘 민족의 영혼을 위로해 왔고, 그렇게 오랜 시간이 지난 뒤, 그것은 예수의 행적으로 현현되었다. 신화적인 것이 현실이 되는 회귀回歸의 신비다.

신화들은 인간 영혼들이 풀어놓은 스스로의 염원들이다. 그런데 우리가 이와 같은 방식으로 신화들을 읽다 보니, 거기에서 우리는 우리 자신들의 영혼의 면면面面을 읽고 있는 셈이 되었다.

신화 속의 영혼, 그 치세治世의 인륜人倫

신화는 엄격히 말해 '있어 온 것'에 관한 뒷이야기가 아니다. 그것은 그런 것이 아니라, 오히려 '마땅히 있어야 할 것'에 관한 당위적 이야기다. 또한 그것은 인류 영혼이 세우고자 하는 이상적 세계에 관한 이야기다.

신화시대를 거친 오늘날에도 인류는 자신들의 미래를 상상하고, 어딘지 미흡하고 불완전한 것을 행복의 이미지로 꾸미려고 한다. 그런데 인류의 염원을 담은 이 이미지는 신화의 형식을 빌려 표현되는 경우도 많다.

아닌 게 아니라, 행복에 관한 인류의 염원은 언제 어디에서나 그렇듯이, 우리의 영혼에 그럴듯한 이미지를 그려놓는다. 그리고 그 이미지는 늘 우리의 생각을 지배한다. 이러한 생각들은 종교는 물론, 오늘날 우리의 사회 문화적 가치 선택에도 중요한 영향을 미친다. 신화의 이미지즘이다. 이와 같은 의미에서 신화시대는 아직도 끝나지 않았다. 그것은 인류 역사에서 영원히 끊이지 않을 것이다. 그래서 우리는 아직도 신화 쓰기를 멈추지 않는다.

그 옛날 우리의 조상들은 인간에게 직접 관련된 문제는 물론이지만, 이해하기 어려운 기이한 자연현상들의 원인과 의미까지도 신화의 형식을 빌려 이해시키고 설명하려고 했다. 이와 같은 뜻에서 신화는 인류 영혼에게 있어서 지적 호기심의 발로였을 뿐만 아니라, 그 표현방식이기도 했다. 이와 같은 일은 비단 헬라스인들에게만 있었던 것은 아니었다.

고대 중국인들도 그들이 염원하는 세계를 이미지화하여 신화를 만들었다. 중국 신화에는 여왜女媧가 황토를 빚어 자신의 형상形象을 본떠 사람을 만들었다는 이야기가 있다. 그런데 여왜가 황토를 빚어 만든 사람의 형상들은 놀랍게도 생명을 가지게 되어 다리를 뻗고 허리를 편 뒤, 여왜를 둘러싸고 춤을 추며 노래를 했다. 여왜 신화는 신기하게도 '에덴 스토리'와 닮은 점이 많았다.

그런데 중국의 신화는 서양 신화와 대조적으로 자연의 변화와 그 위력과 질서에 관한 이야기로 꾸며지기 일쑤였다. 중국 신화의 작가들은 인류의 염원을 자연의 신비로 각색하여, 그것으로 세상을 사는 교훈, 즉 치세治世의 윤리倫理로 삼았던 것이다. 자연적 사실事實에서 당위當爲를 추상해 내는 모양새다. 동양의 신화는 인륜人倫을 주제로 한다.

중국의 신화들은 자연에서 일어나는 변화의 원리, 예컨대 '역易[변화]'의 원리를 찾아내어 그것으로 길흉화복吉凶禍福으로 점철된 인간 삶을 설명하고, 그 밑그림도 그렸다. 「주역周易」이 그 대표적인 경우다. 오늘날까지도 많은 사람들은 그 경서의 밑그림으로서 자연의 섭리攝理를 이리저리 해석하여, 치세와 인륜의 모형을 뽑아내고, 이를 바탕으로 인간 삶의 교훈과 윤리를 만들어내기도 한다.

사마천의 「사기史記」에는 중국의 신화시대에 관한 기록이 있다. 삼황오제三皇五帝의 삼황 가운데 하나가 복희伏羲다.10) 복희의 몸은 뱀과 같고 머리는 사람과 같았다. 복희는 해와 달과 같이 큰 성덕聖德을 베풀었다. 그리하여 '끝없이 넓고 큰 하늘'이라는 뜻의

---

10) 삼황三皇은 복희伏羲, 신농神農, 여왜女媧다. 설이 다양하다. 신화시대의 신들이다. 여신 여왜는 복희의 아내다.

'태호太昊'라는 호칭도 얻게 되었다. 이와 같은 이야기는 「주역」에 들어 있다.

> 옛날 복희가 천하에서 임금 노릇을 할 때, 하늘을 우러러 천 문天文의 상象을 관찰하고, 굽어서 땅의 법칙을 관찰했다. 새와 짐승들이 날고 뛰노는 여러 현상과, 땅이 여러 모양으로 펼쳐져 있는 것을 관찰했고, 가까이는 몸에서, 멀리는 사물에서 여러 가 지를 취했다. 그리고 그 결과를 가지고 팔괘를 지어 신명神明의 덕을 밝히고, 만물의 실상을 여러 종류로 나누어 보았다.[11]

복희는 하늘과 땅, 그리고 하늘을 나는 새와 땅 위를 뛰노는 짐 승들로부터 자연의 변화를 관찰하고, 그 결과를 가지고 그가 다스 릴 세상의 모양새를 만들었다. 이른바 치세治世의 원리[法制]다. 고 대 중국 성인들은 이와 같이 자연이 주는 원리들을 풀어 세상을 다 스렸다. 「주역」에 또 한 토막의 이야기가 있다.

> 하늘이 신비로운 것을 낳으면 성인은 이것을 본떴다. 천지가 변화하면 성인은 이것을 본떴다. 하늘이 상象을 드리워 길흉의 징조를 띄우면 성인은 이것을 본떴다. 하수河水에서 그림이 나오 고 낙수洛水에서 글이 나오면 성인은 이것을 본떴다.[12]

여기에서 '하늘'은 하느님의 나라가 아니라, 자연이다. 신화시

---

11) 金敬琢 역주(1972), 「周易」, 繫辭傳.
12) 金敬琢 역주(1972), 「周易」, 繫辭傳.

대뿐만 아니라, 지금도 '하늘'은 높고 숭엄하게 보이니, 그것은 본받을 만한 것을 상징했다. 신화를 쓰는 사람들에게 높고 귀한 것은 어느 때나 어디에서나 우러를 만한 것이었다. 그것은 분명 숭고한 영혼이 본받고자 한 아름다운 자연의 한 자락이었다. 자연의 신비를 읽고 그 원리를 본뜬 것은 고대 중국 신화의 틀이었다.

황하黃河에서 등에 그림이 있는 용마龍馬가 나타났다. 이 그림을 '하도河圖'라 한다. 복희는 이 그림으로 만물의 상象[짓]을 읽었다.[13] 그것은 뒷날 역학易學에서 자연계의 본질을 인식하고 설명하는 기호체계가 되었다. 이른바 '팔괘八卦'다.

팔괘는 만물의 표본을 상징한다. 그것들은 건乾, 곤坤, 간艮, 태兌, 진震, 손巽, 감坎, 이離이다. '건乾'은 하늘이고, '곤坤'은 땅이며, '간艮'은 산이고, '태兌'는 못이며, '진震'은 우뢰이고, '손巽'은 바람이며, '감坎'은 물이고, '이離'는 불이다. 이와 같이 팔괘는 하늘과 땅과 산과 못과 우뢰와 바람과 물과 불로 구성되는 천지만물의 구성 요소들이었다. 팔괘는 신묘한 힘에 의해서 서로 화합[中和]하고 변화[易]함으로써 만물을 낳는 짓[象]을 한다고 생각했다. 팔괘가 화합하고 변화하여 만물을 낳는 '신묘한 힘'을 고대 중국에서는 '음양陰陽의 조화調和'로 이해했다. 이와 같은 것에 비추어 보면, 동양의 영혼들은 결국 음양의 조화를 꾀하는

---

13) 金敬琢 역주(1972), 「周易」, 十翼. 역易[변화]이란 것은 상象[짓, 동작]이다[易者象也].

역의 원리를 팔괘에 넣고, 그것으로 세상의 신비를 풀어내려고 했다. 그리고 그 역[변화]의 원리로 인륜을 만들어냈다. 자연의 신비에서 인륜을 자아낸 것이다.

하夏나라의 우禹임금이 나라를 다스리고 있을 때였다. 황하의 지류인 낙수洛水에 등에 글이 쓰여 있는 신구神龜, 즉 큰 거북이 나타났다. 이 글이 낙수洛水에서 출현했다고 해서 그것을 '낙서洛書'라 했다. 우임금은 낙서를 가지고 천하를 다스리는 법을 지었다. 홍범구주洪範九疇다.[14] 그리고 이를 따라 백성을 다스렸다. 그것은 치세治世의 바탕이 되었다. 인류가 신화를 만들고 그것에 자신들의 염원을 불어넣어 상징화한 뒤, 그것을 다시 자신들의 삶의 원리로 삼은 것은 신화의 독특한 형식이었다.

서양의 신화와 고대 중국의 신화 사이에는 구조적 차이가 없지 않다. 전자는 주로 신화의 저자가 자신들의 영혼을 그 신화에 투사하여 만들어낸 신들[gods]로 구성되어 있고, 후자는 자연이 빚어내는 신비를 따름으로써 자신의 불안을 달래고 무력함을 채우려고 하는 구조로 이루어졌다. 중국 신화소에 등장하는 용마龍馬와 신구神龜에 얽힌 이야기는 이와 같은 신비의 두 상징들이다. 고대 영혼들이 신화 속에 그려 넣은 이 자연의 신비는, 그리

---

14) '홍범구주洪範九疇'는 '아홉 가지 큰 법'을 뜻한다. 「서경書經」에 들어 있다. 하늘이 하夏나라의 우禹임금에게 큰 규범 아홉 가지를 내렸다는 내용이다. 「서경」 홍범편洪範篇을 보면 기자箕子가 무왕에게 전한 내용이 있다. 어느 날 기자에게 무왕이 물었다. "오! 기자여. 하늘은 몰래 백성들의 삶을 도우시고 화합하게 하시는데, 나는 그 일정한 윤리가 베풀어지는 바를 알지 못하고 있소." 이에 기자가 말했다. "우임금이 나라를 다스리니, 하늘은 우임금에게 큰 규범 아홉 가지를 내리시어 일정한 윤리가 베풀어졌습니다."

고 여기에서 뽑아낸 원리로서 만들어진 팔괘는, 결국 자신들이 이루고자 한 의지를 상징화한 것들이었다. 그러나 이들은 모두 범신론汎神論의 한 장르다.

한국에는 산신당山神堂이 여기저기 지어져 있고, 그 안에는 사납지 않은 호랑이나 산신령山神靈이 형상화되어 있다. 단군신화는 그 대표적인 형식 가운데 하나일 것이다.

단군신화는 곰과 호랑이로 꾸며져 있다. 이 신화를 지은 사람은 곰을 '인내'와 '지혜'를 가진 존재로 상징화했다. 자연물인 곰에게 자신이 간직한 심상心象을 조영照影한 것이다. 자연의 변화와 이 변화 속의 신비를 동양인들은 재치 있게 포착하고, 거기에 자신들의 염원을 새겼다. 그리고 그 염원이 다시 돌아와 자신들의 빛이 되길 바랐다. 인간 영혼과 신화 사이에 존재하는 미묘하고 독특한 역학力學이다.

자화상의 가로와 세로, 파토스와 로고스

영혼이 발하는 힘은 원초적 충동drive으로 드러난다. 열정passion이 그 한 가지 모습이다. 열정은 영혼이 발하는 힘의 한 모습이고, 그 원초적 모습이다. 이 영혼의 힘은 헬라스 문화에서 '파토스pathos'로 명명된다. 그리하여 파토스는 아리스토텔레스의 분류에서도 원초적인 것, 영혼의 초기 모습이다. 여기에서 분화된 것들이 열정이고, 사랑이고, 심지어 분노다.

인간 영혼의 넓은 부분을 파토스가 차지한다. 그리고 이 부분에서는 영혼에서 발하는 온갖 염원들이 소용돌이친다. 마치 우주가 창조되는 순간, 그 역力의 균형을 잡기 위해 펼치는 그 혼돈의 질서를 방불케 한다. 이렇게 인간 영혼, 그 심층深層에는 그것이 토로해 내는 염원들이 때로는 충돌하고 때로는 화합하면서 혼돈의 질서를 자아낸다. 이 혼돈의 질서 속에서 조화의 기류를 찾는 영혼은 다양한 역力의 균형을 재구성하면서 격렬한 움직임을 시작한다. 그것은 영혼에서 이루어지고 있는 '다이내믹스[역학]', 곧 영혼의 원초적 몸짓이고 충동이다.

영혼의 원초적 몸짓이 욕구의 소용돌이 속에서 스스로 향방을 잡아 갈 때, 그 몸짓은 처음에는 파토스적 충동, 또는 디오니시안 충동Dionysian force을 따르고, 그다음은 희극이나 비극과 같은 인문학적 틀 속에서 스스로를 다듬으면서 변신을 위한 몸가짐을 찾는다. 그렇기 때문에 그 변신의 과정에서 드러내는 영혼의 몸짓은 여러 형태를 취한다. 그것은 신화에 자신을 투영하는 단계를 넘어 종교적 몸짓을 취하기도 하고, 또 철학과 과학의 모습을 보이기도 한다. 그러나 이러한 영혼의 몸짓은 언제나 그들이 염원하는 세상에 대한 호기심과 그리움[소망]의 발로發露이다.

영혼이 발하는 그 열정적 욕구와 호기심과 소망은 오랜 세월을 통하여 보다 가지런한 모습을 보이게 된다. 그리고 이 새로운 변장變裝은 '로고스logos', 곧 '이성理性'이라는 가늘고 꼬장꼬장한, 그러나 아름답고 짜임새 있는 논리적 가닥으로 직조된다. 그리하여 영혼은 질서 있고 명료한 덕을 추구하는 예민한 논리적 가닥으로 직조되는 이성의 옷을 입게 된다. 파토스가 로고스의 옷을 입게 되는 모습이다. 이와 같은 논리적 질서를 갖춘 영혼의 몸짓은 주로 서양 쪽에서 꿈틀거리기 시작했다. 그 길고 긴 세월 동안 이 이성은, 마치 번데기에서 춥고 긴 겨울을 견딘 끝에 날갯짓을 펼치는 나비처럼, 파토스의 혼돈과 그 질서에서 로고스의 몸짓을 발하기 시작했다. 인류 영혼에 생성된 로고스적인 것, 아폴로니안 문화[Apollonian force]의 등장이다.

기독교 성서의 한 자락은 로고스에 관한 이야기다. '태초에 말씀이 있었다. 말씀은 하느님과 함께 있었다. 말씀은 하느님이었다.'15) 「요한복음」 첫머리에 쓰여 있는 문장이다. 여기에서 '말씀word'은 '로고스'이고, '로고스'는 '이성'과 다르지 않으니, '말씀'은 '이성'이다. 아닌 게 아니라, '말씀'은 그것이 하느님이든 그 누구든 이성의 질서를 따른다.

헬라스에서 영혼은 어느새 파토스에서 이성의 옷으로 갈아입게 되었다. 영혼의 변신, 그것은 영혼의 구조적 변형이고, 보다 완전한 형태로의 탈바꿈이었다. 헬라스인들의 영혼들이 늘 이성의 언저리를 배회한 것은 이러한 이유에서였을 것이다. 아리스토텔레스가 심지어 원초적 충동을 '헤아림의 힘' 또는 '사유의 힘 the power of thinking'이 발하는 원천으로 넌지시 경도시킨 것도

---

15) 「요한복음」 1장. In the beginning was the Word, and the Word was with God, and the Word was God.

그와 같은 증거일 것이다. 그러나 영혼의 변신이 여기까지 오게 된 것은 너무도 긴 세월이 흐른 뒤였다.

언어[로고스]와 그 이성의 논리를 사랑한 영혼들의 고향은 아마도 헬라스일 것이다. 그들은 언어를 매체로 하여 영혼이 발하는 이성의 진정한 모습을 구조화했다. 그들에게 있어서 언어는 '신들이 만들어낸 진리의 세계를 찾아가는 수단the means of divining truth'이었다. 신들도 언어로 세상을 창조했으니, 인간 영혼이 그 신들의 세계에 들려면 마땅히 언어의 길, 즉 논리를 따라야 했을 것이다.

언어는 진실로 선한 영혼이 찾아가고자 하는 세계를 탐색하는 길이 아닐 수 없었다. 그런데 헬라스인들이 즐겨 걸었던 길 '로고스'는 의미상 '언어'였고, '대화'였고, '토론'이었고, '알리는 것'이었고, '이야기'였고, '이야기의 수단'이었고, '헤아림의 도구'였고, '숙고의 매체'였고, '논리적 짜임새'였다. 그리하여 '로고스'는 인간 영혼이 변신을 거듭하면서 딛고 올라온 최고의 단계라고 할 수 있다. 이는 인간 영혼이 로고스를 따를 줄 알게 되면, 그것은 최고로 '선한 것'이 된다는 것을 함의한다. 인간 영혼이 변신을 거듭하여 '최고로 선한 단계'에 오르니, 그것은 더할 수 없이 완전한 것이 되었다는 뜻이다.

'로고스는 우주의 궁극적 힘'이라고 한 헤라클레이토스는 이 점을 잘 간파했던 것으로 보인다. 그는 인간 영혼이 로고스를 따를 줄 알게 될 때, 우주의 궁극적인 힘을 나누어 갖게 된다고 이해했다. 그리하여 인간 영혼은 우주의 힘, 즉 합리적 원리를 따르게 되고, 스스로 무엇이 선하고 아름다움인지 헤아릴 줄 알게 되고, 그것들을 따라 살게도 된다고 했다.[16) 인간 영혼이 변신을 통하여 승화昇華하는 모습이다.

아닌 게 아니라, 헬라스인들의 영혼은 로고스 쪽으로 기울었다. 우리가 그들의 문화를 가리켜 '아폴론적Apollonian'이라고 하는 것은 이와 같은 맥락에서다. 헬라스인들의 영혼은 냉정한 이성을 상징하는 신 아폴론을 만들고 그것을 연모했다. 이와 같은 현상이 얼마나 강했으면, 니체가 헬라스인들의 영혼을 가리켜 로고스중심주의logocentrism에 함몰되어 있다고까지 했겠는가.

로고스 쪽으로 기운 헬라스 문화는 소크라테스와 그의 제자 플라톤에 이르러 그 정점에 달했다. 3단으로 구성된 소크라테스의 기본 명제는 이 문화의 소산일 것이다. '덕은 지식이고, 모든 인간의 불행은 무지에서 비롯하니, 덕 있는 사람만이 행복하다.'는 논법이 그렇다. 이것은 분명 이성에 경도된 문화의 소산이다. 소크라테스에게 있어서 덕은 이성의 꽃, 곧 지식이었으니 말이다. 그리하여 니체는 다시 이 이성의 극한에 쏠린 영혼들을 일러 헬라스의 비극문학까지 말살시켰다고 애통해했던 것이다.[17)

헬라스인들의 영혼이 로고스, 곧 이성에 기댄 것은, 그들의 영혼이 불안한 정서 속에서 무엇인가 안전한 것을 찾으려는 심리

---

16) Wade C. Stephens (1967), *The Spirit of the Classical World*, 16.
17) Friedrich Nietzsche (1956), *The Birth of Tragedy and the Genealogy of Morals*, 88.

적 균형 유지의 결과였을지도 모른다. 하지만 헬라스인들이 펼친, 균형을 찾는 그 이성의 날갯짓은 마침내 그들이 염원하던 최고선最高善을 향하고 있었다. 비록 그것은 오랜 세월이 흐른 뒤였지만 말이다. 그리하여 헤겔Hegel은 이를 일컬어 '아테나의 올빼미가 황혼에 날개를 폈다.'라고까지 했다. 아테나는 고대 아테네의 수호신이고, 올빼미는 그 아테나를 상징한다. 역사철학자 헤겔은 로고스의 질서를 찾던 아테네의 지성과 문화의 충동이 드디어 파토스의 어둠을 뚫고 이성의 날갯짓을 펼치게 된 그 역사를 제대로 관찰했던 것이다. 그러나 그는 이렇게 되었을 때는 이미 아테네의 문화사가 참으로 오랜 세월이 흘러 이미 해가 질 무렵이었다고 안타까워했다. 아테네 문화의 한 아름다운 가닥이 혼돈에서 마침내 질서를 타게[乘] 된 것은 그렇게 긴 세월을 필요로 했다.

그런데 헬라스인들의 영혼이 추구한 그 로고스 문화는 그들의 삶에서 생동하는 파토스적 역동성을 그만큼 약화시켰다. 그렇기 때문에 니체도 나서서 헬라스인들의 삶에서 이성의 대칭으로서 파토스적 열정이 사라졌다고 나무랐던 것이다. 아닌 게 아니라, 헬라스의 로고스 문화는 결국 디오니소스적 영혼, 그 비극문학 tragedy의 죽음을 불렀다.

문학의 한 장르로서 비극은 원래 헬라스인들의 영혼 깊숙이 자리하고 있었다. 그들의 노래와 춤은 디오니소스 문화의 원천이었다. 디오니소스 문화는 광기와 황홀 그리고 풍요의 상징이었다. 그것은 또한 불완전한 삶, 감성이 무너지는 삶의 불균형에 대한 해학이고 반작용이기도 했다.

비극은 디오니소스 이전, 아테네 문화가 정착되기 훨씬 이전, 그 모습을 갖추고 있었다. 그것은 처음에 원시 주술무呪術舞, 그리고 거기에 곁들인 가창歌唱이었다. 마법魔法과 환상이 뒤섞인 이 가무歌舞는 원초적 헬라스 문화를 피워낸 영혼의 혼돈과 질서였다. 디오니소스 축제는 이 혼돈과 질서를 휘젓고, 그것에 온전한 영력靈力을 불어넣었던 것이다.

디오니소스적 충동은 한때 폴리스의 기반이 되는 질서와 동료애, 그리고 그 속에서 함께 나누는 환희를 자아냈다. 이 환희는 디오니소스 축제가 추어내는 범아테나이 정신이기도 했다. 환희의 축제가 추어내던 이 정신은 헬라스의 각 폴리스들이 서로 다투고 지배하는 경계를 넘어 모두가 함께 발하는 보편적 염원이었다.[18] 그러나 비극 문학이 추구한 이 보편적 염원은, 결국 '인간 정신을 드높이는 일', 곧 '인간이란 무엇인가?'에 대한 답을 찾는 일이었으니, 그것은 단지 비극에 녹아 있는 디오니소스적 질서 안에서만 찾을 수 있는 답은 아니었다. 어떻든 '인간 정신을 드높이는 일'은 처음에 파토스적 열정이 발하는 무엇이었음에 틀림없다. 하지만 그 열정의 힘은 이제 함께할 또 다른 대칭 모티브를 필요로 했다. 새로운 길을 찾기 위해서였다.

파토스의 대칭 모티브는 물론 로고스였다. 길이 보이지 않는

---

18) C. Delisle Burns (1919), *Greek Ideals: A study of social life*, 47-50.

파토스는 무의미했다. 그것은 자칫 방향 없는 광기도 될 수 있는 것이었다. 그러나 파토스적 열정이 로고스적 무감동을 경계하거나, 역으로 로고스적 인 것이 파토스적 광기를 억누르는 것은 위험했다. 파토스적인 것과 로고스적인 것은 원래 서로 나뉠 것이 아니었다. 이것들은 서로 함께 있어야 할 것들이었다. 이것은 오래도록 인류 영혼이 믿어 온 창조의 원리였다. 이 창조의 원리 속에서 환희를 추어내던 디오니소스 극장이 지금도 그리스의 이곳저곳에 폐허가 된 채로 남아 있다. 그 가운데 지금 파르나소스산 델포이에는 몇 개밖에 남지 않은 아폴론 신전의 석주들만 외로이 서 있고, 그 맞은 편엔 이와 대칭을 이루고 있던 디오니소스 극장이 세월의 상처를 간직한 채, 폐허가 된 아폴론 신전을 바라보며 파괴된 그 대칭의 미美를 안타까워하고 있다. 한바탕 신들의 전란戰亂이 스쳐간 듯싶다.

아닌 게 아니었다. 아테네의 정치력이 소멸되어 갈 즈음, 디오니소스적 영혼은 비극 문학이 추어내는 춤과 음악과 드라마로 그 최후의 몸짓을 벌였다. 이 몸짓은 위압적인 아폴론 문화의 특성인 양陽에 대응하는 음陰의 반작용이었다. 그래서 델포이는 지금도 대립된 이 두 정형正形의 잔상殘像이다. 무너진 아폴론 신전과 그 좌측의 디오니소스 극장이 이를 상징한다.

동東과 서西를 가릴 것 없이, 거기에서 감성과 이성, 파토스와 로고스, 기[氣]와 이[理]의 혼돈과 질서[조화]가 문화 과정의 변증법적 통일을 꾀했다. 그렇다면 파토스적 디오니소스 문화는 오히려 로고스로 기우는 헬라스 문화의 모태였을 것이다. 또한 이성을 특성으로 하는 아폴론 문화는 반이성과 환희, 나아가 망아忘我를 특성으로 하는 디오니소스적인 것을 필요로 했을 것이다. 혼돈에서 질서, 대립에서 조화, 그리고 반이성에서 이성의 탄생은 자연스럽고 창조적인 변화의 논리라는 뜻이다. 이성과 반이성의 대칭이 만들어내는 이 오묘한 긴장은 차라리 새로운 것을 창조하는 메커니즘이었다. 그래서 그랬을 것이다. 반이성과 이성의 긴장 관계에서 오히려 헬라스인들은, 파르나소스산 델포이에서 보듯이, 한쪽으로 치우치지 않는 중용[nothing to excess]의 길을 찾으려고 애썼던 것 말이다. 그리고 거기에서 드라마틱한 창조적 역동이 수없이 발할 수밖에 없었던 것도 말이다. 어떻든, 그때 그 헬라스 문화는, 그 내면의 헬라스 영혼은, 이제 그와 같은 헬라스풍의 이성과 반이성의 긴장을 벗어놓은, 인류 영혼의 구각舊殼이 되고 말았다.

영혼의 원초적 충동과 반이성이 자리했던 곳, 디오니소스 정령精靈이 춤추던 곳, 그곳은 비극의 고향이기도 하지만, 또한 변신의 긴 여정을 겪어 온, 영혼의 고향이기도 하다. 하지만 우리 영혼이 가야 할 길은 아폴론의 길이었으니, 니체가 그렇게 안타까워했든, 또한 그리워하고 슬퍼했든, 그 헬라스 문화는 인류 영혼의 모태, 디오니소스의 노래와 춤을 그렇게 거기에 두고 올 수밖에 없었다.

II

영혼의 경이로운 탄생

제3장

영혼이란 무엇인가

「데 아니마」 가설

아리스토텔레스는 '영혼에 관하여'라는 뜻을 갖는 「데 아니마 De Anima」 첫머리에 '영혼에 관한 연구는 이 세상에서 가장 어려운 일 가운데 하나'라고 썼다. 사실, 영혼에 관한 이야기를 하는 것만큼 난해한 일은 세상에 많지 않을 것이다.

영혼은 도대체 어디에 있는 것인가? 그것은 무엇이고 어떻게 형성되는 것인가? 그것은 어떤 모양을 하고 있는가? 그것은 육신과 함께 있는가, 아니면 육신으로부터 분리되어 있는 것인가? 그것은 육신 속에 살면서 육신으로 하여금 이리저리 움직이도록 명령을 하는 것인가? 그것은 여러 부분들로 구성되어 있는가, 아니면 단일 요소monad로 존재하는 것인가? 그것이 가진 본질적인 기능은 무엇인가? 그것은 '마음mind' 또는 '지성intellect'과 어떤 관계에 있는가? 그것은 영원한 것인가, 아니면 육신과 함께 사멸하는 것인가? 그것은 도대체 어떤 속성들attributes로 구성되어 있는가? … 수없이 이어지는 질문들이다. 그러나 이 질문들은 모두 '영혼이란 무엇인가?'라는 하나의 질문에 수렴된다. '영혼'의 정의definition 문제로 말이다.

'영혼이란 무엇인가?'라는 질문의 답은, 반드시 그런 것은 아니지만, '영혼'의 정의로 대치될 수 있을 것이다. 그런데 '영혼'을 정의하려면 우리는 우선 '영혼'의 의미를 분석해야 한다. 예컨대, 기하학자들이 '삼각형'의 정의를 내리기 위하여 먼저 '삼각형'의 의미를 '세 변'과 '세 각'과 '도형'으로 분석하듯이 말이다.

그런데 영혼에 관한 논의를 보면, 거기에는 '영혼'에 관련된 수많은 표현들이 등장한다. 예컨대, '열정'과 '온정'과 '공포'와 '애상'과 '용기'와 '쾌락'과 '애정'과 '증오' 등과 같은 것들이다. 그러나 이들이 '영혼'의 속성들인지 아닌지, 속성들이라면 이들로써 '영혼'의 정의를 내리는 것은 과연 타당한지, … 우리가 '영혼'에 관한 논의를 시작하자마자 부딪치는 난점들 가운데 하나일 것이다.

'영혼이란 무엇인지'에 관한 문제를 분석철학자들이나 논리학자들에게 가지고 가서, 그들에게 정의를 내려주기를 요청한다면, 아마도 그들은 오히려 이렇게 되물을지도 모른다. "도대체 '영혼'이라는 단어는 정의될 수 있는 용어인가?" 이들 분석철학자나 논리학자가 부딪치는 결정적 문제가 있다면, 그것은 아마도 그

‘영혼’의 의미가 너무 넓어, 정의할 의미의 경계를 정하기가 어렵다거나, 그 지시대상[referent]이 추상적이어서 그것들을 언어 체계 속에서 다룬다는 것은 불가능하다는 것일 것이다.

그럼에도 불구하고, 아리스토텔레스는 「데 아니마」에서, 성공의 기약도 없이, ‘영혼’의 정의 문제에 뛰어들었다. 그리고 당장 자연철학자들이 이미 만들어놓은 ‘영혼의 정의들’을 낱낱이 뒤졌다. 그러나 그가 당면한 문제는, 아닌 게 아니라, 영혼의 정의에서 부딪치는 의미론적 다양성과 불명료성에 관련된 문제였다. 이는 비단 아리스토텔레스의 입장만은 아니었을 것이다. 그의 스승 플라톤도 매한가지였을 것이다.

사실, 그렇게 흐트러져 있는 영혼의 의미론적 다양성 속에서 아리스토텔레스가 몇 가지 타당한 속성들을 건져내어 그것으로 ‘영혼이란 무엇인가?’라는 질문에 답한다는 것은 어쩌면 스스로 패착敗着을 자초하는 일이 될 수도 있었을 것이다.

그럼에도 불구하고, 「데 아니마」에서 아리스토텔레스는, ‘영혼이란 무엇인가?’라는 질문을 가지고 영혼의 그 의미론적 문제 속으로 깊이 들어갔다. 그가 이 어려운 국면을 무릅쓰고 영혼의 의미를 묻는 일에 매달렸던 것은, 영혼에 관한 논의가 그 난해성에도 불구하고, ‘인간’의 의미 또는 그 본모습을 찾는 데 결정적인 기여를 할 것으로 믿었기 때문이었을 것이다.

'영혼'의 고고학: 자연철학자들의 가설

헬라스의 철학자들은 영혼에 관한 연구가 육신에 관한 관찰 없이는 불가능하다고 생각했다. 그만큼 그들은 영혼에 관한 담론의 줄거리를 구체적인 것에서 찾으려고 했다. 그들은 영혼의 몸짓을, 혼령에 관한 이야기에서가 아니라, 오히려 인간의 '열정'과 '온정'과 '두려워함'과 '측은히 여김'과 '용기'와 '기쁨'과 '사랑'과 '증오'와 같은 정감[pathos]에서 찾고자 했다. 그리고 이 정감들은 육신의 특정 부분에서 발생되는 것으로 생각했다. 그들은 영혼의 존재를 우리 몸에 들어 있는 독립된 실체實體라고 생각했다. 지성사 초기의 철학자들은 매우 소박하게도 '살아 움직이는 것'들이 먹고, 자고, 숨 쉬고, 움직이고, 마음을 쓰는 것을 모두 영혼이 펼치는 몸짓으로 이해했다.

소크라테스 이전의 자연철학자들은 모든 살아 움직이는 것들에는 영혼이 깃들어 있고, 이 영혼에 의해서 그것들은 생명을 유지할 뿐만 아니라, 움직인다고 생각했다. 사람뿐만 아니라, 짐승들 심지어 식물들까지도 영혼을 가지고 있으니, 그것들 또한 마땅히 움직이고, 움직이되 영특한 몸짓까지 취한다고 생각했다.

자연철학자들은 영혼의 윤회설을 믿었다. 인간은 죽어 다른 생명체가 되고, 그것에 인간 속에 살던 영혼이 깃들어 산다는 것이었다. 그리하여 그들은 심지어 짐승들의 분노까지도 원래 인간 속에 깃들었던 그 영혼이 그것에서 다시 그와 같은 몸짓을 하고 있는 것은 아닌지 의심했던 것이다.

고대 자연철학자들이 말하는 영혼의 몸짓은 실로 다양했다. 그 몸짓들은 자연철학자들의 눈에 '심장의 혈액이 끓어오르는 것'처럼 보이기도 했다. 그들은 이와 같은 몸짓들에서 빼놓을 수 없는 두 가지 영혼의 특성들을 골라냈다. '운동movement'과 '감각작용sensation'이었다.

'운동'과 '감각작용'을 영혼의 대표적 속성으로 골라낸 것은 자연철학자들에게는 당연한 것이었을지도 모른다. '살아 있는 것', '변화하는 것', 무엇인가로 '되어 가는 것'은 그들에게 영혼의 본질적 모습으로 보였을 테고, 이와 같은 것들은 늘 '운동'과 결부되어 있었을 것이다. '감각작용'도 매한가지였을 것이다. 자연철학자들에게 있어서 '영혼'은 살아 움직이는 것 속에 있으니, 그것은 틀림없이 감각을 가진 것이라고 생각하지 않을 수 없었을 것이다.

우리에게 서슴없이 '만물의 근원은 물'이라고 선언한 탈레스는 영혼의 본질에 대한 언급에도 거침이 없었다. 그는 '영혼은 동력, 곧 움직임의 근원'이라고 생각했다. 그는 자석이 쇠붙이를 끌어당기는 힘을 발휘하듯, 그렇게 영혼에는 육신을 움직이는 힘이 내재되어 있다고 믿었다. 자연철학자들은 영혼의 '운동'은 살아 있는 것의 '이동locomotion'과 '변화alteration'와 '성장growth'의 공통적 현상이라고 생각했다.1) 이들에게 있어서 '영혼의 운동'은 성장과 변화의 서클circle[윤회]을 운용하는 제1원인이었다.

1) Aristotle (1968), De Anima, 406a11-2.

피타고라스학파 또한 영혼의 본질을 '운동'으로 이해했다. 공중에 떠다니는 먼지는 고요한 가운데 움직이니, 거기에는 그것들을 움직이도록 하는 무엇이 있을 텐데, 영혼에도 그와 같은 힘이 작용한다고 생각했던 것이다. 많은 철학자들이 피타고라스학파를 따라, 영혼을 '그 자체로 움직이는 것'으로 이해했다.

자연철학자들은 우리의 다양한 몸짓들도 운동의 원인이 되는 영혼에 의해서 그렇게 이루어진다고 믿었다. 영혼은 '그 자체로 움직이는 것'이고, 그렇기 때문에 피동적인 그 밖의 것들이 움직이는 것은 영혼이 발하는 힘에 의한 것이라고 한 것이다. 고대 자연철학에서 영혼의 본질을 '운동'으로 이해한 가장 두드러진 철학자는 아마도 기원전 500년경에 탄생한 아낙사고라스였을 것이다. 그는 아테네에 처음으로 철학을 전한 사람으로 알려져 있다. 또한 그는 페리클레스의 스승이었고, 소크라테스에게도 영향을 준 철학자로 알려져 있다.

아낙사고라스는 세상의 모든 것은 최선의 질서를 따라 생성되고 성장하며 변화한다고 생각했다. 그는 그 질서를 '변화의 제1원인'이라 했고, 인간에게 있어서 그 원인은 '마음의 작용'에 있다고 믿었다. 그 결과 아낙사고라스는 '영혼'과 '마음'을 자주 혼용했다. 아낙사고라스가 '영혼'과 '마음'을 혼용함으로써 이들을 연결시킨 것은 '영혼'의 의미 확대이기도 하다. 그는 '영혼'과 '마음'을 구분하는 듯했지만, 실제로는 이들을 동일시했다. 그는 '마음'을 가리켜 모든 것의 원리를 담고 있는 것이라고 했다. '마음'만이 가장 깨끗한[simple] 것이며, 섞이지 않아 순수하고, 다른 것들로부터 영향을 받지 않는다[impassible]고 했다. 아낙사고라스에게 있어서 '마음'은 '영혼'의 진정한 자리였다.

자연철학에서 영혼의 본질에 관한 논의는 어느덧 '마음'으로 확대되었다. '마음'에 대한 이러한 인식은 데모크리토스에게서 더욱 두드러졌다. 그 역시 '영혼'과 '마음' 사이를 떼어놓지 않았다. 디오게네스도 그랬다. 그는 영혼은 본질적으로 '운동'을 하지만, 마음을 가지고 하는 '인식'은 영혼의 가장 중요한 특징 가운데 하나라고 했다. 모두 영혼에 관한 고대 자연철학자들의 가설들이다. 고대 사회에서 영혼은 본질적인 의미에서 '운동'이라는 견해와 '마음'이라는 견해로 나누어졌지만, 이 두 가지 견해는 늘 통합적이었다. 영혼은 운동의 원동력이면서, 동시에 마음의 인식 작용이라는 견해가 그들의 것이었다.

그러나 영혼에 대하여 고대 자연철학자들이 만들어놓는 가설들은 아리스토텔레스에게는 매우 회의적이었다. 우선은 '운동'이 과연 영혼의 본질적 속성이 될 수 있는지에 관한 회의였다. 그는 동물들의 세계에서 볼 수 있는 특징이 '운동'이라고 하여, 그것을 영혼의 본질이라고 판단하는 것은 부적절하다고 생각한 것이다. 운동은 영혼의 힘이 작용하여 움직이기도 하지만, 그렇지 않고 간접적으로 움직이는 경우도 있기 때문이라는 것이었다. 더욱이 아리스토텔레스는, 만약 자연철학자들이 영혼의 본질적 속성으로서 '운동'을 동물들이 하는 것과 같은 장소의 이동으로 이해한다면, 그것은 더욱 잘못이라고 했다. 영혼이 과연 동물들처럼 이동하는 장소를 필요로 하는지에 대하여는 회의가 따르지 않을 수 없었기 때문이다. 영혼의 지향성이 육신을 움직일 수는 있지만, 영혼 자체가 마치 유령처럼 여기저기 이동하며 출몰하는 것이라거나, 움직이기 위하여 장소를 필요로 하는 물질적·가시적인 것이라고 할 수는 없다는 것이었다.

영혼에 관한 자연철학자들의 생각에 회의적인 것은 플라톤에게 있어서도 매한가지였다. 영혼에 관한 생각에서 아리스토텔레스는 고대 자연철학자들보다 스승 플라톤의 아이디어에 더 가까웠다. 그는 자연철학자들처럼 영혼의 속성을 감성적인 것들, 이를테면 분노와 공포와 지각과 같은 것으로 규정하고, 이들 속성에 따라 영혼이 스스로 운동을 한다는 생각에 이끌리지 않았다.

사실, 아리스토텔레스가 의지한 스승 플라톤에게 있어서 '영혼'의 핵심에 자리하는 것은 '마음'이었다. 그러나 플라톤에 따르면, 마음은 생명체가 가지고 있는 감각기관처럼 부피를 가지는 것이 아니었다. 그것은 손과 같은 감각기관에 의하여 잡히는 것이 아닐 뿐만 아니라, 공간적 자리를 차지하는 것도 아니라고 생각했다. 그리하여 그는 '마음'을, 그 의미가 그렇듯이, '사고의 과정'을 따르는 것, 나아가서는 사고의 논리적 형식에 순응하는 능력으로 이해했다.

플라톤은 그의 저서 「티마에우스Timaeus」에서, 천지가 창조될 때, 그 천지는 가시적visible이지만 영혼은 비가시적invisible이며,

이 비가시적인 것에는 '마음'의 작용과 그 조화가 처음부터 함께 있었다고 설명한다.[2] 아리스토텔레스 또한 마음은 자연철학자들의 '분노'나 '공포'와 '욕망'처럼 쉽게 사라지는 것이 아니었다. 그는 플라톤 편이었다.

플라톤에게 있어서 '마음'은 차라리 '지식'이나 '신념'을 내포하는 개념이고, 그렇기 때문에 그것은 '분노'나 '공포'와 '욕망'처럼 쉽게 명멸明滅하는 것이 아니었다. 그리하여 플라톤에게 있어서 '마음'은 다른 요인들로부터 쉽게 영향을 받지 않는 impassible 것이고, 그렇기 때문에 질료matter가 아닌 것, 비물질적인 것으로서, 그 내적 원리에 따라 스스로 힘을 발휘하는 것이었다. 그렇기 때문에 플라톤에 의지한 아리스토텔레스에게 있어서 '마음'은 여러 형상들forms 가운데 하나의 형상이고, 영혼에 뿌리를 둔 것으로서 신적인 것에 가까이 자리하는 것이었다.[3] '마음'이 아리스토텔레스의 영혼 연구에서 중심 개념으로 자리매김을 하게 된 이유다.

「데 아니마」 가설: 영혼은 육신의 현실태

「데 아니마」에서 아리스토텔레스는 '영혼의 본질'에 관한 선구자들의 가설들을 일단 버리자고 했다. 그런 뒤 그는 '영혼이란

---

2) Plato (1996), Timaeus, 37a.

3) Aristotle (1968), De Anima, 408b29, 432a2.

무엇인가?'라는 질문을 다시 제기했다. 누구나 받아들일 수 있는 가장 보편적인 영혼의 정의를 만들어보자는 것이었다.

사실, '영혼'에 관한 고대 자연철학자들의 정의는 애매하고 모호하기 그지없었다. 물론, 그들이 말하는 영혼의 의미가 왜 그렇게 정의되었는지도 분명하지 않았다. 고대 자연철학자들의 '영혼'의 용법usage은 영혼에 관한 개인의 신념만큼 다양했다.

「데 아니마」에서 아리스토텔레스는 우리가 '영혼'이 어떤 것인지를 알려면, 우선 '실체[ousia]'가 무엇인지를 먼저 알아야 한다고 했다. 왜냐하면, 우리가 확인하고자 하는 '영혼'이 정말로 존재한다면, 그것 역시 '실체'로 존재하는 것이어야 하기 때문이었다. '실체'는 아리스토텔레스가 그것으로 세상 보기를 하는 하나의 시각[word]이었다. 아리스토텔레스에게 있어서 '영혼'은 그 '실체'들 가운데 하나였다.

아리스토텔레스가 사용한 '실체'가 무엇인지를 파악하려면, 우리는 먼저 그의 논리학인 「범주론」과 「형이상학」을 들추어 볼 필요가 있다. 사실 이 저서들은 그가 펴낸 철학백과사전이나 다름없다. 그는 여기에 자신이 사용하는 철학 용어들을 모아 자신의 형이상학적 기반을 다져놓았다. 우선 아리스토텔레스가 '실체'를 어떤 모습으로 묘사해 냈는지, 그 그림을 여기에 대충이나마 스케치해 보고자 한다.

아리스토텔레스는 '실체'를 우선 이와 같은 모습이라고 마음속에 그렸다. 그에 의하면, '실체'는 우선 물이나 흙처럼 단순한 질료matter로 구성되는 형체[a simple body]를 가리킨다.

다음으로 '실체'는 존재하는 것들이 그렇게 존재하게 되는 원인이나 원리를 가리킨다. 예컨대, 그것은 한 아름다운 건축물에서 설계도와 그 안에 들어 있는 것, 즉 한 건축물이 존재하게 되는 목적, 즉 원인과 원리들로 짜여 있는 '틀'과 같다. 그러므로 우리는 설계도, 곧 '틀'을 봄으로써 건축물의 실체를 볼 수 있게 된다는 것이다.

그다음으로 아리스토텔레스에게 있어서 '실체'는 모든 존재하는 것들의 '핵심적 부분part'을 가리킨다. 그런데 여기에서 '핵심적 부분'이란, 만약 그것을 제거하면, 그것을 포함하고 있는 존재 자체가 소멸되거나 의미가 손상되는, 그런 '부분'을 가리킨다.

또 그다음으로 '실체'는 존재하는 것의 '의미meanings'를 가리킨다. '의미'를 알게 되면, 그 실체가 보인다는 뜻이다. 이는 우리가 '그 무엇인가'의 정의definition를 파악하면, 그 정의를 통하여 '그 무엇인가'가 보이는 경우와 같다. 아닌 게 아니라, 우리가 '그 무엇인가'를 정의하면, 그 정의항definiens에는 피정의항definiendum, 즉 '그 무엇인가'에 대한 의미들로 구성된다. 그리고 우리가 그 의미들을 파악하면, 정의가 가리는 '그 무엇인가[실체]'가 우리의 인식의 눈에 드러난다. '실체'는 '의미들'로 형성된다.

마지막으로 아리스토텔레스는 우리가 어떤 존재의 본질本質을 물으면 그 '실체'가 어떤 것인지를 또한 파악할 수 있다고 생각했다. 아리스토텔레스는 도구를 가지고 그 예를 들었다. 즉, 어떤 도구의 본질을 묻는 것은 그 도구의 쓰임새를 묻는 것과 다르지 않고, 그 '쓰임새'는 그 도구를 만든 목적과 같으니, 그 결과는 결국 그 도구의 실체가 무엇인지를 파악하는 일이 된다는 것이다. '본질'을 알면 '실체'가 보인다. 아닌 게 아니라, 우리는 어느 도구가 그 목적에 해당되는 조건, 곧 본질을 갖출 때, 우리는 그 도구를 가리켜 '도구답다.'고 말한다. 그리고 그 도구를 가리켜 '도구답다.'고 말하는 것은, 그것이 그 도구가 존재하는 목적, 즉 실체에 부합한다는 뜻이 된다.[4]

하지만 아리스토텔레스는 지금까지 언급한 실체의 여러 그림들을 하나의 큰 그림에 담았다. '실체는 존재하는 것의 궁극적 토대가 되는 것이다.'라는 그림이다. 그럴 법도 하다. 이 궁극적 토대 없이 어찌 '그 무엇'이 존재할 수 있겠는가. 그에게 있어서 '궁극적 토대'는 어떤 무엇의 존재 이유가 더 이상 다른 것으로 설명될 수 없는[no longer predicated anything else] 것을 가리킨다. 그에게 있어서 '더 이상 다른 것으로 설명될 수 없는 이 존재의 이유'란 각 '실체'가 그 자체가 되는[being a this] 그 '고유한 특질'을 가리킨다. 그렇기 때문에 이 특질로 인하여 각 실체들은 서로 분리될 수separable 있고, 그렇기 때문에 각 실체들은 자체에 고유한unique 모양새 또는 형상form을 가진다고 볼 수 있다.[5] 아리스토텔레스가 그의 「형이상학」에서 '실체'가 무엇인

---

4) Aristotle (1966), Metaphysica, 1017b10-23.

가를 파악하기 위해서 그려놓은 그림이다.

그러나 아리스토텔레스가 자신의 「형이상학」에 그려놓은 '실체'에 관한 이 그림을 좀 더 정확히 이해하기 위하여 우리는 '실체'에 관련된 몇 가지 주요 개념들이 서로 어떤 구조를 이루고 있는지를 좀 더 자세히 확인해야 한다. 우선은 '실체' 자체에 관해서다. '실체'는 무엇인가로 존재하는 것이기 때문에 그것은 어떤 것으로든 독특한 모양새를 갖추어야 한다. 그러나 그렇게 되기에 앞서 그것은 먼저 '질료[hule]'로 존재한다. 그러나 '질료'는 아직 독특한 모양새를 갖추지 못하여 정확히 '이것[a this]'이라고 부를 수 없다. 그것은 모양새에 있어서는 아직 이것도 저것도 아닌 것[not a this]이다. 그러나 그것은 무엇인가가 될 수 있는 잠재적 가능성을 가지고 있다. 이 '가능성'을 아리스토텔레스는 'dunamis[디나미스]'라고 불렀다. 영어 표현으로는 'potentiality', 우리말로는 '가능태'다. 그러나 이 '가능태'로서 디나미스는 생명체[sōma phusikon]가 가지고 있는 변신의 원동력이다. 그러므로 사실 '디나미스'는 모든 살아 있는 것의 근원인 힘이 되는 것이다. 그것은 오로지 무엇인가가 되려고 하는, 즉 어떤 모양새를 갖추려는, 그 결과로 안정을 찾으려는 알 수 없는 '힘'이라고 할 수 있다. 그리고 이 힘에 의해서 '질료'는 스스로 어떤 모양새[morphē], 즉 형상[eidos]을 갖춘다. '이것도 저것도 아닌 것[not a this]'에서 하나의 '이것[a this]'으로 부를 수 있는 것이 되는

---

5) Aristotle (1966), Metaphysica, 1017b13, 1017b23-26, 1018a12-191042a24-ff.

것이다. 우리가 확인하려는 '실체substance'가 생성되는 구조적 과정이다.

'실체'의 그림이 이와 같다면, 영혼의 실체에 대한 그림 또한 이와 다르지 않을 것이다. 그렇다면, 이제 이 실체의 그림에 '영혼'의 특질을 비추어 보는 것이 좋을 것이다.

아리스토텔레스에게 있어서 실체의 한 중요한 요소로서 그 '알 수 없는 힘', '디나미스'는 존재하는 것에 대한 형이상학적 가정이다. 그 옛날 신화시대에 천지를 창조한 신은 '사람'의 모상을 만들고, 그 코에 입김[pneuma]을 불어넣어 인간의 모상이 '생명'을 갖도록 했다 했는데, 그 입김의 흔적은 어데 갔나 했더니, 그것은 이미 이 알 수 없는 힘, '디나미스'와 다른 것이 아닌 셈이 되었다. '디나미스'는 여러 가지 '힘', 존재자와 함께 존재하게 되는 그 잠재적 '가능성potentiality'을 상징한다. 디나미스가 상정되지 않으면, 영혼의 탄생과 그 변신의 과정 또한 설명될 수 없었을지도 모른다.

아직 '이것'이라고 말할 수 없는[not 'a this'] 잠재적 가능성[디나미스], 그것을 속성으로 하는 질료는, 정당한 절차를 거쳐 '이것'이라고 부를 수 있는['a this'] 단계에 이른다. 형태morphē가 갖추어지지 않은 질료가 분명한 모양새를 갖추어 '이것[a this]'이라고 부를 수 있을 만큼 뚜렷한 모양새를 갖추게 되는 것이다. 그러나 모든 존재자가 그렇듯이, 그리고 위대한 영혼은 물론, 아름다운 건축물들이 그렇듯이, 무엇이 이런 모양 저런 모양을 갖춘다는 것은, 그것이 신이 만든 것이든, 인간이 제작한 것이든, 모종의 원리 또는 본질이 반영되었다는 것을 뜻한다. 세상에 존재하는 것은, 그것이 어떤 것이든, 그것은 질서의 산물이고, 질서는 원리이고 본질이다. 그런데 이 원리 또는 본질, 그보다 그 '설계도'는 아리스토텔레스에게 있어서는 '형상[eidos]'이었다. '형상'에 따라 '질료'는 일정한 모양새를 취한다. '형상'은 진정한 '실체'이다. 그런데 이 모양새 또는 형상을 아리스토텔레스는 새로운 단어를 주조하여 'entelecheia엔텔레케이아'라 불렀다. 우리말로는 '현실태現實態'로 옮겨 쓴다. 발달과정에 있는 영혼이 일정한 모습을 갖추어 하나의 실제적 형상으로 존재하게 된 것을 가리킨다. 아리스토텔레스의 「형이상학」을 편집한 로스Ross 경은 '엔텔레케이아'를 영어 표현으로 'actuality'라 했다.6)

그러니까 아리스토텔레스의 '엔텔레케이아'는 아직 형태를 갖추지 못한 질료가, 그것이 가지고 있는 그 잠재적 힘, 디나미스에 의하여 특정한 형상을 갖춤으로써 절차적으로 완성된 것[the completed]을 일컫는다. 그리하여 '엔텔레케이아entelecheia'의 어원을 찾는 사람들은 그것을 '완성'을 뜻하는 헬라스어 entelōs[엔텔로스]와 '존재to be'나 '소유to have'를 뜻하는 echei[에케이]의 조합이라고 짐작한다.7) 그렇게 되면 그것은 질료가 그 잠재성[디나미스]을 실행하는 과정의 끝에 이르러 어떤 완성된 모양새로 '있음[to be靜止]'이나, '갖춤[to

---

6) J. O. Urmson (1990), *The Greek Philosophical Vocabulary*, 55.

7) 'entelecheia'의 어원에 관한 이 부분은 오지은 역주 (2018), 「영혼에 관하여」, 주석 13을 참조했다.

have所有]'을 뜻하는 것이 된다는 것이다. 아리스토텔레스가 주조한 '엔텔레케이아'는 영락없는 그의 존재론적 목적론의 반영인 셈이다. 그렇다면, 이제 영혼은 영혼이 될 수 있는 질료가 잠재적 가능성을 실행하여 완전한 상태에 이른 엔텔레케이아[현실태]를 가리키게 된다.

이렇게 하여 우리는 '영혼'의 실체를 파악하는 데 필요로 하는 개념들과 그 구조를 확인하게 되었다. 즉, '질료[hule]'와 '가능태[dunamis]'와 '형상[eidos]'과 '현실태[entelecheia]' 들이 영혼의 '실체'를 꾸미는 주요 개념들이다. 그런데 이들 개념으로 아리스토텔레스는 '질료는 가능태이고, 형상은 현실태다.'라는 아름다운 명제를 만들어냈다.8) 영혼의 '실체'에 관한 아리스토텔레스의 형이상학적 그림이다.

개념적 구조로 그려낸 이 그림에 따라 아리스토텔레스는 '영혼'의 정의를 내렸다. 즉, '영혼은 육신의 현실태[sōmatos entelecheia]이다.'9)라고 말이다. 물론, 여기에서 '육신'은 '가능태'를 가진 '질료'이고, '현실태'는 그 '질료'가 '형상'을 갖추어 실체가 된 것을 가리킨다. 이는 '영혼'에 관한 아리스토텔레스의 정의이지만, 또한 「데 아니마」에 설정해 놓은 영혼에 관한 기본 가정이기도 하다.

'영혼'에 관한 아리스토텔레스의 정의, '영혼은 육신의 현실태이다.'는, 구체성의 문제를 제외한다면, 그런대로 '영혼'의 의미를 우리에게 충분히 밝혀준다. 이와 같은 평가는 '영혼'의 실체

---

8) Aristotle (1966), Metaphysica, 1050a30. Aristotle (1968), De Anima, 412a6-10.

9) Aristotle (1968), De Anima, 412a22.

가 그만큼 깔끔히 정의되기 어렵다는 점을 감안한 결과이기도 하다. 그런데 아리스토텔레스의 영혼에 관한 정의와, 이를 바탕으로 한 그 기본 가정은 매우 흥미롭다. 그도 그럴 것이, 매우 꼬장꼬장한 분석적 방법을 활용하는 아리스토텔레스는, 예외 없이 같은 방법을 사용하여, '영혼'을 '육신의 현실태'로 깔끔하게 정의했다. 그리고 '현실태', 즉 엔텔레케이아의 의미를 다시 꼬장꼬장하게 분석했다.[10] 그 한 가지는 '영혼'을, 영혼이 될 수 있는 가능성을 가진 '질료'가 형상eidos을 제대로 갖추어, 영혼다운 안정되고 완전한 상태[the perfect]에 이르러 멈춘[止] '현실태[actuality]'를 가리키는 것이라고 이해했다는 점이다.[11] 다른 한 가지는 형상을 제대로 갖춘 영혼은 능력[ergon]을 발휘하여 그 본질을 실행exercise[行]하는, 이른바 '활성태[activity]'를 발휘한다고 보았다는 점이다.

아리스토텔레스는 이렇게 영혼의 현실태[엔텔레케이아]를 두 가지 양태로 나누었다. 즉, 영혼이 충만히 성장하면 그 질료가 '형상'을 취하여 현실태로 정지靜止하는 한편, 그것[學]은 다시 활성태로서 작용을 하여 무엇인가를 위한 활동[習]을 하는 이중적 양태를 지닌다는 것이다. 그리하여 이 두 가지 양태는 서로 밀접히 관련은 되어 있지만, 그 모습[형상]은 서로 다르다는 것이다. 그렇기 때문에 아리스토텔레스는 하는 수 없이 영혼의 질

---

10) Aristotle (1968), De Anima, 412a10.

11) 여기에서 '止지'는 「大學」의 <大學之道대학지도>에서 '在止於至善재지어지선'이라는 문장에 사용된 '止지'의 용법과 같다.

료가 현실태로 완성된 것을 'entelecheia엔텔레케이아'라고 불러놓고, 그것에서 '활성태活性態'를 떼어내어 그것에 'energeia에네르게이아'라는 이름을 붙였다. 전자는 그의 신조어이고, 후자는 전통적으로 사용되어 온 용어다. 그의 두 용어, '엔텔레케이아'와 '에네르게이아'는 그리하여 그의 '영혼'의 두 다른 모습을 보여준다. 이들은 '영혼'의 두 얼굴[兩面], 영혼의 두 날개들[the two wings]인 셈이다.

그런데 더욱 흥미로운 점은 아리스토텔레스가 '영혼'의 형상을 엔텔레케이아와 에네르게이아로 나누면서 이들을 지성의 형상에 비추어 그 예를 든 것에 있다. 그는 엔텔레케이아를 '지식[episteme]' 또는 이미 획득한 '순수이론'으로 그 예를 든 반면, 에네르게이아를 '지식'을 통하여 세상을 '관조[theōrein]'하는 '활동'으로 그 예를 들었다.[12] 앞의 것에는 '앎'과 '획득된 지식'과 '이론'과 같은 것들이 해당되고, 뒤의 것에는 '삶'과 '지식의 실행'과 '실천'과 같은 것들이 해당된다. 물론, 앞의 것들은 '현실태actuality'에 관한 것들의 예들이고, 뒤의 것은 '활성태activity'에 관련된 것들이다. 그런데 「데 아니마」의 영역자들, 스미스Smith와 로스Ross 경은 이들 예 가운데 앞의 것을 재치 있게 '지식의 소유[possession of knowledge]'로, 뒤의 것을 '지식의 실행actual exercise of knowledge]'으로 분류했다.[13] 이는 마치 공자

---

12) David Ross (1961), *Aristotle De Anima*, 412a12, 412a23.

13) Aristotle (1968), De Anima, 412a24. David Ross (1961), *Aristotle De Anima*, 19.

가 '학學'과 '습習'을 나누어 말한 것과 매우 유사하다. 그런데 더욱 흥미로운 것은 이들의 예를 우리가 일상에서 자주 짝지어 사용해 왔다는 것이다. 즉, '앎과 삶', '지식의 획득과 지식의 실행', '이론과 실천' 등으로 말이다.

어떻든, '영혼'에서 '에피스테메'와 '테오리아'의 분류는 의미 있는 차이를 보인다. 마치 '갖추어진 것[possession]'으로서 '시력'과 '행하는 것[exercise]'으로서 '관찰'의 차이가 그렇게 구분되듯이 말이다. 아리스토텔레스에게 있어서 '에피스테메'와 '테오리아'의 구분은 결국 '지성의 현실태'와 '지성의 활성태'로 정형화된 셈이다.

그렇다면, '에피스테메'와 '테오리아'의 구분과 함께, '테크네 techne'와 '포이에시스poiesis', 그리고 '프로네시스phronesis'와 '프락시스praxis' 사이도 그렇게 구분되어야 한다. '테크네'와 '프로네시스'는 '지성의 현실태'에 속하고, '포이에시스'와 '프락시스'는 '지성의 활성태'에 속하는 것으로 말이다. 그러나 아리스토텔레스는 이와 같은 두 가지는, '학學'과 '습習'이 그렇듯이, '영혼' 안에서 서로 밀접히 관련되어 있는 것으로 이해했다.[14] 하지만 어색하게도 이들 사이에 등급을 매기는 일을 했다. 즉, '엔텔레케이아'를 '지성의 현실태'와 '지성의 활성태'로 나눈 뒤, '지성의 현실태'를 '상위 등급[entelecheia ē prōte]'으로 삼은 것이다.[15] 그 결

---

14) Aristotle (1968), De Anima, 412a11. 그러나 David Ross (1961), *Aristotle De Anima* 4의 같은 곳에서는 이 관련성에 관한 언급이 보이지 않는다.

15) Aristotle (1968), De Anima, 412a25.

과 '지성의 활성태'는 현실태의 하위 등급으로 밀려난 셈이 되었다. 마치 이론을 우위에 두고 실천을 하위에 두는 이데올로기가 반영된 것처럼 말이다. 그런데 그 이유는 무엇인가? 그것은 아마도 그가 예로 든 것처럼 이론적理論的 '지식[episteme]', 즉 '지성의 현실태[엔텔레케이아]'가 실천적實踐的 '관조[theōrein]', 즉 '지성의 활성태[에네르게이아]'보다 인간 영혼의 실체[본질]를 더 적절히 보여준다고 생각했기 때문이었을 것이다. 아닌 게 아니라, 그는 그 이유를 이렇게 들었다. 즉, '영혼의 한 형상으로서 에피스테메는 테오리아에 앞설 뿐만 아니라, 그것은 능동적인 입장에서 테오리아를 활용하는 것이기 때문'이라고 말이다.16) 하지만 이와 같은 가정에는 여전히 어색한 점이 없지 않아 보인다.

그 어색함은 우선 현실태로서 에피스테메가 테오리아보다 앞선다는 생각에 있다. 아닌 게 아니라, 이와 같은 어색함은 그 뒤 '이론이 실천에 앞선다Theory precedes practice.'는 이론 우위론적 편견으로 발달하게 되었다. 그뿐만 아니라, 이 이론 우위론은 아리스토텔레스로부터 15세기 뒤 중국의 성리학性理學에서 이理가 기氣에 앞선다는 근거가 불명확한 주장과도 유사하게 되었다. 인간 지성은 그 유형에 따라 여러 가지 다른 특성을 가지는데, 이 특성을 특성 그대로 인식하지 아니하고, 이를 '위'와 '아래'로 구분하는 것은 어딘지 어색한 구분이 아닐 수 없다. 어떻든 아리스토텔레스는 인간 지성을 '현실태'와 '활성태'로 나눈 뒤, 그것

16) Aristotle (1968), De Anima, 412a24-28.

가운데 하나를 우선시했을 뿐만 아니라, 그것이 다른 하나를 지배하는 것으로 구조화했다.

헬라스철학은 '에피스테메'를 인간 지성이 추구해야 할 것으로서 가장 높은 자리에 두었다. 이와 같은 선택적 편견은 그의 「니코마코스 윤리학」에서 그 정점에 달했다. 거기에서 아리스토텔레스는 지성의 유형을 에피스테메[과학적 지식], 테크네[기예], 프로네시스[실천적 지혜], … 등으로 나누면서, 그 가운데 에피스테메를 가장 중요한 것으로 치부했다.[17] 당시의 다른 철학자들도 매한가지였지만, 아리스토텔레스의 인식론 체계에 있어서 에피스테메는 공학적 기술이나 실천적 활동의 윗자리에 앉는 영예를 누리게 되었다. 그러나 그의 생각은 결과적으로 '지知'와 '행行', '앎'과 '삶'을 분리시킬 뿐만 아니라, 지성 가운데 어느 하나가 다른 하나를 다스린다고 생각하는 이분법적 사고로 기울어지게 되었다.

「데 아니마」의 여기저기에서 아리스토텔레스는 '영혼'을 정의한다. 그러면서 그는 그때마다 '영혼'의 본질을 활성태인 에네르게이아보다 현실태인 엔텔레케이아에 무게중심을 두었다. 오히려 활성태로서 에네르게이아가 항상 무엇인가를 향해 날갯짓을 펼치는 그 영혼의 특성을 보다 적절히 드러내는 것으로 보이는데도 불구하고 말이다. 어떻든 그의 영혼관에서 에네르게이아는 「데 아니마」가 펼치는 영혼의 이야기에서 항상 제2의 것으로 밀

---

17) Aristotle (1966), Ethica Nicomachea, Ch. IV.

려나지 않을 수 없게 되었다. 독자들 또한 그의 영혼관을 읽으면서 늘 활성태로서 에네르게이아보다 현실태[actuality]로서 엔텔레케이아에 관심을 집중하지 않을 수 없게 되었다.[18]

아리스토텔레스는 그의 「데 아니마」를 '에네르게이아'와 '엔텔레케이아'라는 두 관념으로 엮어냈다. 이 둘을 자주 혼용하면서까지 그랬다. 어떻든 우리는 아리스토텔레스처럼 인간 영혼의 모습을 이렇게 현실태로서 엔텔레케이아와 활성태로서 에네르게이아로 애써 나누어 이해하는 데 이미 길들어 있는 것 같다. 그러나 이들은, 에피스테메와 테오리아의 관계에서 확인할 수 있는 것처럼, 서로 떼어놓을 수 있는 것은 아니다.[19] 이들은 오히려, 지성의 특성features에 비추어 보거나 영혼의 특질로 보아, 함께 존재하는 것, 서로 조화를 갖추어야 하는 것으로 이해하는 편이 보다 타당할 것이다. 엔텔레케이아와 에네르게이아는 단지 함께 펼치는 한 영혼의 두 날개[the two wings of the soul]일 뿐이라는 점에서다.

---

18) Aristotle (1968), De Anima, 412a24-28.
19) Aristotle (1968), De Anima, 412a11.

제4장

영혼의 형상, 엔텔레케이아

　고대 자연철학자들이 그려낸 영혼의 모습들은 천차만별이다. 이처럼 다양한 영혼의 모습들은 그들이 설정했던 생명체에 대한 서로 다른 형이상학적 가정의 차이 때문이었다. 많은 철학자들이 고대 자연철학자들이 쌓아놓은 업적을 뒤적였다. 그러나 이들 영혼에 관한 연구 가운데 가장 독자적이고 사실적·실증적인 접근 방식을 취한 것을 든다면 우리는 아리스토텔레스의 것을 빼놓을 수 없을 것이다.

　아마도 아리스토텔레스만큼 고대 자연철학자들이 규정한 영혼의 정의 문제들을 가지고 그렇게 진지하게 한바탕 씨름을 한 철학자는 드물 것이다. 아마도 아리스토텔레스만큼 영혼의 의미론적 무한을 그렇게 샅샅이 뒤진 철학자는 또 없을 것이다. 아마도 아리스토텔레스만큼 영혼의 모양새들을 이것저것으로 세밀히 분류하고 구획해 내는 일에 빠져든 사람도 찾기 어려울 것이다. 아마도 아리스토텔레스만큼 영혼의 형상들을 원초적·구체적 현실에서 찾고자 노력한 사람도 또 없을 것이다. 영혼의 변신이 어떻게 그 마무리에 이른지를, 그 최후의 모습이 어떤 것인지를 찾는데 아리스토텔레스만큼 스스로를 헌신한 철학자는 아마도 없을 것이다.

철학자였지만, 생물학자이기도 한 아리스토텔레스는, 우선 생물학자답게 '살아 있는 것'이 스스로 존재하기 위하여 취하는 그 영혼의 모습들을 하나하나 살폈다. 하지만 생명체로서 탄생하는 그 육신이 성장과 변신을 거듭하면서 취하는 그 영혼의 형상들을 구획해 내는 일은 그렇게 단순해 보이지 않았다. 영혼의 형상들은, 아리스토텔레스의 논리학 「범주론Categoriae」에서 보듯이, 유genus와 종species을 달리하면서 스스로 그 분화differentiation를 거듭하니 그럴 수밖에 없었을 것이다.

그럼에도 불구하고, 아리스토텔레스는 인간 삶의 실제實際, 그 전역에 걸쳐 이런 모습 저런 모습으로 드러나는 영혼의 현실태들을 관찰하는 데 온 힘을 기울였다. 영양을 섭취하고, 먹이와 안전을 찾아 자리를 이동하며, 결핍과 필요를 충족하기 위하여 무엇인가를 욕구하고, 지각perception을 통하여 상황을 판단하며, 호기심을 충족하기 위하여 생각의 힘을 발휘하는 그 현실태들을 말이다.

엔텔레케이아의 과정

아리스토텔레스는 영혼의 엔텔레케이아[현실태]를 파악하는 과정에서 식물의 세계를 비켜 갈 수 없었다. 그는 그 세계에서 우선 살아 있는 것의 본질을 살폈다. 스스로를 보존하려 하고, 같은 종種의 번식을 꾀하는 그 무언의 몸짓들을 말이다. 물론 이와 같은 몸짓들은 식물의 세계에서만 관찰할 수 있는 것은 아니었다. 생명을 가진 것들은, 그것이 식물이든 동물이든, 스스로 생명을 유지하려 하고, 이를 위한 생리적 균형을 취하려 하며, 부단히 생장生長하려고 하고, 자신의 안전을 위하여 외부로부터 오는 위험을 방어하며, 또한 종족을 보존하려고 한다. 이와 같은 모습들을 아리스토텔레스는 한마디로 '영양을 섭취하여 생명을 보존하는 것[the nutritive]'이라는 말로 구획해 냈다.

사실, 영혼의 이야기에서 '영양 섭취'는 맨 먼저 언급되지 않으면 안 되는 영혼의 한 모습일 것이다. 그것은 생명체가 체온을 조절하고, 생장生長 과정에서 이루어지는 세포분열은 물론, 수분을 포함한 영양의 필요need와 그 균형 유지를 위한 메커니즘이다. '영양 섭취'는 무엇보다도 생명체 속에서 이루어지는 생리적 항상성[homeostasis]의 유지에 필요한 기본적 활동에 속한다.

어떻든, '영양 섭취'는 생명을 가진 것들의 원초적 형상primary form이고, 그것이 드러내는 현실태는 우리 모두에 의해서 어렵지 않게 확인된다. 그것은 무엇보다도 '장소 이동'과 같은 가시적 현상으로 드러나니 확인하기에 그렇게 어려운 일은 아닐 것이다.

사실, '움직이는 것[the locomotive]'은 '영양 섭취'와 결코 무관하지 않다. 원래 살아 있는 것들은 영양 섭취를 위하여 장소를 이동하거나 몸을 움직인다. 예컨대, 메뚜기 떼는 영양 섭취를 위하여 끊임없이 기류를 따라 장소를 이동한다. 인간의 경우도 이로부터 예외가 아니다. 지금도 그렇지만 유목민들이 목초지를 찾아 이곳저곳으로 장소를 옮겨 다닌다. 그런데 놀랍게도 영양 섭취에 관련된 '운동'은 비단 동물들에게만 있는 것은 아니다. 그것은 식물의 경우에서도 예외가 아니다. 식물의 '운동'은, 동물의 운동에 비하여 미세하기는 하지만, 그 능동성에 있어서는 동물의 경우와 다를 바 없다.

'식물의 운동'은 생물학의 용어사전에 이미 올라 있을 정도다. 식물에서 관찰할 수 있는 운동들은 매우 미세하고 섬세하지만, 그런대로 그것들은 식물의 세계에서는 의미 있는 운동들이다. 예컨대, 식물들이 외부의 자극, 즉 햇빛을 받아 그쪽을 향하는 주광성走光性이나, 중력重力의 영향을 받아 땅을 향하는 굴지성屈地性tropism과 같은 주성走性taxis이 그러한 운동들이고, 봉선화의 씨방이 터져 종자를 산포하는 것과 같은 탄출彈出 현상이나, 이와 유사하게 식물 세포가 세포벽을 팽압膨壓으로 밀어내어 몸통을 부풀리는 것 또한 그러한 운동들이다. 그뿐만이 아니다. 앞마당의 돌담이나 뒤뜰의 바위를 기어오르는 담쟁이덩굴의 모습이나, 수분의 흡수를 위해 식물의 뿌리가 뻗어 나가는 것에서도 우리는 식물의 운동을 어렵지 않게 관찰할 수 있다.

영혼의 한 형상으로서 '운동'은 '살아 있는 것'을 상징한다. 생명체의 생장生長 과정에서 볼 수 있는 '삶의 활력'은 가장 뚜렷하게 '운동'으로 표출되기 마련이다. 프랑스의 생철학자 베르그송Bergson이 즐겨 사용한 '엘랑 비탈ēlan vital', 곧 '생生의 약동躍動'은 생명체에서 관찰한 '약진躍進', 그 '운동의 형상'을 그의 철학에 반영한 개념이다.

그런데 영양 섭취 형상이 운동의 형상과 밀접히 연결되듯이, 운동의 형상과 밀접히 연결되는 또 다른 영혼의 형상은 감각작용sensation이다. 사실, 생명을 가진 것들의 '운동'은 사물에 대한 감각이 없이는 이루어질 수 없다. 아무리 하등동물이라 할지라도, 그것이 먹이를 향하든 다른 어떤 자극에 반응을 하든, 어디론가 몸을 이동移動하는 것은 시각視覺이나 후각嗅覺 그리고 청각聽覺이나 촉각觸覺과 같은 감각의 도움을 필요로 한다.

인간을 포함하여 생명을 가진 존재는 우선 감각기관을 통하여 사물을 지각하고 이에 대응한다. 지각知覺은 영혼이 주변을 인식하는 전형적 형상이라고 볼 수 있다. 소피스트의 대부 프로타고라스는 '지각은 가장 참된 인식'이라는 신념을 가졌던 사람으로 유명하다. 그는 지각의 객관성을 신뢰했던 사람이었다. 물론, 많은 철학자들은, 지각은 지각하는 자의 다양한 감각 기준에 따라 다르기 때문에 객관적일 수 없다고 함으로써 피타고라스의 신념에 대하여 반론을 제기했다. 하지만 지각은 소피스트들의 주장과 같이, 이성적 추리에 의한 인식과는 근본적으로 대조를 이루는,

사물에 대한 직접적 인식이라는 점에서 나름대로 객관성을 가진다. 지각에 의한 사물의 인식은 상당한 정도의 정확성을 확보하고 있을 뿐만 아니라, 감각을 통한 인식이라는 점에서 독특성을 갖는다. 또한 지각의 결과는 과학적 지식의 형성에 중요한 기초적 자료가 된다. 이 점에서 지각은 과학자들로부터 그 중요성을 인정받는다. 과학적 지식은 사실 사물에 대한 지각으로부터 시작한다.

그런데 감각작용에 대한 우리의 이해는 그렇게 단순하지만은 않다. 인간에게는 다섯 가지 감각기관[五官]이 있고, 각 기관에 의해 다섯 가지 감각[五感]이 작용한다. 그리고 대부분의 경우에 이들 감각은 각 감각작용에 고유한 감각 대상만을 지각하기 마련이다. 예컨대, 미각은 맛, 시각은 물체, 청각은 소리, 후각은 냄새가 그 고유한 감각 대상들sensibles이다.

그러나 아리스토텔레스가 관찰한 바에 의하면, 어떤 감각대상들, 예컨대 '운동movement'과 '정지rest'와 '모양figure'과 '크기magnitude'와 '수number'와 '단일체unity'와 같은 것들은 우리가 가지고 있는 다섯 가지 감각 가운데 어느 개별 감각기관 하나에 의해서만 지각되지는 않는다. 예컨대, 이들 가운데 '운동'은 시각에 의해서 지각되지만 그 밖에 촉각이나 청각에 의해서도 확인된다. 또한 그것은 '물체의 움직임'이기 때문에 이것에는 크기가 있고, 물체의 개수와 같은 수數는 물론, 모양도 있으며 멈춤도 있을 수 있다. 이와 같은 감각대상들은 하나의 감각기관에 의해서만 지각되지는 않는다. 이들에 대한 감각작용은 오관의 이것저 것에 의해서 이루어진다는 뜻이다. 예컨대, '맛'은 미각에 의해서 뿐만 아니라, 시각이나 후각에 의해서도 지각된다. 이와 같이 하 나의 감각대상이 어느 특정 감각기관에 의해서만이 아니라, 이 감각기관과 저 감각기관에 의해서 동시에 지각될 때, 아리스토텔 레스는 이를 '공통 감각[koine aisthesis, common sense]'이라 불렀다.[20] 또한 이때의 감각대상들을 그는 '공통감각대상[koina aistheta, common sensibles]'이라 불렀다.[21] 그렇기 때문에 '공 통 감각'은 오감五感 밖의 또 다른 감각기관, 예컨대 제6감에 의 한 것은 아니다. 아리스토텔레스는 이를 이렇게 표현했다. "우리 는 공통 감각을 통하여 공통 감각대상을 직접 지각하기 때문에, 이것 밖의 특정 감각기관을 필요로 하지는 않는다."[22]

그런데 우리는 아리스토텔레스의 '공통 감각[koine aisthesis]' 을 루소Rousseau의 「에밀Émile」에서도 읽을 수 있다. 그러나 이 들 사이에는 상당한 정도의 차이가 있다. 루소는 자신의 '공통 감 각[sens commun]'에 관하여 이렇게 설명한다. "공통 감각은 그 밖의 오감五感을 조화롭게 조절하여[well-regulated use of other five senses] '감각대상을 총체적으로 감지[파악]할 수 있는 능력'

---

20) Aristotle (1968), De Anima, 425a27. W. K. C. Guthrie (1981), *A History of Greek Philosophy*, IV, 295. 앞의 책에서 스미스Smith는 '공통 감각[koine aisthesis]'을 'general sensibility'로 번역했고, 뒤의 책에서 거스리Guthrie는 'common sense'로 번역했다.

21) Aristotle (1968), De Anima, 418a18, 425a15.

22) 위와 같은 곳.

을 뜻한다."23) 그리하여 그는 자신의 '공통 감각'을 과감하게 '제6의 감각the sixth sense[六感]'이라고 불렀다. 루소의 '제6의 감각'은 오감의 '밖'에 존재하는 감각인 셈이다. 그런데 제6의 감각에 의해서 얻어진 감각은 순수한 내적 통합에 의해서 이루어지는 것으로서, 루소는 그것을 '지각표상percepts' 또는 '관념 ideas'이라고 불렀다. 루소에게 있어서 그것은 단순한 '감각작용 sensation'만은 아니었다. 그래서 우리는 우리의 '영혼'이 단순히 육신의 세계에 머물지 않아도 되지 않나 하는 생각을 할 수 있게 된다.

지각은 영혼의 한 형상임에 틀림없다. 그것은 생명을 가진 것들이 주위 환경과 사물을 확인하는 중요한 능력 가운데 하나다. 그러나 그것은 동물들에게 국한된 것이 아니다. 그것은 기이하게도 식물의 세계에서도 볼 수 있는 독특한 모습이다. 오죽했으면 어느 시인이 담장을 짚으면서 뻗어 오르는 식물의 넝쿨손을 가리켜, '저 넝쿨손에 깃든 영혼이 보이지 않는 향방을 헤맨다.'고 노래했겠는가.

그러나 우리는 이제 인간 영혼을 말하면서 식물의 영혼을 함께 말하기에는 적절하지 않은 때에 이르렀다. 왜냐하면, 우리는 이제 루소의 '제6의 감각'을 가지고 인간에게 특유한 감각과 그 변신에 관한 새로운 생각을 할 수 있는 단계에 이르렀기 때문이다.

아리스토텔레스에게 다시 돌아가 보자. 그는 공통 감각에서

---

23) J. J. Rousseau (1966), *Émile*, 122.

특이한 현상을 관찰했다. 예컨대, 우리가 미각으로 직접 단맛을 보는 행동을 하지 않으면서도, 시각만으로 단맛을 느낀다는 현상이다. 아닌 게 아니라, 우리는 예컨대 그저께 시각을 통하여 잘 익은 사과의 색깔을 지각했고, 미각으로 그것의 새콤한 맛도 감지했다. 그런데 어제 우리는 시각으로 그와 같은 사과를 보았을 뿐, 혀로 그 맛을 보는 행동은 하지 않았다. 그럼에도 불구하고, 우리는 사과의 그 새콤한 맛을 느낄 수 있었다. 부수적 지각 incidental perception이다. 그런데 우리는 이와 같은 사실을 또 경험했다. 즉, 우리는 오늘 잘 익은 그 사과를 시각뿐만 아니라, 미각을 통해서도 직접 맛을 본 일이 없다. 그럼에도 불구하고, 아리스토텔레스가 그랬듯이, 우리는 지금 그 새콤한 사과의 맛을 느끼고 있다는 사실이다. 그런데 이 새콤한 사과 맛은 도대체 어떤 경로를 거쳐 우리의 감각기관을 자극하는가?

생리학자 파블로프Pavlov의 개 이야기가 있다. 파블로프의 개는 음식이 눈앞에 주어져 있지 않았는데도 불구하고, 조건화된 conditioned 자극[종소리]에 따라 이전에 맛을 본 식품을 연상 association하며 타액을 분비한다. 그 개의 타액 분비는 그것이 이전에 맛을 본 음식을 연상聯想함으로써 일어난 반응이다. 아리스토텔레스의 '공통 감각'은, 루소의 '지각표상'은 '지각'에서 파생된 변종變種의 한 형상일 것이다.

그런데 '공통 감각'에서 작용하는 '연상'은 상상하기imagination의 일종이다. 상상작용想像作用은 아리스토텔레스가 관찰한 지각의 부수적 효과임에 틀림없어 보인다. 그것은 나름대로 영혼의 한 형상으로 떠오를 만큼 그 조건을 충분히 갖추었다고 볼 수 있다. 왜냐하면 그것은 감각대상이 이미 사라졌음에도 불구하고, 스스로 새로운 이미지를 순차적으로 제작하는 독특한 능력을 가지고 있기 때문이다.[24]

상상은 처음에 지각된 자료를 가지고 시작한다. 하지만 그것은 그 뒤에 감각대상이 사라진 뒤에도 작용할 뿐만 아니라, 특정 감각대상과는 무관하게 발생할 수도 있다. 마치 물리적 세계와는 단절된 채 영상적·비대면적 가상세계와의 연결을 연상케 한다. 아닌 게 아니라, 상상하기는 경험대상이 없이도 무엇인가를 상상해 내는 이미지의 세계를 만들어낸다.

지각은 육신의 세계에 갇히게 되지만, 상상하기는 그 세계에 갇히지 않는다. 그리하여 이제 이 둘은 같은 세계에 들지 않는다. '상상'은 '지각'으로부터 점점 벗어나 독자적인 형상을 갖춘다. 그리하여 아리스토텔레스는 상상하기의 이와 같은 독특한 발달 과정을 설명하기 위하여 '상상하기'를 둘로 나누었다. 즉, 그에 의하면, 상상하기는 경험적·감각적인 것the sensitive과 의지적·숙고적인 것the deliberative으로 나누어진다. 상상하기가 모두 감각적인 것은 아니라는 뜻이 된다. 그러나 동물들의 상상하기가 주로 감각적인 것에 의존한다면, 인간들에게 있어서 그것은 반드시 감각적인 것이라고 할 수는 없다.

---

24) Aristotle (1968), De Anima, 425b25.

아리스토텔레스는 상상하기가 반드시 감각적인 것은 아니라는 이유를 이렇게 든다. "상상하기는 시각[sight]에 의한 지각작용 없이도 이루어진다. 예컨대 꿈이 그렇다." 물론, 꿈의 경우만 지각이 없는 상상의 예가 되는 것은 아닐 것이다. 우리는 눈을 감고 있으면서도 아름다운 한 폭의 이미지를 제작한다. 그리하여 아리스토텔레스는 말한다. "지각은 당장 눈앞에서 이루어지는 것이지만, 상상하기는 그렇지 않다." 그러나 또 말한다. "감각작용은 언제나 속일 수 없는 것이지만, 상상작용은 대부분 사실이 아닌 경우가 많다."25)

사실, 상상하기가 어떤 유형의 것이든, 그것은 잘못된 인식으로부터 자유롭지는 않다. 많은 경우에 상상은 사실과 일치하지 않는다. '상상하기'가 '지식'이라고 할 수 없는 이유다. 상상은 사실과 같지 않을 수도 있다.26) 그러나 그것을 우리는 '거짓'이라고 하지는 않는다. 상상은 사실적인 지각에만 의존하는 것도, 그 과정에서 빈틈없는 이성적 논의가 포함되어야 하는 것도 아니기 때문이다.27)

하지만 상상하기는 지각으로부터 멀리 떨어져 있는 것은 아니다. 그렇다고 하여 그것을 지각에 묶어놓을 필요는 없다. 그것은 상당한 정도로 지각으로부터 자유롭기를 원한다. 그렇다고 하여 그것을 사실적인 것으로부터 단절되어 있는 논리적 사고[discursive

---

25) Aristotle (1968), De Anima, 428a5-15.
26) Aristotle (1968), De Anima, 428a18.
27) Aristotle (1968), De Anima, 428a24.

thinking]의 일종이라고 할 수는 없다.28) 상상작용은 이렇게 지각에 의존하는 진리도 아니고, 그렇다고 하여 이성에 의존하는 논리적 타당성을 좇는 것도 아니다. 그러나 상상작용이 아무리 진리를 추구하는 지적 특성에 가까운 것이 아니라 할지라도, 그것은 인간 영혼의 기능으로서 중요한 자리를 차지한다. 사실, 상상력이 없으면 영혼은 무력할 수밖에 없다. 상상작용은 영혼의 독특한 특성 distinctive features이다. 이 독특한 특성을 가지고 상상작용은 우리가 경험할 수 있는 세계는 물론, 경험할 수 없는 세계에서 이미지를 취한다. 그것은 일종의 취상작용取象作用이다. 그리고 그것을 통하여 우리는 소망하는 세계를 자유롭게 구상構想[이미지화]한다.

상상의 특징은 진리를 추구한다기보다, 오히려 새로운 세계의 이미지를 창조하는 데 있다. 흄Hume 또한 상상력을 이렇게 이해했다. 그것은 영혼에 비친 인상impressions을 가지고 세상에 관한 관념[ideas]을 엮어낸다고 말이다. 시인들이나 문학에 종사하는 사람들이 만들어내는 아이디어들, 화가들이 담아내는 한 폭의 그림이 그와 같은 상상의 결과[관념]들일 수 있다.29) 이와 같은 맥락에서 상상하기는 진리를 탐구하는 활동이라기보다, 오히려 소망스럽고[善] 아름다운 것[美]이 떠오르면, 그것으로 가시적可視的 틀을 갖춘 이미지를 만들어내는 활동이라고 보아야 할 것이다.

좀 더 적극적으로 말하면, 상상은 이미지로 엮어지는 세상을

---

28) Aristotle (1968), De Anima, 427b14.
29) David Hume (1978), *A Treatise of Human Nature*.

만든다. 그리고 이와 같이 상상이 만들어내는 이미지들은 그림이나 시문학적 예술로 현실화되기도 한다. 이것은 영혼의 현실태 가운데 가장 자유로운 유형일 것이다. 그리하여 상상은 영혼의 형상치고는 매우 특이한 형상이다. 그래서 그러한지 아리스토텔레스는 지각에서 분화[subdivision]된 '상상하기'를 '지각'과 '생각하기'의 두 형상 사이에 두었다.

상상하기를 지각과 생각하기의 가운데 두었다는 것은 지각 - 상상 - 사고 사이가 서로 연결되어 있다는 것을 뜻한다. '상상하기'는 영혼의 한 형상으로서 '지각'에서 출발하여 영혼의 또 다른 형상으로서 '생각하기'에 연결되는 묘한 특징을 갖는다.

그런데 상상하기가 지각의 도움을 받듯이, 생각하기 또한 상상하기가 만들어내는 이미지의 도움을 받는다. 그리하여 아리스토텔레스는 이렇게 말한다. "우리의 영혼이 무엇을 생각할 때, 이미지는, 마치 지각의 내용이 생각하기에 도움을 주듯, 그렇게 생각하기에 도움을 준다. … 영혼이 작동할 때, 이미지의 도움이 없으면 생각이 이루어질 수 없다."30) 지각과 상상하기와 생각하기의 이음새에 관한 이야기다.

사실, 상상하기는 생각하기를 증폭시키고, 이미지화한다. 그리고 그 결과로 감각대상에 국한된 지각의 한계를 넓히고 뛰어넘어, 보다 복잡하고 심오한 인식의 변방을 확장해 나간다. 그리하여, 생각하기는 상상하기의 도움을 얻어 추상의 단계로

---

30) Aristotle (1968), De Anima, 431a14-7.

한층 더 높이 뛰어오른다. 또한 상상이 만들어내는 그 가상적 세계[virtual reality]에서 창의적인 아이디어를 얻어내기도 한다. 생각하기는 사실 상상하기와 용이하게 구분되지 않을 정도다.

그러나 꼬장꼬장한 인식론 철학자 길버트 라일Gilbert Ryle은 상상하기와 생각하기 사이를 구분했다. 그에 의하면, 상상하기는 생각하기와 전혀 다른 것은 아니지만, 그렇다고 하여 상상하기가 생각하기에 종속될 정도는 아니다. 상상하기는 생각하기와는 달리, 정상적 논리의 규제를 벗어나 혁신적인 것, 즉 방법적 위험을 무릅쓰고 새로운 발상에 몰입한다는 것이다.[31] 그렇기 때문에 상상하기와 생각하기는 전혀 다른 것이라고 할 수는 없지만, 그렇다고 하여 같은 것이라고 할 수는 없다는 것이다.

사람들은 상상하기를 환상처럼 근거가 불명확한 것, 혹은 제멋대로의 것이라는 생각을 하기도 한다. 하지만 상상하기는 전적으로 근거 없는 '공상空想'이라고는 할 수 없다. 그것은 그런대로 쉽게 사라지는 것이 아니어서 상당한 정도로 지속적일 뿐만 아니라, 때로는 창의적이며, 자유롭고, 예술적이기도 하다. 예컨대 상상력이 풍부한 찰스 디킨스Charles Dickens의 작품이 가치가 있는 것도 이와 같은 이유에서일 것이다. 그리고 이와 같은 특징을 가지고 있기 때문에 상상하기는 생각하기가 요구하는 과학적 조건을 면제받게 되는지도 모른다. 에디슨의 창의적 발상이 전적으로 과학적인 것만이 아닌 것도 같은 이유에서일 것이다. 에디

---

31) Gilbert Ryle (1979), *On* Thinking, 63.

슨의 창의적 아이디어에는 치밀한 상상력이 대부분을 차지한다. 상상하기는 생각하기와 서로 구분할 수 없을 만큼 많은 부분을 공유한다. 그럼에도 불구하고, 이 둘이 서로 같은 것이 아니라는 생각은 여전히 타당하다.

그러나 상상하기와는 달리, '생각하기'의 본질은 추리reasoning의 규칙을 철저히 따르는 데 있다. 같은 말의 반복이지만, 생각하기의 본질은 그 흐름이 이성적 사유체계를 따른다는 뜻이다. 이와 같은 흐름을 따라서 생각은 논증을 하고 추론을 하면서 진리를 좇고 허위를 가려낸다. 그렇기 때문에 아리스토텔레스는 직관적 추리intuitive reason를 생각하기의 특성으로 삼았다.

논리학자 베이컨의 생각도 매한가지였다. 그는 우리의 생각이 사고의 '틀organ'에서 벗어나 편견과 모순에 빠지는 것을 염려했다. 그의 기념비적 저서「신기관Novum Organum」은 과학적 사고의 틀, 특히 귀납법에 관한 이야기로 채워져 있다. 베이컨에 의하면, 우리가 진리에 이르기 위해서는 논리적 체계로 형성된 생각의 절차들을 따라야 한다. 편견 없이 자료를 수집하고, 그것들을 귀납의 틀에 맞추어 일반화하고, 가설을 수립하며, 그 가설을 관찰과 실험을 통하여 정당화하는 절차들이다. 이 절차들이 우리가 진리를 확인하는 데 따라야 할 논리적 틀이다.

베이컨이 확인한 틀은 아리스토텔레스의 귀납법[induction]과 다르지 않다. 베이컨의 '사고의 흐름'에는 생각을 이끌어 가는 힘이 작용한다. 그러나 그것은 인간 영혼이 스스로를 드러내고자 하는 에네르게이아, 그 역학적 배려일 것이다. 베이컨은 이를 이렇게 표현했다. "인간의 앎과 힘은 동일한 것이다Scientia et potentia humana in idem coincidunt."[32] 우리가 자주 사용하는 영어 표현 'Knowledge is power.'는 이 라틴어의 번역이다. 이는 '아는 것[scientia]'을 인간 영혼이 발하는 '지성의 힘[potentia]'과 동일시한 경구적 표현이다.

그러나 귀납법보다 더욱 엄밀하고 완벽한 생각의 틀은 연역법[deduction]일 것이다. 귀납법은 사실에 관한 것이고, 그렇기 때문에 가변적인 사실에 의하여 생각이 항상 수정될 수 있도록 그 틀이 열려 있다. 하지만 연역법은 사실의 세계와는 무관한 순수한 논리적 체계에 관한 것이다. 그리하여 그것은 사실의 세계에 대하여는 '닫혀 있다.'고 말하게 된다. 그러나 생각의 틀이 그렇게 '닫혀 있다는 것'은 연역법 자체가 더 이상 그 자체가 밖으로부터 도움을 받을 필요가 없을 만큼, 논리적 짜임새가, 그리고 그 진리가 자족적自足的이라는 뜻이다.

연역법은, 논리적 지식이 그렇듯이, 육신 또는 질료의 세계로부터 분리될 수 있는 것, 질료의 세계에 무감동, 즉 영향을 받지 않는 것일 뿐만 아니라, 처음부터 이들과는 섞이지도 않는다. 아닌 게 아니라, 대수학에서 논리적 사고는 그 형상이 사실의 세계로부터는 아무런 영향을 받지 않는다. 기하학도 매한가지다. 기하학에서 생각의 흐름은 세상이 어떻든 그것과는 상관없이 사고

---

32) Francis Bacon (1889), Novum Organum.

의 논리적 정합성整合性coherency, 그 아름다운 질서를 따르면서 그것으로 '기하학'이라는 자신의 집을 지을 뿐이다.

사실, 대수학이나 기하학과 같은 연역적 추리의 세계는 기호를 통하지 않으면 있을 수도, 볼 수도 없는 세계다. 그것은 엄밀히 말하여 기호의 세계, 기호의 체계일 뿐, 사실에 관해서는, 더구나 가치에 관해서는 아무런 것도 알려주지 않는다. 그 세계는, 예컨대, 시각視覺으로 관찰할 수 있는 세계가 아니다. 그러나 그 세계는 자연물이 만들어내는 '사실적 아름다움'을 넘어, 오로지 '그 자체로 아름다운' 세계다. 그렇기 때문에 우리들은 이 세계를 일컬어 '신의 세계'라고까지 말한다.

사실, 대수학이나 기하학에서 이루어지는 사고에는 '사고'와 '대상'이 따로 존재하지 않는다. 논리적 사고에서 사고의 대상은 그 사고의 과정 자체이기 때문이다. 이들은 서로 다른 두 개의 것일 수 없다는 뜻이다. 논리적 사고가 '논리적으로 참'일 수밖에 없는 이유다. 반복하여 말하면, 거기에서 '생각하는 것'과 '생각되는 것'은 서로 다른 것이 아니다. 그리하여 우리의 영혼은 신기하게도 시각으로는 보이지 않는 세계에까지 그 날갯짓을 편친다. 영혼이 그 힘을 발휘하는 범위는 참으로 무제한이다. 이와 같은 뜻에서 사실 이 세계, 곧 논리적·연역적인 세계는 물질적 사물의 세계와는 다르다. 이와 같은 사고의 틀은 인간 지성이 충만히 발달된 하나의 독특한 형상이다. 아리스토텔레스가 이와 같은 틀을 가리켜 '형상들의 집the place of forms'이라고 표현한

것은 참으로 그럴듯하다.[33]

　인간 지성이 충만히 발달되었다는 것은, 예컨대 지성이 스스로의 힘으로 연역법과 같은 논리적 형상을 따라 사유할 줄 알고, 그 결과로 현상의 세계에 얽매이지 않아 자유로울 때다. 사실, 지성이 이때에 이르면, 그것은 자신의 세계 안에서 자신의 영역을 더욱더 넓혀 갈 수 있게 된다. 그러나 이와 같은 연역적 사고가 아무리 아름답고 신비하다고 할지라도, 그것은 다른 한편으로는 논리적·사변적 테두리, 즉 추상적 원리나 연역적 사유의 법칙 안에 갇힐 수밖에 없다. 그리하여 그것은 더 이상 그 밖의 세계, 즉 실제의 세계에는 응답하지 못한다. 연역법의 형식이 귀납법과 같은 '그 밖의 세계'와 연결되지 못하는 사연이다. 그리하여 그것은 오로지 순수의 세계, 그래서 신적인 세계라 할 수도 있을 것이다.

　그런데 아리스토텔레스에게 있어서 인간 지성의 틀은 오로지 연역적 형식으로만 짜여 있지는 않다. 그런 것이 아니라, 우리의 지성 가운데에는 무엇인가 실천적인 것을 욕구하고 소망하는 모양새도 갖추어져 있다. 그리하여 우리의 지성은 논리적인 것을 다루는 마음, 곧 '이론적 지성[theoretical mind]'과 더불어 무엇인가를 욕구하고 소망하는 실천적인 것과 관련된 마음, 곧 '실천적 지성[practical mind]'으로 구성되어 있다. 영혼의 한 형상으로서 '생각하는 힘power of thinking', 곧 '사고력'의 분석이다.

---

33) Aristotle (1968), De Anima, 429a25.

아리스토텔레스는 「데 아니마」에서 실천적 지성의 형상을 이렇게 그려냈다. '욕구[orexis]가 발하면, 우리의 영혼에는 추구할 특정한 목적[telos]이 생긴다. 그리고 이때의 목적은 실천적 지성을 자극한다. 그리고 그 결과로 실천적 지성은 목적[telos]을 성취하는 방법[methodos]을 헤아린다[bouleusis].'34) 실천적 지성이 욕구와 짝을 이루어 협응協應[pratase]하는 모습을 그린 것이다.

그렇다. 실천적 지성은 욕구와 결합하여 욕구가 지향하는 행동을 이끌어낸다. 욕구는 지향하고자 하는 특수한 목적을 가지고 등장하고, 실천적 지성은 바삐 이를 실현하는 방법을 헤아린다. 그리고 이와 같은 헤아림이 마무리될 즈음, 우리의 영혼은 그 목적을 성취하기 위한 행동을 시작한다. 그러나 사고와 행동 사이의 시간적 간극은 넓지 않아서, 이들은 거의 동시에 시작된다. 이와 같은 지知-행行의 동시성은 잘 다듬어진 영혼일수록 더욱 두드러진다. 그렇기 때문에 욕구가 실천적 지성을 만나지 못하면, 그것은 지향할 방향[목적]을 잃고 이곳저곳으로 떠돌기 마련이고, 실천적 지성이 욕구로부터 동기를 부여받지 못하면, 그것은 무기력하여 그 역량을 발휘할 수 없다. 그리하여 아리스토텔레스는 이렇게 강조한다. "인간 지성은 욕구 없이는 결코 행동을 이끌어내지 못한다."35) 실천적 지성이 욕구로부터 동기motive를 부여받지 못하면 아무 쓸모가 없다는 뜻이다. 그러나 그는 또 말

---

34) Aristotle (1968), De Anima, 433a9-18.

35) Aristotle (1968), De Anima, 433a13-30.

한다. "하지만 모든 욕구가 지성의 헤아림에 부응하여 행동을 이끌어내는 것은 아니다."36) 욕구가 올바르지 않을 때, 또는 지성이 합리적이지 못할 때를 가리켜 하는 말이다.

실천적 지성은 목적이 아니라, 방법을 헤아린다는 아리스토텔레스의 생각은 옳다.37) 목적은 욕구가 성취하려고 미리 바라는 것이니, 그것은 그 뒤에 실천적 지성의 성찰에 의해서 수정될지라도 우선은 욕구 속에 이미 내재되어 있다고 해야 할 것이다. 아닌 게 아니라, 실천적 지성이 방법을 헤아릴 때, 욕구[orexis]가 먼저 어렴풋한 목적을 가지고 실천적 지성의 역할을 기다린다. 욕구가 발하지 않을 때, 실천적 지성은 그저 조용할 뿐[at rest]이다.

욕구가 올바르고 실천적 지성이 합리적일 때, 이 둘 사이의 협응協應이 가장 원활할 것이다. 이와 같은 조건이 전제되지 않는다면, 욕구와 지성의 협응 결과로서 행동이 반드시 올바른 것이라고는 할 수 없다. 왜냐하면, 욕구에는 올바르지 못한 것이 있을 수도 있고, 실천적 지성의 헤아림[calculation]에는 불합리한 것일 수도 있을 테니 말이다.38) 그렇다. 욕구의 추구에서 어떤 것은 올바른 것일 수도 있고, 또 어떤 것은 그릇된 것일 수도 있다.

아리스토텔레스에 의하면, 유개념 '욕구[orexis, appetite]'에는 세 가지 종개념이 따른다. '욕망[epithumia, desire]'과 '기개

---

36) 위와 같은 곳.
37) Aristotle (1966), Ethica Nicomachea, 1112b12, 1112b34.
38) Aristotle (1968), De Anima, 433a26.

[thumos, anger]'와 '소망[boulesis, wish]'이다.[39) 그런데 아리스토텔레스에 의하면, 이 가운데에서 '소망'은 인간 영혼의 능력 가운데 그런대로 합리적인 것을 지향하는 부분[the calculative part]에서 발하지만, 다른 두 가지, 즉 '욕망'과 '기개'는 그렇지 못한 부분[the irrational]에서 발한다는 것이다.[40) 그렇기 때문에 우리가 여기에서 주목할 것은 실천적 지성이 헤아리는 방법이 아무리 효과적인 것이라 할지라도, 그것을 적용할 목적[telos]이 반드시 합리적인 '소망'에 의해서만 추구되는 것은 아니라는 사실이다. 그것은 때때로 비합리적인 욕망과 기개가 좇는 올바르지 못한 목적일 수도 있다는 뜻이다.[41) 그렇기 때문에 우리의 실천적 지성이 헤아려낸 방법은 결과적으로 헛된 것이 될 뿐만 아니라, 동시에 위험한 것이 될 수도 있게 된다. 그렇다면, 우리가 '욕구의 소용돌이'에서 그런대로 따를 만한 것은 소망이라는 이야기가 된다. 그것은 그래도 선한 것, 합리적인 것, 진정한 것을 추구하려는 태도를 취하기 때문이라는 것이다. 아리스토텔레스에 의하면, '소망'은, 방향 잃은 욕망과는 달리, 올바른 것, 선한 것, 간절히 바라는 것the object of wish을 추구한다.[42) 하지만 이 소망조차 때로는 미약하여 그 의지[will]를 상실하는 경우가 있다는 것을 아리스토텔레스가

---

39) Aristotle (1968), De Anima, 414b1. 아리스토텔레스는 여기에 이렇게 표현했다. "Orexis men gar epithumia kai thumos kai boulesis."

40) Aristotle (1968), De Anima, 432b5.

41) Aristotle (1968), De Anima, 433a1-2.

42) Aristotle (1966), Ethica Nicomachea, 1113a25.

모를 리 없었을 것이다. 아닌 게 아니라, 그는 '소망'은 비합리적인 충동이 발하는 '욕망'과 '기개'와 함께 '욕구'의 한 가족이라는 점을 염려한다. 그뿐만 아니라, 소망이 너무 간절하여 이룰 수 없는 것을 바라는 경우도 없지 않다는 점도 염려한다. 예컨대, 불사 immortality에 대한 소망이 그렇듯이 말이다. 그렇다면 우리는 이렇게까지 말할 수 있을 것이다. '우리는 불가능한 것까지를 소망한다.'

'소망은 때때로 불가능한 것까지 소망한다.'는 말은 옳은 말이다. 우리의 영혼은 욕구의 소용돌이 속에서 불가능한 것까지를 소망하는 유혹을 받을 테니 말이다. 또한 '소망'은 무엇인가를 소망하되, 그 방법적 가능성까지를 엄밀히 숙고하지는 않을 테니 말이다. 아닌 게 아니라, 아리스토텔레스는 이렇게 말한다. "소망[boulesis]은 목적에 관한 것이다."43) 그리고 또 말한다. "그러나 우리는 '목적'에 관해서는 숙고[bouleusis]하지 않는다."44) 그러면서 그는 이와 같은 경우는 마치 의사가 질병을 치료하는 것[소망]이 그의 직분[end]인지에 대하여는 숙고하지 않는 경우와 같다고 한다. 이는 위험스럽게도 마치 의사가 치료에 대한 소망에 무관심하다는 뜻으로 잘못 이해될지도 모른다. 그러나 아리스토텔레스가 표현하고자 한 것은 의사가 심혈을 기울여 숙고하는

---

43) Aristotle (1966), Ethica Nicomachea, 1111b26. 여기에 이렇게 표현되어 있다. '소망[boulesis]은 목적telos에 관한 것이고, 선택[proairesis]은 수단methodos에 관한 것이다.'

44) Aristotle (1966), Ethica Nicomachea, 1112b13. 여기에 이렇게 표현되어 있다. '우리는 목적에 관해서는 숙고[bouleusis]하지 않는다. 우리가 숙고deliberation하는 것은 수단에 관한 것이다.'

것은 목적보다 오히려 그 질병을 치료할 방법[means]이라는 것이다.

'소망'은 무엇인가를 성취하려는 영혼의 길들여진 습성이다. 그렇기 때문에 우리가 소망하는 것, 즉 바라는 것이 '당연한 것'이라는 믿음을 가지고 있다. 그렇기 때문에 소망은 철저한 숙고보다는 간절한 바람이 먼저다. 그리하여 소망은 간절하기는 하지만, 아직 숙고의 결과가 아닌 것, 성취 가능성이 아직 검토되지 않은 것, 즉 '목적end'과 '방법means'이 숙고에 의하여 연결되어 있지 않은 것이라고 할 수 있다. 그럼에도 불구하고 우리는 자주 소망의 간절함 때문에 방법의 타당성을 무시한 채 그것을 무리하게 사용하는 경향이 있다. 그렇기 때문에 우리는 '목적이 수단을 정당화한다[The end justifies the means].'는 잘못된 격언까지 만들어 냈다. 결국 소망이 아무리 간절하다 하더라도 그것은 방법과 함께 정당화되지 않으면 안 된다는 이야기다.

하지만 우리의 욕구 소용돌이 속에서 '소망'은, 다른 욕구들과는 달리, 그런대로 한 줄기 가냘픈 선善의 가닥을 잡으려는 의지가 깃들어 있는 것 가운데 하나이다. 이와 같은 신뢰를 우리는 아리스토텔레스의 「니코마코스 윤리학」에서도 읽을 수 있다. 거기에서 아리스토텔레스는 "소망의 대상은 선한 것이다[the good is the object of wish]."[45]라고 말한다. 아닌 게 아니라, 우리는

---

45) Aristotle (1966), Ethica Nicomachea, 1113a15.

소망의 맥락에서 그래도 한 가닥의 선의 흐름을 감지할 수 있어 보인다.

아리스토텔레스에 의하면 '소망'은 '선한 것'을 목적으로 한다. 그러나 그는 다시 말한다. "어떤 것을 '선한 것'이라고 말할 때 어떤 사람들은 그것을 '선善 그 자체로서 선한 것the good per se'이라고 하는 반면, 또 다른 사람들은 그것을 단순히 하나의 방편, 곧 수단으로 선택되는 것, '그저 지금 보기에 좋은 것the apparent good'이라고 생각한다."는 것이다.46) 그는 또 이어서 말하기를, 선한 것을 소망의 대상the object of wish이라고 말하는 사람들은 그 소망을 올바로 선택할 때에 국한된다는 것을 인정하지 않으면 안 된다고 말한다. 그리고 '그저 지금 보기에 좋은 것[the apparent good]'을 '선한 것'이라고 주장하는 사람들은 그 소망의 대상이 그들 각자에게 '선한 것처럼 보이는 것[what seems good]'이라는 것을 또한 인정하지 않으면 안 된다고 말한다. 그렇기 때문에 이제 문제가 되는 것은 '서로 다른 것들이 서로 다른 사람들에게 서로 다른 선으로 보인다는 것'이다. 즉, '소망의 대상으로서 목적은 선한 것[the good]'인데, 그것은 사람에 따라 다르게 선택될 수 있는 '현실적·수단적 선[the apparent good]'이 될 수 있다는 것이다. 그렇다. 이때 아리스토텔레스가 염려하는 것은 분명하다. 그것은 그 '현실적·수단적 선'이 사실 '쾌락pleasure'이 될 수 있다는 데서다. 사람들은 대부분 쾌락적

---

46) Aristotle (1966), Ethica Nicomachea, 1113a15-1113b2.

인 것을 선한 것으로 선택하고, 고통을 악한 것으로 피한다는 사실을 아리스토텔레스는 잘 알고 있었다. 더욱이 그는 '선善 그 자체로서 선한 것the good per se'을 사람들은 '쾌락pleasure'처럼 분명하게apparently 육안으로 볼 수 없다는 것을 잘 알고 있었을 테니 말이다.

'소망[boulesis]'의 의미론적 지평은 참으로 넓고, 그 맥락은 참으로 다양하다. 영어 표현으로 'wish'나 'volition'이나 'will'로 표현되는 '소망'은 그 작용이 능동적이다. 이 점은 '소망'과 함께 '욕구'에 속하는 다른 형상들, 예컨대 '욕망[epithumia]'과 '기개[thumos]'가 발하는 힘처럼 적극적이고, 그 강도强度 또한 이들에 못지않다. '욕망'과 '기개'가 항상 행동으로 표출되듯이, '소망'도 무엇인가를 간절히 바란다.

'욕망'과 '기개'와 '소망'이 행동으로 표출된다는 점에서 이들 사이에는 차이가 없다. 하지만 그 특질에 있어서 '소망'은 다른 두 욕구, 즉 '욕망'과 '기개'처럼 그 행동 양태가 그렇게 무분별하지는 않다. '소망'은 그런대로 합리적인 것을 따르는 성향을 가지고 있기 때문이다. 「데 아니마」에서 '소망'을 뜻하는 'boulesis'를 엄슨Urmson은 그의 「그리스철학사전」에서 굳이 'rational wish for the good'으로 번역했다. '선한 것을 향한 합리적 소망'으로 말이다.47) '소망'을 애써 '합리적'으로 수식하고, 이에 덧붙여 '선한 것

---

47) Aristotle (1968), De Anima, 414b2. Orexis men gar epithumia kai thumos kai boulesis(Appetition is either desire[for the pleasant] or anger[seeking revenge] or rational wish [for the good]). J. O. Urmson (1990), *The Greek Philosophical Vocabulary*, 37.

을 지향하는 것'이라고 한 것이다. 또한 아리스토텔레스는 「니코마코스 윤리학」에 '절대적으로 그리고 진실로 선한 것이 소망의 대상[Haplōs men kai kat'aletheian bouleton einai t'agathon]'이라고 썼다.48) 하지만 '소망[boulesis]'은, 선택적 '숙고[bouleusis]'와 달리, 때로는 이루어질 수 없는 것을 소망하기도 한다.49) '소망'의 개념적 특성이 그렇다.

아리스토텔레스는 영혼의 형상들을 찾아 이곳저곳을 살폈다. 그 결과 영혼의 형상들을 크게는 영양 섭취에 관한 것[the nutritive], 욕구적인 것에 관한 것[the appetitive], 이동이나 운동에 관한 것[the locomotive], 감각작용에 관한 것[the sensory], 그리고 사고능력에 관한 것[the power of thinking] 등으로 포착해 냈다. 그러나 그는 이 형상들 가운데 어떤 것들은 2차적 형상들sub-divisions로 다시 세분화했다. 예컨대, '감각작용'을 '상상하기[imagination]'와 '생각하기[thinking]'로 분화시켰고, '생각하기'를 다시 '이론적인 것[the theoretical]'과 '실천적인 것[the practical]'으로 세분화했다. 그는 인간 영혼의 여기저기를 누비며 그 형상들을 탐색해 내기 위한 기나긴 여행을 했다.

아리스토텔레스가 기나긴 영혼 탐색 여행을 통하여 관찰한 것은 우리 영혼의 끊임없는 성장과 분화였고, 형상이 다시 형상을 낳는 끊임없는 변신이었다. 아리스토텔레스가 분류한 영혼의 형

---

48) Aristotle (1966), Ethica Nicomachea, 1113a24.

49) Aristotle (1966), Ethica Nicomachea, 1111b22.

상들은 쾌락의 추구나 분노와 같은 원초적 욕구에서부터, 감성적인 것을 거쳐, 이성적·가치지향적인 것에 이르는 넓은 스펙트럼에 걸친다. 그뿐만 아니라, 이 스펙트럼에서 각 형상들은 그 구조적 복잡성 속에서 서로 갈등을 빚기도 하지만, 서로 도움을 주기도 한다. 예컨대, '지각'이 '상상하기'의 원천이 되고, 이번에는 '상상하기'가 '욕구'를 촉진한다. 이뿐만 아니라, '영양섭취'가 '이동'과 '운동'의 도움을 받는다. 그런가 하면, '욕구'는 특이하게도 거의 대부분의 형상들 사이를 누비면서, 그들에게 동인動因을 제공한다. 아닌 게 아니라, '욕구'는 '영양섭취'는 물론, '이동'과 '운동', 그리고 '상상하기' 사이를 누빈다. 어디 그뿐이겠는가. 욕구는 생각하기 가운데 실천적 지성과 손을 잡고, 이론적인 것이 접근하지 못하는 실천적 영혼을 이끌어 나간다.

아리스토텔레스가 정립한 영혼의 형상들은 그들 나름의 특성을 가진다. 그렇지만 이들의 특성은, 우리가 이미 확인한 것과 같이, 서로 배타적이지만은 않다. 이들 형상 사이에는 서로 배타적일 수 없는, 알맞고 적절한 것을 찾는 모종의 힘이 작용하고 있기 때문일 것이다. 인간 영혼의 특성을 형성하는 구조적 역학[dunamis]이 그와 같은 것이다.

영혼의 다양한 형상들은 영혼의 다양한 엔텔레케이아로 그 모습을 드러내고, 다양한 엔텔레케이아는 다양한 에네르게이아를 발휘한다. 영혼의 엔텔레케이아와 에네르게이아는 이렇게 서로 휘감고 뒤틀면서 인간 삶의 이런 모습 저런 모습을 연출해 낸다.

그런데 우리가 아리스토텔레스를 따라 '육신'이라는 질료 속의 디나미스가 어떤 형상들을 만들어 가는가를 관찰하는 사이에, 그 오감의 세계를 누볐고, 거기에서 헤매는 동안, 어느덧 소망 속에 깔려 있는 막연하고 가느다란 이성의 줄기를 잡게 되었고, 이제는 어느덧 뚜렷한 형식을 갖춘 이성적 추리와 같은 질서의 세계에 다다르게 되었다.

하지만 왜 아리스토텔레스는 영혼의 정의에서 우리의 영혼을 육신에 그렇게 오랫동안 가두어 놓았는가. 아무튼 이제 우리는 아리스토텔레스의 영혼의 정의, 즉 '영혼은 육신의 현실태이다.'를 다시 이 자리에 소환해야 할 판이다.

아리스토텔레스는 영혼의 정의에서 잠시도 잊지 않고 '영혼'을 살아 있는 것으로서 '육신'의 조건에 비추어 정의하려고 했다. 그는 기나긴 영혼 탐색 여행을 통해서 관찰한 것을 이와 같은 문장에 담았다. "영혼은 잠재적 능력을 가진 생명체의 현실태이다."50) 그는 결국 그가 뜻한 대로 영혼의 엔텔레케이아[형상]를 '살아 있는 육신[sōma phusikon]'에서 찾았다.51) 그는 거기 그 육신에 영혼의 잠재적 능력[dunamis]이 살아 숨 쉬고 있다고 믿었다. 그는 영혼의 정의를 생명체 안에서 찾으려고 했다. 이 점은 우리가 아리스토텔레스를 읽으려고 할 때 미리 염두에 두어야 할 사항이 되었다. 오죽했으면, 그가 영혼을 정의하면서까지

---

50) David Ross (1961), *Aristotle De Anima*, 412a27-412b1. "Psuche estin entelecheia he prōte sōmatos phsikou dunamei zōen echontos."

51) Aristotle (1968), De Anima, 412a28.

이와 같이 생명기반 진술을 거듭했겠는가. "영혼은 생명을 가진 기관to organikos으로 조직된 육신의 현실태이다."[52]

아리스토텔레스는 '영혼'을 하나의 엔텔레케이아로서 그것을 '육신[sōma phusikon]'에 한정했다. 그는 '영혼'의 자리를 그의 자연학, 특히 생물학 안에 마련했다. 영혼은 하나의 엔텔레케이아인데, 그것은 생명을 가진 질료, 곧 '육신'이 갖추고 있는 독특한 모양새였다. 철학자이면서 자연학자, 더욱이 분류학의 대가인 생물학자로서 아리스토텔레스의 면모가 돋보이는 영혼관이다. 그러나 인간 '영혼'을 그렇게 '육신'에 가두어 둘 수는 있는 것이었는가.

우리는 아무래도 '영혼'을 자연에 묻어 두고 갈 수는 없다. '영혼'은, 다른 생명체에서는 모르지만, 인간에게 있어서 그것은 생명체의 질서에 국한되지 않는, 사회학적·심리학적·철학적 관점에서도 확인되는 '인간'의 본질, 삶의 원리로 형성되는 형상[eidos]이기도 하기 때문이다. 인간 영혼의 생물학적 특질이 그렇게 인문학적 특질로 확장되어 왔을 뿐만 아니라, 또한 그렇게 스스로 변신을 거듭한다는 사실이 그렇다. 그런데 이와 같은 영혼의 변신은 마치 나비가 애벌레나 성충으로 사는 땅의 것에서, 하늘로 향하는 날갯짓을 펼치는 나비의 탈바꿈에도 견주어 볼 수 있지 않나 싶다.

사실, 아리스토텔레스 자신조차, 영혼의 자리를 생물학적 범

---

52) Aristotle (1968), De Anima, 412b5.

위에 국한시킨 것에 대한 염려를 거두지 못했다. 그는 결국 자신의 생물학적 편견에 양보적 입장을 취하지 않을 수 없었다. 그도 그럴 것이, 그가 조형한 영혼의 엔텔레케이아에는, '사고능력[dianoetikos]'과 같이, 송두리째 생물학적 범위scope에 들어갈 수 없는 부분도 포함되어 있으니 말이다. 아닌 게 아니라, 그는 염려스럽게 말했다. "우리는 아직 지성[nous]이나 관조적 힘[theōretikēs dunameōs]에 대하여는 이렇다 할 증거를 가지고 있지 못하다. 더욱이 인간 영혼의 지성이나 관조적 힘은 … 영혼의 그 나머지 부분들과는 같지 않은 특질을 가지고 있다. 이와 같은 점에서 인간 영혼의 지성이나 관조적 힘은 영혼의 다른 부분들과 한자리에 있기는 어렵다고 할 수 있다."53) 이 말의 뜻을 서둘러 말하면, 인간 영혼에는 그 특질에 있어서 생물학적 지배에 넣을 수 없는 것이 있다는 뜻이다. '사고능력'이 그렇듯이 말이다.

아리스토텔레스는 위와 같은 깨달음을 다시 피력했다. 그는 특별히 에피스테메나 테오리아와 같은 지성의 특질에 대하여 이렇게 말했다. "영혼이 사고하고 판단하는 이른바 지성[nous]은 사고하기 이전에는 그 어떤 존재자도 아니다. 이와 같은 이유로, 지성이 질료로 존재하는 육신과 섞여 있다고 볼 수는 없다. 그럼에도 불구하고, 만일 이들이 육신과 함께 자리하는 것이라면, 지성 또한 다른 감각 능력들처럼 질적인 것이 되고, … 그 결과로

---

53) Aristotle (1968), De Anima, 413b24-27.

여러 감각 능력들처럼 지성도 그것의 자리로서 어떤 기관organ을 필요로 할 것이다. 그러나 사실이 말해 주듯이 우리에게는 지성이 자리할 아무 기관도 육신에는 존재하지 않는다.”[54]

지성의 장소 문제는 아리스토텔레스가 ‘영혼’의 자리를 지나치게 생물학적인 것으로 좁혀놓은 데서 비롯된 셈이다. 그래서 그는 어쩔 수 없이 이 문제를 후속 연구자들에게 남겨놓을 수밖에 없다고 고백했다.

사실, 아리스토텔레스의 ‘영혼’에 관한 탐구는, 그 많은 부분이 생물학적 배경 위에서 이루어졌다. 아리스토텔레스는 생물학자였다. 그는 우선, 생물학자답게, 있는 그대로의 것에서 영혼이 취하고 있는 형상이 어떤 것들인지를 찾으려고 했다. 사실, 그의 「데 아니마」는 생물학자, 좀 더 나아가 심리학자가 그려낸 영혼의 모습이라고 할 수 있다. 하지만 그는 우선 철학자였고, 철학자 가운데에서도 논리학자였을 뿐만 아니라, 윤리학자였다. 그런 그가 보기에도 생물학을 상상하기나 생각하기와 같은 영혼의 감성적·지적 형상의 자리로 삼기에는 터무니없다고 생각했을 것이다. 아닌 게 아니라, 인간 영혼에 관한 생물학적 관점은 인간 삶이 부딪치는 사회적·도덕적 가치 문제, 즉 올바르고 그릇된 것의 차이를 구분하여 아름답고 선한 것을 추구하는 소망은 물론, 냉엄한 논리적 추리를 이끌어 가는 알 수 없는 힘으로서 이성과 같은 영혼의 활동을 설명하는 데는 거의 쓸모가 없지 않은가. 아리스토텔레스는

---

54) Aristotle (1968), De Anima, 429a23-28.

분명히 인간 삶에서 불편한 것, 기울어진 것, 아름답지 못한 것, 선하지 못한 것을 극복하려는 영혼의 역학적 성향은 생물학만으로는 설명할 수 없다는 점을 알아차렸던 것으로 보인다. 그런데 그의 「니코마코스 윤리학」을 가리켜 이와 같은 깨달음의 결과라고 말하는 것은 어쩌면 지나친 비약이 될지도 모른다. 하지만 그가 「니코마코스 윤리학」을 쓰지 않았다면, 더욱이 거기에서 논리적 일관성 때문에 「데 아니마」 가설에 덧붙이지 못한 영혼의 그 뒷이야기를 하지 못했다면, 「데 아니마」에 펼쳐놓은 디테일한 그의 영혼설은 분명 불완전한 것, 다만 생물학의 언저리를 배회하는 정도에 그친 것으로 영혼의 역사에 기록되었을지도 모른다.

영혼의 꽃이 필 때면

영혼의 형상들은 서로 독립적이지도, 배타적이지도 않다. 그리하여 영혼을 형성하는 서로 다른 구성 요소들은 독특한 방식으로 서로 균형을 찾고 조화를 만들어 간다. 아리스토텔레스가 「데 아니마」에서 만든 영혼의 형상들, 즉 생물학적인 것들, 심리학적인 것들, 철학적인 것들, 윤리학적인 것들이 서로 거리를 좁혀 하나의 영혼에 들어가는 것은 이 조화의 신비 때문일 것이다. 그런데 이 조화가 영혼의 꽃이 되었다.

영혼에서 피는 꽃들 가운데 가장 아름다운 것은 아무래도 실천적 지성과 욕구[orexis]의 조화일 것이다. 이는 인간 마음에 깊숙이 숨어 있는 영혼의 비밀이다. 이 비밀을 들여다보면, 욕구 가운데 한 줄기의 흐름, 소망[boulesis]이 무질서의 소용돌이에서 벗어나 실천적 지성[nous]이 만들어내는 질서와 결합한다. 욕구와 실천적 지성이 이렇게 결합하면서 우리의 영혼은 갖가지 모습의 엔텔레케이아[현실태]를 스스로 만든다. 이 모습들을 우리는 우리의 일상적 과정에서 이루어지는 대부분의 행동들을 통해서 확인할 수 있다. 이 아름다운 모습들은 인간 영혼의 꽃들, 곧 엔텔레케이아다. 우리의 영혼에 꽃이 필 때면, 영혼은 이렇게 욕구와 실천적 지성이 만난다. 그리고 인류의 영혼은 그 꽃을 피우기 위해 이렇게 '욕구와 실천적 지성의 결합'이 이루어지는 이 비밀의 언저리를 늘 서성였다.

아닌 게 아니라, 우리가 철학의 역사를 읽다 보면, 역사의 이곳저곳에서 인류는 '앎'과 '삶', '지知와 행行', '지知와 덕德', '지식'과 '행동' 사이를 오가면서 그리고 방황하면서 이들을 연결하려는 신념을 쌓아 온 흔적을 엿볼 수 있다. 영혼의 꽃이 필 때를 기다린 것이다. 이들 짝지어진 두 단어가 연결된 것, 곧 '지知-행行의 일치'는 인류 영혼의 염원이었다. '알면 행한다.'는 철학적 신념이다.

영혼의 엔텔레케이아와 에네르게이아, 영혼의 현실태와 활성태, 아는 것과 행하는 것 사이가 별개의 것이 되면 안 된다는 것은 누천년을 이어 온 우리의 철학적 신념이었다. '앎[知]'과 '삶[行]'이 별개의 것, 서로 나누어지는 것이 아니라는 신념을 우리는 정말 오랫동안 간직해 왔다. 이들이 서로 연결되어 있다는 신념이 확고한 진리가 되기를 바랐던 것은 인류의 오랜 소망이었고, 그 연결의 비밀을 밝히는 것은 철학의 영원한 주제였다. 이 주제는 또한 공자와 소크라테스 평생의 철학적 주제이기도 했다.

그런데 이 비밀, 즉 '앎'과 '삶', 욕구와 실천적 지성이 결합하는 비밀을 철학이 훔쳐보려는 것은 인간의 과도한 기대일지도 모른다. 아닌 게 아니라, '지-행'의 연결 모형을 면밀히 살펴보면, 그것은 영혼의 비밀 가운데 가장 은밀한 곳에 숨어 있어서, 그것의 존재 방식을 밝히는 것은 철학에서 이만저만 어려운 일이 아니었다.

'알면 행한다.'는 신념은 사실 동양 고전 「대학」이 인류 영혼에게 선언한 행동 강령이기도 했다. 「대학」은 알고 보면 이 강령을 중심으로 전개된 영혼 이야기다. 「대학」의 첫 장을 열면, 우리는 이 문장을 만난다. '대학지도 재명명덕 재친민 재지어지선大學之道 在明明德 在親民 在止於至善.'이라는 문장이다. 이른바 「대학」의 '3강령三綱領'이다. '배움[大學]의 목적은, 사리를 올바로 분별하는 능력[德]을 계발함에 있고, 사람들을 사랑[존중]함에 있으며, 그 결과로 지극히 높은 선[완전한]의 경지에 오르는 데 있다.'는 내용이다.

그런데 '명덕明德'은 '사리事理', 그것도 어떻게 행하는 것이 올바른지에 대한 분별 능력을 가리키는 말이니, '명명덕明明德'은 '올바로 사는 것이 무엇인지에 대한 분별 능력을 기른다.'는 뜻이다. 앞의 '명明'은 '계발한다', '기른다'는 뜻이고, 다음의 '명明'은 '분별함[판단]', '헤아림[숙고]'을 뜻한다. '덕德'은 '능력

[arete]'을 뜻한다. 이리하여 '명덕明德'은 원시유학原始儒學이 지향하는 것으로서 '세상을 살아가는 데 관련된 이치를 분별할 수 있는 지적 능력[知性]'을 가리킨다.

「대학」에서 이 지성이 어떻게 획득되는지를 일컫는 말에 '치지재격물致知在格物'이라는 어구가 있다. 3강령을 따르는 8조목八條目 가운데 '격물格物'과 '치지致知', 두 조목을 붙여서 만든 어구다. '앎[知]의 획득'이 '격물格物에 있다.'는 뜻이다. '격格'은 '헤아림'을 뜻하고, '물物'은 '삶의 과정에서 경험하는 실천적 내용, 즉 그 이치理致[事理]'를 뜻하니, '격물格物'은 결국 '사리'를 헤아리는 실천적 지혜를 얻게 되는 방법을 가리키는 말이다. 그렇다면 [대학]에서 배움의 목적으로서 '명덕明德'은 분명 우리에게 이미 친숙한 어구 '실천적 지성'의 한 모습이다.

'친민親民[新民]'은 사람들[백성]을 사랑하고 존중한다[親]는 뜻이다. 「대학大學」의 주제가 통치자의 덕치德治를 위한 것이니, '친민'은 본래 임금이 백성들을 잘 다스린다는 뜻이었다. 어떻든 여기에서 '친민親民'은 '사람들과 거리를 두지 않는다.'는 뜻이고, 이는 실천적 지성으로서 '명덕明德'과 연계連繫된 실천적 행동을 일컫는다. '친민'의 구체적 행동들은 3강령을 따르는 8조목에 열거되어 있다. 제가齊家, 치국治國, 평천하平天下다. 모두 '친민'의 외연外延들이다.

'명덕明德'과 '친민親民'의 두 덕德이 제대로 갖추어지면, 유학儒學은 그것을 '최고로 좋은 것[至善]'이라고 했다. 그런데 유학이 '명덕明德'과 '친민親民'을 이어놓고, 그것을 배움[大學]의 목적으로서 '지선至善'의 상태라고 한 것은 참으로 혜안慧眼이 아닐 수 없다. '명덕明德'과 '친민親民', 이 둘은 본래 서로 떼어놓을 수 없는 것이니, 이 둘을 이은 것은 진실로 유학儒學의 묘책이 아닐 수 없다. '명덕'이 발하되 그것이 제때에 제대로 일지 않으면 '친민'이 제대로 작동할 수 없다. '명덕明德'과 '친민親民'의 연속적 배열은 유학의 기본적 신념으로서 '지知-행行의 일치'를 재치 있게 표현해 놓은 것이다. 그러나 무엇보다도 이 '지-행의 연결' 모형은 아리스토텔레스가 짝지어 놓은 엔텔레케이아와 에네르게이아, 그 예로써 에피스테메[知]와 테오리아[行]의 연결 문형과도 다르지 않고, 먼 뒷날 왕양명王陽明의 '지행합일설知行合一說'과도 다르지 않다. 인류 영혼은 그만큼 지-행의 연결 모형을 수시로 재확인하고 다져 왔다.

영혼이 꽃피는 시절을 그려낸 또 하나의 작품을 들라면 그것은 플라톤의 「메노」일 것이다. 그것은 '지知'와 '덕德'을 연결시킨 한 폭의 그림이기 때문이다. 그것이 그려내려고 애쓴 것은 'arete아레테', 곧 '덕德'의 개념이다. 그것은 플라톤의 스승 소크라테스가 평생을 가지고 씨름하던 주제였다. 그리하여 플라톤은 「메노」의 처음에서 끝에 이르기까지 스승이 일생을 두고 제기한 질문을 그 밑바탕에 깔아놓았다; 'Ti estin arete?', 곧 '덕이란 무엇인가?'다.

「대학」의 첫 문장이 '명덕明德'을 논한 것이라면, 「메노」의 첫 문장 또한 '아레테', 곧 '덕德'의 의미를 묻는다. 메노Meno가 묻는다. "소크라테스여, 아레테는 가르칠 수 있는 것입니까? 아니면, 가르칠 수는 없고, 연습을 통하여 획득되는 것입니까? 연습도 아니고, 배우는 것도 아니라면, 가지고 태어나는 것입니까? 그것도 아니면 그 밖의 다른 방법에 의해서 획득되는 것입니까?[Exeis moi eipein, w Socrates, ara didakton e arete? E ou didakton all asketon? E oute asketon oute matheton, alla psysei paragignetai tois anthropois E allos tini tropos?]" '아레테'란 도대체 어디에서 어떻게 생겨나는지, 그 정체를 묻는 질문이다.

'아레테'는 주입注入과 같은 가르침[didaktos]의 대상인가, 아니면 훈련practice을 통한 연습[askesis]의 대상인가? 그러나 소크라테스는, 「메노」에서 메노에게 일러주었다. '아레테'가 '지식 episteme'이라면, 그것은 가르칠 수 있는 것이어야 한다고 한 것이다. 그러나 그는 이에 앞서 '아레테가 과연 무엇인지?'에 대하여 먼저 알아야 한다고 했다.[55]

'아레테'는 과연 무엇인가. 그것은 지식인가, 아니면 지식과는 다른 무엇인가. 헬라스어 'arete'는 탁월함excellence, 그것도 선함goodness을 지향하는 탁월한 능력function을 가리킨다. 우리가 고대 현인賢人들에게서 볼 수 있는 그 '훌륭함', 누가 보기에도 '훌륭한 삶'을 산, 그 '훌륭함'을 일컫는 말이다. '훌륭한 능력'을 갖춘 사람을 우리는 '덕 있는 사람'이라 한다. 그리고 그를 가리켜 훌륭한 영혼을 가진 사람이라고 말한다. 물론, 이 말은 '덕 있

---

55) Plato (1985), *Meno*, 86c-d.

는 사람'이란 '좋은 사람', '선을 추구하는 사람'이라는 뜻을 갖는다. 그런데 도대체 이 '아레테'란 무엇인가?

소크라테스는 이렇게 물었다. "만약에 '아레테' 속에 '좋은 것'이 있는데 그것이 '에피스테메', 즉 지식과 관련이 없는 것이라면, '아레테'는 '에피스테메'가 아닐 수도 있을 것이며, 만약에 '에피스테메'와는 관련이 없는 '좋은 것'은 '아레테'에 아무것도 없다면, '아레테'는 일종의 '에피스테메'가 아니겠나?"[56] 소크라테스에게 있어서 '아레테'는 '좋은 것'을 추구하는 영혼의 한 독특한 능력[德]이었다. 그는 그것을 '에피스테메'와 관련되어 있는 무엇이라고 가정했다. 그에게 있어서 '아레테'는 일종의 '에피스테메'였다.

소크라테스에게 있어서 아름다운 아레테를 가진 사람은 시인처럼 좋은 것을 찬미하고 그것을 자신의 삶에 드러내고자 하는 존재였다. 그런데 사람들은, 마치 메노가 그렇게 생각했듯이, '좋은 것'을 '유익한 것[the beneficial]', 즉 건강과 재산과 같은 것들과 동일시한다. 하지만 이와 같은 것들은 항상 '좋은 것'인가? 소크라테스의 걱정이었다.

소크라테스는 다시 「메노」에서 메노에게 이렇게 말한다. "우리에게 유익한 것들은 '어떤 무엇이 이끌어 갈 때'는 이롭지만, 또

---

56) Plato (1985), *Meno*, 87d. "Then, if there is anything else that is good, separate from knowledge, perhaps excellence might not be some sort of knowledge; but if there is nothing good that is not comprised in knowledge, we would be right to suspect that it is some sort of knowledge."

'어떤 무엇이 이끌어 갈 때'는 해롭지 않겠나?"[57] 그런데 여기에서 그 '무엇'이란 무엇인가? 그렇다. 소크라테스는 그 '무엇'이 이끌어 가는 '아레테'를 이렇게 열거했다. '절제'와 '정의로움'과 '용기'와 '장엄함'과 같은 것들이었다. 그리고 말하기를, "이 가운데 어떤 것이든 그것이 만약 행복을 추구하는 것이라면, 그것은 '지혜[phronesis]'가 이끌어 가는 것이어야 하네. 그리고 그렇게 될 때, 그것은 때로는 해롭고, 또 때로는 이롭게 되는 것이 될 수 없을 걸세."[58]

소크라테스에게 있어서 그 '무엇', 곧 '절제'와 '정의로움'과 '용기'와 같은, 영혼의 활동들을 이끌어 가는 그 '무엇'은 우리의 지성 가운데 하나인 '프로네시스'였다. 그리고 '절제'와 '정의로움'과 '용기'와 같은 활동들은 본래 그 자체로는 유익한 것도 해로운 것도 아니어서, 그 활동들에 지혜가 더해지느냐 어리석음이 더해지느냐에 따라 선한 것이 되기도 하고 나쁜 것이 되기도 했다. '아레테'는 우리에게 유익한 것, 선한 것이고, 그것은 지혜, 곧 프로네시스가 이끌어 가는 것이었다.[59] '아레테는 프로네시스의 꽃이다.'라는 명제의 탄생이다. 아레테는 영혼의 꽃이고, 프로네시스는 그 영혼이 펼치는 날갯짓이었다.

'아레테는 곧 에피스테메', 즉 '덕은 지식이다.'라는 소크라테스의 가정은 어느덧 '아레테는 프로네시스다.'가 되었다. 그러나

---

57) Plato (1985), *Meno*, 88a.

58) Plato (1985), *Meno*, 88b.

59) Plato (1985), *Meno*, 88c-d.

여전히 에피스테메와 프로네시스는 지성의 범주 속에 함께 있었다. 하지만 에피스테메에서 프로네시스로의 전환은 결과적으로 지식의 미분화시대에서 지식의 분화시대로의 변신을 가리키는 것이 되었다.

소크라테스가 다시 메노에게 물었다. 과연 소피스트들이 덕의 교사가 될 수 있는지 말이다. 메노는 대답했다. "나는 그렇게 생각하지 않습니다. 그들은 교사로서 훌륭하게 보일 때도 있지만, 그렇지 않을 때도 있습니다." 소크라테스도 그렇다고 했다. 그에게도 덕을 가르칠 수 있는 교사는 보이지 않았다.

메노와 소크라테스의 디알렉티케가 끝날 즈음에 이르렀다. 소크라테스는 현인들이 전하는 그 '현명한 판단들[orthe doxa]'이 혹시 '아레테'의 정체가 아닐지, 궁금해했다. 그러나 그러한 것은 때로는 '지혜'만큼 효력을 가질 수도 있지만, 때로는 단지 기억에서 잊히지 않도록 붙들어 매지 않으면 쉽사리 사라질 뿐만 아니라, 알지 못하면서 아는 것처럼 모양새를 바꾸는 것, 그리하여 결국 현인들을 흉내 내는 것에 불과한 것이 아닌가 하고 의심했다. 그리하여 소크라테스는 '아레테란 무엇인가?'에 대한 탐구가 더 계속되어야 한다고 메노를 위로했다.

질문의 답을 찾는 끝없는 디알렉티케[대화]가 「메노」의 시작부터 끝에 이르기까지 진행되었다. 그러나 소크라테스의 모든 대화 형식이 그렇듯이, 그는 다시 철학적 난국[philosophical aporia]에 직면했다. 「메노」가 끝날 즈음, 그 상투적인 소크라테스의 맺음

말이 등장한다. '약속이 있어서 먼저 가봐야겠네.'

「메노」에서 소크라테스가 훌쩍 떠나면서 남겨놓은 그 철학적 난국難局은 무엇을 의미하는가. 우선 그것은 해결해야 할 선행 문제에 대한 인식이었을 것이다. 항상 부딪치는 그 난해한 철학적 문제들에 다시 돌아왔다는 고질적 절망이었을지도 모른다. 그러나 거기에는 무엇인가, 명백한 철학적 언명으로는 불가능하지만, 그래도 신뢰할 수 있는 무엇인가를, 그 남겨놓은 무언無言은 말하고 있었을 것이다.

그럴 것이다. 영혼이 피워내는 그 꽃들, 그 '아레테들'은 '지혜', 곧 프로네시스의 힘이 피워낸 것들이었다. '지혜'의 헤아림이 올바로 작용하면 영혼은 아름다운 아레테들을 피워낼 것이다. 그러나 그 지혜의 헤아림[bouleusis]은 어디에서 오는가. 지혜가 피워내는 이 꽃들의 적나라한 모습, 그 비밀을 소크라테스는 보았을 것이다. 그러나 그것을 언어화한다는 것은 어려운 일, 난국難局이 아닐 수 없었을 것이다. 그는 이 점을 깊이 탄식했을 것이다. 그의 '철학적 난국難局'이란 것이 늘 그렇듯이 말이다. 혹시 그 아레테들이 현인들이 사용한 그 '현명한 판단[doxa]'에 불과한 것일지도 모른다고 의심했을지도 모른다. 그뿐만 아니라, 그와 같은 현명한 판단조차 어디에서 오는지도 알 수 없으니, 그것은 혹시 신의 계시啓示[parainese], 혹은 시여施與[dianemo]가 아닌가 하고 걱정했을 것이다. 그 무언無言 속에 들어 있던 소크라테스의 난국이다.

소크라테스는 시인 테오그니스의 애가哀歌 한 단을 읊조렸다.

차라리 제조된manufactured 지성을 사람들에게 주입instill시켜 주면 좋을 텐데. … 훌륭한 부모에게서는 선하지 못한 자식이 태어나지 않을 텐데. … 그는 지혜의 말씀을 거역하지 않을 텐데. 우리는 지금 선하지 못한 자식에게 지식을 가르쳐서 착하게 만들 수는 없지 않은가!

제5장

원초적 충동과 영혼의 자유

분석심리학의 가설

헬라스의 서사시인 헤시오도스Hesiodos는 「신통기Theogonia」에 이렇게 썼다. "태초에 혼돈이 있었다." 그는 모든 것의 시작을 카오스, 곧 '혼돈'으로 읽었다. 「신통기」에서 신들의 계보를 따라 올라가면, 올림포스에 살던 천공天空의 신 제우스Zeus, 제우스의 아버지 크로노스, 할아버지 우라노스, 우라노스의 어머니이면서 신들이 사는 넓은 땅의 어머니인 가이아Gaea, 그리고 훨씬 이전에 혼돈의 뜻을 갖는 카오스Chaos에 이른다. 그러므로 땅 위의 카오스, 곧 '혼돈'은 모든 존재의 근원이었다.

인간의 세계에서 아무리 잘 다듬어진 도덕적 정서와 선의지善意志를 가진 우아한 영혼이라 할지라도, 그것은 본래 무질서한, 그러나 심오한 혼돈에서 태어난다. 그리고 그것은 그 혼돈 속에서 스스로 질서를 만들면서 변신을 거듭한다. 그러나 인간 영혼이 맨 처음 혼돈에서 태어날 때, 그것은 혼돈 속의 미약한 충동에 불과하다. 이와 같은 상상 속의 충동을 놓치지 않기 위해서 우리는 그것에 '원초적 충동primordial drives'이라는 이름을 붙여도 좋을 것이다.

'원초적 충동'을 뜻하는 헬라스어는 '프로토 아르케고노스 에네르게티코테타proto-archegonos energetikoteta'다. 형용사 'proto-archegonos'는 '이 세상에 생겨난 것이 원래 가지고 있는 특질'이라는 뜻을 갖고, 'energetikoteta'는 영어 'energy', 'spirit', 'drive'와 같은 뜻을 갖는다. '힘'과 '정신'과 '충동'과 같은 뜻이다. 이와 같은 의미에서 '원초적 충동'은 '세상에 존재하는 것이 가지고 있는 힘의 지향성'을 뜻하지만, 그것은 곧 영혼의 특성을 가리키는 말과도 다르지 않다. '원초적 충동'과 '힘의 지향성'을 통해서 우리는 '영혼'의 원형을 직관한다.

분석심리학을 읽으면, 우리는 다시 위와 다르지 않은 상상을 할 수 있을 것이다. 원초적 충동은 인간 무의식의 그 어둡고 긴 무질서 속에서 항상 무엇인가를 향한 움직임을 재촉한다. 이 역동적 지향성을 따라 인간 영혼은 변신을 거듭하면서 그 계통발생을 반복한다. 아리스토텔레스가 즐겨 사용한 용어를 빌려 말하면, 그것은 참으로 인간 영혼이 발하는 알 수 없는 힘, 즉 에네르게이아의 출현 모습이다. 분석심리학자들은 인간 무의식에서 발하는 영혼의 이와 같은 충동을 '원초적 에너지primordial energy'라고 불렀다.

영혼의 원초적 충동

영양을 섭취하여 생명을 유지하려는 것은 인간 영혼이 발하는 충동 가운데 가장 기본적인 현상이다. 다른 동물들로 그렇지만, 사람은 나면서부터 식욕을 해소하려 하고, 성장을 위하여 영양을 섭취하려는 충동을 발한다. 이와 같은 충동들은 이성을 압도한다.

아닌 게 아니라, 동물들의 출생 모습을 잠시라도 관찰해 보면, 우리는 갓 태어난 생명체들이 학습기간도 제대로 거치지 않고 환경에 적응하는 모습을 볼 수 있다. 생명체들이 가지고 태어나는 원초적 충동의 경이로움이다.

감각적 안정감을 유지하려는 충동 또한 감각을 가진 생명체에서 어렵지 않게 확인할 수 있다. 어떤 생명체는 따듯함을 좋아하고, 또 어떤 것은 더운 것을 싫어한다. 많은 동물들이 좋아함과 싫어함에 따라 행동한다. 나비의 경우가 그렇듯이, 좋아하는 향기를 찾아 나는 충동도 있다. 인간 영혼 또한 그것이 아무리 고매한 모습을 갖추고 있다 할지라도, 기본적으로는 원초적 충동이 발하는 힘의 지향성을 따른다.

사실, 무엇인가를 지향하는 힘은 동물뿐 아니라, 식물의 경우에도 존재한다. 숲을 사랑하는 사람들은, 아무런 거리낌 없이, 숲으로부터 배울 것이 많다고 말한다. 그들은 심지어 머리 좋은 나무는 동물보다 낫다고까지 말한다. 그들은 숲에도 영혼이 산다고 말한다. 숲의 정령을 두고 하는 말이다. 그리하여 나무들은 그들끼리 경쟁하면서 공간을 나누고 조화와 균형을 취한다고 한다.

'힘의 지향성'은 '원초적 충동'이 가지고 있는 본질이다. 한 유기체가 충동을 발한다는 것은 그 유기체가 무엇인가를 지향하기 위한 힘을 발한다는 뜻이다. 이를 다른 말로 표현하면, 힘의 지향성은 한 유기체가 자신에게 필요한 것the needs이 결핍되어 생물학적 균형equilibrium을 상실했을 때, 새로운 균형을 유지하기 위하여 그 결핍을 스스로 보충하려는 몸짓이라고 할 수 있을 것이다. 이 몸짓을 생물학자들은 '호메오스타시스[homeostasis]', 곧 '균형항상성均衡恒常性'이라 부른다.

'균형항상성'은 '동일한 상태'를 뜻하는 라틴어 'homoeo'와 '특정 상태의 유지'를 뜻하는 'stasis'의 합성어다. '균형항상성'은 '동일한 상태를 유지하려는 성질'을 뜻한다. 체온의 유지나 체액의 수소이온농도 pH가 그 최적 조건인 7.4의 약알칼리성을 유지하려는 것도 이와 같은 생물학적 균형의 항상성에 관련된 한 가지이다.

'균형항상성'은 스스로 살아 움직이는 한 객체의 내적 운동이다. 예민한 감성을 가진 사람들은 자연적으로 이루어지는 이와 같은 신비로운 현상에 놀랄 것이다. 이 균형항상성은 아마도 '신의 몸짓'일지도 모른다. 사실, 균형을 유지하려고 하는 힘은 생명

을 가진 존재만이 가지고 있는 것은 아니다. 그와 같은 기제旣濟
는 물리의 세계에서도 어렵지 않게 관찰할 수 있다. 구르던 돌이
멈추는 것은 역力의 균형을 취하여 안정을 유지하는 경우이고,
호수의 수면이 평평하고 조용한 것 또한 수면의 평형 유지에 해
당된다. 그뿐만 아니라, 강물의 흐름도 이와 같은 끊임없는 균형
유지를 위한 과정이다. 질량質量을 가진 존재는 역[힘]의 균형을
위한 끊임없는 '몸짓', 곧 '운동'을 한다.

　천문학자들은 천문의 세계에서 거대한 균형의 몸짓을 읽으면
서, 그것을 '인력引力'이라는 개념으로 설명한다. 이른바 뉴턴의
'만유인력의 법칙'이 그렇다. 뉴턴은 고향의 사과밭에서 사과가
땅에 떨어지는 현상을 설명하기 위해 이 개념을 사용했다. 그는
사과를 매달고 있는 꼭지의 힘이 땅에서 끄는 힘[重力]보다 약하
게 되면, 그 사과는 균형을 잃고 새로운 균형 유지를 위하여 땅
에 떨어진다고 이해한 것이다. 하지만 그는 땅에서 끌어당기는
중력만을 보고 있었던 것은 아니다. 그는 처음에 이렇게 생각했
다. 사과는 중력에 의해서 땅에 떨어지는데, 저 달은 왜 지구로
떨어지지 않는가? 저 달에도 사과처럼 꼭지가 있고, 그 꼭지가
달을 매달고 있지는 않는가? 아닌 게 아니라, 그는 달을 매달고
있는 꼭지의 힘을 계산해 냈다. 만유인력이다. 그리하여 그는 세
상에 존재하는 것[질량을 가진 것]은 모두 이 힘의 균형으로 존
재한다고 생각했다. 그리고 이 힘의 균형을 수학적 모델로 만들
어 설명했다. 즉, 우주의 모든 물체들은 서로 끌어당기는 힘[F]

을 발하는데, 이 힘은 두 물체가 가지고 있는 질량masses의 곱 [$m_1 \cdot m_2$]에 비례하고, 그들 사이의 거리의 제곱[r^2]에 반비례한 다고 말이다. 만유인력의 법칙이 탄생한 것이다.

힘의 균형은 물리학적 현상이나 생물학적 현상뿐만 아니라, 심리학적 현상에도 작용한다. 심리학에서 힘의 균형은 알 수 없는 인간 무의식에서 발하기도 하고, 소망wishes이나 원망wants과 같이 의식적인 결핍을 보충하여 심리적 균형을 유지함으로써 만족을 얻으려는 기제mechanism로도 나타난다.

심리학자 하딩Harding에 의하면, 인간 생명체는 우선 무의식無意識의 단계에서부터 힘의 균형을 위한 매우 단순한 충동을 시작한다. 그리하여 하딩은 이와 같은 단순하고 원초적인 충동을 일러 '비주체적인 것the nonpersonal'이라 했다. 즉, 이 충동은 주체적 판단이나 의식적인 선택이 아니라는 뜻이다. 다른 말로 표현하면, 그것은 본능적 충동, 즉 생명의 존속이라든지 종족의 유지와 같은 생물학적 차원의 요구에 불과한 것이라는 뜻이다.[60]

사실, 무의식적·생물학적 차원의 지배에 들어 있는 원초적 충동은 자아의 주체적 통제 밖의 것이다. 영혼의 초기 모습도 그렇다. 분석심리학자 융Jung은 이와 같이 무의식 속에 간혀 있는 원초적 충동에 '객체적 영혼the objective psyche'이라는 이름을 붙였다. 주체적 자아의 통제를 받지 않는다는 뜻에서 붙인 이름이다. 그러나 아무리 그렇다 할지라도 이와 같은 원초적 충동은,

---

60) M. Esther Harding (1973), *Psychic Energy: Its source and its transformation*, 16.

생명을 가진 것이 그 생명을 유지하기 위하여 발하는 본능적 힘[instinctive forces of life]이라는 점에서, 오히려 근원적이고 핵심적이다. 우리는 생명체가 가지고 있는 이 힘에서 오히려 베르그송 Bergson의 '생명의 약동elan vital'을 읽어낼 수도 있을 것 같다.

인간의 원초적 충동에 관한 이와 같은 스케치는 생물학적이고 심리학적이다. 하지만 우리는 이에 견주어 철학자들이 그려낸 영혼의 초기 모습도 흥미 있게 관찰할 수 있을 것이다.

예로부터 철학자들은 존재하는 것에는 늘 우리의 관심을 끄는 알 수 없는 힘이 작용한다고 생각했다. 하지만 철학자들은 생물학자들처럼 그 힘의 근원을 사실적·객관적 위치에서 파악하지는 않았다. 그 대신 철학자들은 흔히 그 힘을 포괄적이고 근원적인 차원에서 살폈다. '태초에는 혼돈이 있었는데, 이 혼돈 속에 질서가 작용한다.'든지, '인간 유기체가 사물과 접하면, 그것과 관련된 의식이 생기고, 그것에 대응하는 힘을 발한다.'든지, '만물의 생성 과정에는 충기沖氣, 곧 음陰과 양陽의 조화를 이끄는 힘[氣]이 작용한다.'는 식의 표현들이 그렇다. 그런데 이 마지막 말은 노자老子의 것이다.

노자는 세상을 보는 혜안을 가지고 있었다. 그의 '충기'는 '충동'과 다르지 아니하고, '음과 양의 조화에 의해서 질서가 전개된다.'는 말은 '균형이론'으로 포장될 만하다. 노자의 「도덕경」한 구절을 읽어보자.

도道는 하나를 낳고, 하나는 음陰과 양陽을 낳고, 음과 양은 음기陰氣와 양기陽氣에 이들을 화합하는 충기沖氣를 더하여 셋을 낳고, 셋은 만물을 낳는다.[61]

마치 기원전 15세기경의 「창세기」에서 '천지창조'의 첫 구절을 읽는 것과 같다. 노자는 만물이 생성하는 과정을 음기와 양기가 조화와 균형을 취하는 작용이라고 이해했다. 이렇게 만물의 생성과 변화 자체가 음기와 양기와 같은 기운의 조화와 균형이라고 생각한 것이라든지, 이 두 기운이 조화와 균형을 유지하는 데는 충기가 필요하다고 이해한 것은 흥미롭다 못해 아름답기까지 하다. 이와 같은 철학적 혜안은, 비록 형이상학적 가정이라 할지라도, 모두 만물의 생성 원리를 '힘의 균형'으로 이해하는 지혜일 것이다. 조화와 균형은 만물이 존재하는 모습이고, 이와 같은 모습을 취하는 데는 틀림없이 모종의 힘이 작용하고 있을 테니, 힘의 작용으로서 '충기'를 만물의 시작이라고 보는 가정은 매우 그럴듯해 보인다.

독일의 화학자이자 자연철학자인 오스트발트Ostwald 역시 존재의 근원을 '충기'와 다르지 않은 '에너지의 흐름'으로 이해했다. 그런데 '에너지의 흐름'은 유기체의 본질로서 '원초적 충동'과 다른 말이 아니니, '에너지의 흐름'을 질량을 가진 것들의 근원적 충동이라고 하는 것도 그럴듯하다.

---

61) 南晩星 역주 (1979), 「老子 道德經」, 42.

'에너지의 흐름'으로 영혼의 존재 양상을 유추하는 것은 심리학자들에게도 예외가 아니었다. 예컨대, 분석심리학자 에리히 프롬Erich Fromm은 인간 내면의 세계는 결코 정적靜的 상태로 머물러 있지 않다고 유추했다.[62] 인간 내면의 세계에는 항상 심리적 조화와 균형을 이루려는 역학dynamics이 작용한다는 것이다. 프롬의 이 생각은 노자가 만물의 생성을 음기와 양기의 조화로, 그리고 이 조화를 충기의 작용으로 이해한 것과 큰 차이가 없어 보인다.

철학과 분석심리학이 만물의 생성 과정을 '조화'와 '충기'의 작용으로 이해한 것은, 과학의 세상 보기와는 다른 방식일지 모른다. 하지만 그것은 세상을 보는 한 가지 그럴듯한 방법임에는 틀림없다. 사실, 이와 같은 이해 방식과 표현 양식은, 다른 방식으로는 불가능한, 인간의 원초적 충동을 이해하는 데 나름의 적절성을 가진다고 볼 수 있다. 그뿐만 아니라, 그 충동의 정체에 대한 상상력을 높이는 데에도 적지 않은 도움이 될 것으로 보인다. 이와 같은 맥락에서 우리가 인간 생명의 약동으로서 '원초적 충동'을 단지 생물학의 테두리 안에서 이해하고 설명하는 것은 결코 현명한 일이 아닐 것이다.

---

62) Erich Fromm (1955), *The Sane Society*, 34.

생물학의 한계를 넘어

철학자들과 심리학자들이 들여다본 인간 영혼의 세계는 매우 신비스럽다. 그와 같은 신비로움은 무엇보다도 '원초적 충동'이라는 이름을 가진 것의 정체를 확인하는 과정에서 엿볼 수 있다. 사실, '원초적 충동'은 인간뿐 아니라, 모든 살아 있는 것의 기본 모형이어서, 그것은 철학자들이나 심리학자들뿐만 아니라, 생물학자들의 공통된 관심거리가 아닐 수 없었다.

더욱이 생물학자들은 식물이나 동물들도, 비록 정도의 차이는 있을지언정, 인간과 별로 다르지 않은 유형의 원초적 충동을 가지고 있다고 이해한다. 그리하여 그들은 동물들은 물론이지만 식물들조차도 기본적인 삶을 지향하는 힘을 발휘하여 그들끼리 소통한다고 주장한다. 예컨대, 어떤 식물들은 심지어 경보 시스템까지 가지고 있어서 해충으로부터 공격을 받거나 가뭄과 같은 스트레스를 받는 상황이 되면, 자신들의 경보 시스템을 통해서 주변 식물들에게 그 상황을 알린다는 것이다. 그리하여 해충으로부터 공격이 시작되었다는 주위의 신호를 받은 식물들은 해충의 천적이 되는 것을 부르거나, 스스로 싫어하는 향기를 발하여 그것들을 퇴치하며, 가뭄이 심하여 수분이 부족하다는 신호를 주고받으면 이번에는 수분이 날아가지 않게 기공을 닫기도 한다는 것이다. 생명의 유지에 관련된 모든 생명체의 원초적 충동에 관한 이와 같은 인식은 생물학자나 철학자나 심리학자들 모두에게 신비롭지 않을 수 없을 것이다.

그런데 이 이야기에서 중요한 것은, 예컨대 생물학이 식물이나 동물의 생태를 설명하는 방식을 수정 없이 인간 행동의 전모全貌를 이해하는 데 적용하는 것은 문제가 있을 수 있다는 것이다. 왜냐하면, 인간의 내면세계와 동식물들의 생물학적 기제 사이에는, 비록 그 기본 모형에서는 큰 차이가 없다 할지라도, 그 범위의 넓이와 체계의 복잡성 정도에서는 비교할 수 없을 만큼 큰 차이가 있기 때문이다. 이뿐만 아니라, 자연과학의 한 가지로서 생물학은 그 방법론에 있어서, 예컨대 인문학의 대표가 되는 철학이나, 사회과학의 총아로서 심리학만큼 자유롭지 못하다는 것 때문이다.

아닌 게 아니라, 인간의 원초적 충동이나 행동에 대한 생물학적 관점은 과학적 방법의 제한을 받기 마련이다. 그렇다면, 생물학의 범위를 훨씬 벗어나는 보다 넓은 삶의 영역에 반응하는 인간의 원초적 충동은 과학적 방법의 제한을 받는 생물학에서는 그 범위가 그만큼 축소되거나, 아니면 그 넓은 범위를 생물학에 억지로 욱여넣는 결과를 가져오게 될지도 모른다. 물론, 그 결과는 영혼에 관한 담론의 포괄적 이해에 대한 방해이다.

지금 인간의 '원초적 충동'의 의미는 생물학의 한계를 넘어 철학이나 심리학, 즉 인문학과 사회과학의 영역으로 확대되었다. 식욕의 원형이라 할 수 있는 '욕구', 즉 '탐욕을 부리는 힘[the appetitive]'만 하더라도 그렇다. 우리는 이미 '욕구'를 '식욕'과 같은 생물학적 한계에 묶어두지 않는다. 우리는 지금 그것을 생물학에 한정하지 않고, 심리학적 용법으로 사용하고 있다. 유개념 '욕구appetite'와 이에 속하는 '욕망desire', '기개anger', '소망wish'과 같은 종개념들은 생물학적인 것들이라기보다, 오히려 심리학의 전문 용어technical terms가 되었다.

사실, 인간에 관련된 문제나 개념들은 어느 한 가지 특정 학문의 것만은 아니다. 만약 인간에 관련된 개념들이 특정 학문에만 사용된다면, 그 개념들의 효용성이나 타당성은 그리 넓지도 높지도 못할 것이다. 생명을 가진 것들의 번식과 성장이 놀랍도록 대단한 것처럼, 이에 따른 언어의 번식력과 용법의 확장력 또한 그렇게 대단하다. 이와 같은 맥락에서 '원초적 충동'은 물론, 그 밖의 '영혼'에 관련된 언어들이 어떻게 얼마나 특정 학문들의 경계를 넘어 용법의 자유를 구가해 왔는지를 고찰하는 것은 우리의 관심거리가 아닐 수 없을 것이다.

영혼의 자유, 그 인문학적 패러다임

과학은 자연 속에 깃든 신을 찾는다. 종교는 절대적이고 유일한 신을 찬미한다. 인문학은 넓고도 여유로운 신을 찾는다. 우리가 찾는 인간 영혼은 넓고도 여유로운 신들 가운데 넣어도 좋을 것이다. 넓고도 여유로운 영역에는 그만큼 자유가 허락되어 있어, 그곳에는 인문학적 담론의 자리도 마련되어 있을 것이다. 인문학은 참으로 범위가 넓고, 그 표현 방법 또한 자유로우니, 넓은 영역에 걸치는 인간의 영혼 문제를 다루기에는 이보다 더 적절한 곳이 따로 없을 것이다.

인문학은 확실히 영혼 문제를 다루기에 비좁지도 불편하지도 않다. 인문학의 탐구 방법 또한 폭넓어, 어떤 것이 인문학인지조차 가리기 어려울 정도로 포용적이니 그럴 만도 하다. 사실, 인문학적 관점에서 인간 삶의 의미나 인간 본성을 분석하는 심리학자들도 많다. 그 가운데에는 우리의 관심을 많이 끄는 에리히 프롬이 있다. 그는 사회학자이고 정신분석학자였다. 그럼에도 불구하고, 그의 표현 방법은 인문학의 권위에 깊이 자리하고 있다. 그의 「건전한 사회The Sane Society」는 인문학적 관점에서 인간의 본질을 이해하려고 한 명저다. 이것은 어쩌면 프롬이 초기의 어수선한 분석심리학에 내린 인문학적 방법론의 세례일지도 모른다.

프롬은 그의 「건전한 사회」에서 「창세기」의 '에덴 스토리Eden story'를 이렇게 읽었다. 인간은 실낙원失樂園 이전의 에덴에서처럼 더 이상 자연적 기제機制에 제한을 받지 않게 되었다. 인간은 이제 끝없는 자연의 윤회輪廻에서 벗어나 스스로 운명을 결정하는 자유를 얻게 되었다는 것이다. 그가 '에덴 스토리'에서 읽어낸 것은 자연의 속박과 한계를 벗어난 '영혼의 자유'다. 과연 인문학적 방법론과 거리가 멀지 않은 독서법이다. 프롬은 '에덴 스토리'의 주제를 '인간 영혼의 자유'로 해석했다. 그는 원초적 충동의 지배 속에 갇혀 있던 인간 영혼이 금단의 열매를 따 먹음으로써 유죄판결을 받아, '실낙원'이라는 형벌을 받게 된 것을,

오히려 인간 영혼의 자유로 해석한 것이다. '자유'는 인간 영혼을 '에덴'이라 부르는 '자연'으로부터 벗어나게 함으로써, 주체적으로 자신의 이미지를 그려 나가는 존재로 재탄생시켰다. 프롬은 이 '자유'를 인간 영혼의 '변신'을 위한 결정적 촉진자로 읽었다.

사실, '에덴 스토리'가 들어 있는 「창세기」의 원저자가 인류의 원조 아담과 이브로 하여금 지식의 나무tree of knowledge에서 그 선악의 열매를 따 먹지 않도록 이야기를 꾸몄다면, 그의 작품 「창세기」는 실패작이 되었을 것이다. 아니, 그것은 처음부터 이야깃거리가 되지 못했을 것이다. 마치 아풀레이우스가 그의 프시케 이야기에서 프시케에게 온갖 시련을 주지 않으면 안 되었듯이 말이다. 「창세기」는 나약한 인류의 영혼에 시련을 줌으로써 비로소 천지를 창조한 신과 그 피조물인 인간 사이에 이야기가 전개될 수 있는 모티브를 제공했다. 신화 쓰기의 모형이다.

신화 쓰기의 모형이 그렇듯이, 이스라엘 민족의 영욕榮辱을 기록한 「출애굽기」의 모형도 매한가지다. 구원과 자유가 충만한 약속의 땅이 거기에 기록되어 있으니, 이에 앞서 「출애굽기」는 영욕의 역사를 필요로 하지 않을 수 없었던 것이다. 역사 쓰기 또한 시련의 역사에 복락의 역사를 기록해 두어야 하기 때문이다. 역사와 신화 쓰기의 모형이 그렇다. 그렇기 때문에 정신분석적 방법은 '에덴 스토리'를 읽을 때, 실낙원을 절망의 나락에 버려 두지 않을 책임을 지고 있었다. 그것이 신화와 인류 역사에 대한 정신분석적 치료였다.

신화 읽기는 사실 정신분석적 치료의 한 가지다. 정신분석적 치료는 변신 또는 그 일탈逸脫을 이끌어내는 기술art이다. 에덴 스토리에 관한 정신분석적 읽기 또한 이에서 예외가 아니었다. 아닌 게 아니라, 거기에서 이 '일탈'의 계기를 정신분석은 금禁한 열매를 따 먹는 사건에 두었다. 정신분석은 인류의 영혼을 이 '불복종'이라는 일탈 행위를 통해서 무지의 자연적 존재를 선악善惡을 아는 의식적 존재로 크게 변신시킬 의무를 지고 있었다. 그 결과 우리는 지금 이 신화를 읽을 때, 마치 아풀레이우스의 <프시케 이야기>를 읽는 것처럼, 프롬을 따라 '인류는 실낙원을 통하여 한층 더 인간답게 되는 복락을 누리게 되었다.'고 읽고 있는 것이다.

인류 최초의 시련을 담은 '에덴 스토리'는 인류의 영혼들이 그들이 살던 옛집 에덴, 곧 선악의 관념조차 없는 순수한 자연의 지배로부터 벗어나는 일탈, 그 영혼의 자유를 상징화한 이야기다. 인류 영혼은 선악의 구별이 없는 자연의 법칙에서 벗어난 뒤, 선과 악이 다스리는 인간 사회로 축출逐出됨으로써 어차피 선악을 가르며 사는 운명을 지고 태어날 수밖에 없게 되었다. 인간의 신화적 배신이었다. 그러나 그렇게 됨으로써 인류는 자아 정체성을 갖추게 되었다. 선악의 소용돌이에서 헤매는 인류 영혼의 치료방법과 그 변신의 과정이었다.

'에덴 스토리'의 주제는 자연적 존재자로 태어난 인간이 그 자연의 기제로부터 벗어나는 인간화의 모멘트다. 그것은 또한 '선한 것'과 '악한 것'을 판단하여 자신의 이미지를 구축하는 창조적 변신을 그 축軸으로 삼고 있다. 그리하여 이 이야기는 낙원으로부터의 축출이라기보다 오히려 '탈출', 그 '엑소더스exodus'로 읽어야 한다. 그것은 인류에게 있어서 자유의 획득인 동시에, 자연으로부터의 해방과 그 변신을 상징화한 이야기이기 때문이다. 이와 같은 해석에서 에덴 스토리는 일종의 인문학적 프레임에 의해서 포착된 인간 영혼의 진지한 변신의 모습, 그 과정이라고 볼 수 있다. 분석심리학자 프롬의 이야기와 상통한다.

동물의 진화가 한창 이루어지고 있었을 때, 아주 이상한 일이 일어났다. 갑작스러운 진화의 멈춤이었다. 이것은 너무나 특이한 일이어서, 물질이란 것이 세상에 처음 생겨나는 것이라든지, 생명체가 최초로 태어나는 것이라든지, 동물의 첫 출현과 같은 것에 비교될 만한 놀라운 사건이었다. 인류의 진화과정에서 이와 같은 사건이 일어난 것은 인간 행동이 더 이상 본능에 의해서만 결정되는 것이 아니라는 것을 뜻한다. 그때는 이미 인간이 구태여 자연에 적응하지 않아도 되는 때였다. 인간 행동이 자연이 전해 주는 것을 물려받는 기제를 따르지 않아도 되는 때였다. 그리하여 인간이라는 동물이 자연의 지배로부터 벗어나고, 피조물로서 자연의 원리에 묵묵히 순응하는 데서 벗어나는 때였다. 그리하여 생물학적으로 말하면, 어쩌면 피조물 가운데에서 가장 무력한 존재자로 태어난 인간이, 비로소 '인간'이라는 존재로서 재탄생하게 된 때였다. 그리고 이때, 이 동물은 직립자세를 취하면서 자연으로부터 자유롭게 되었고, 뇌가 영장류였을 때보다 훨씬 더 크게 발달했다. 이와 같은 질서에 따라 탄생한 인간은 수백만 년을 살아왔다. 그러나 중요한 것은, 인간은 이제 더 이상 자연의 지배만을 받지 않는, 그래서 스스로의 존재를 자각할 수 있는 새로운 종種의 탄생이 되었다는 것이다.[63]

프롬이 말하는 새로운 인간의 탄생은 참으로 위대한 영혼의 변신을 뜻한다. '스스로의 존재를 자각할 수 있는 새로운 종의 탄생'이라 했으니 더욱 그렇다. 이제 이 새로운 존재의 탄생, 곧 영혼의 새로운 변신은 '인간 행동이 더 이상 본능[원초적 충동]에 의해서만 결정되는 것이 아니라는 것'을 감히 뜻한다. 이 말은 이제 인간이 더 이상 자연적 순응에만 의존하지 않아도 된다는 뜻이기도 하면서, 더 이상 자연의 일부가 아니라는 뜻도 함의한다. 그리하여 인간은 이제 인간 자체의 세계를 만들게 되었다는 뜻도 포함된다. 프롬은 에덴 스토리를 통하여 자연의 지배에 묶여 있지만은 않는 새로운 인간의 종species을 탄생시킨 셈이다. 그러나 이 새로운 종의 탄생은 생물학이 아니라, 인문학에 의한 것이라는 데 더 큰 의미가 있다.

에덴 스토리에서 읽는 인간 영혼의 자유와 그 변신은 이제 생물학적 해석에서 인문학적 해석으로 그 틀을 바꿀 수 있게 되었다. 그리하여 인간 영혼의 욕구the appetite와 그 작동은 이제 '생물학적 균형항상성'만이 아니라, 사회문화적 균형을 찾는 인문학적·심리적·사회문화적, 그리고 정신 역학적 균형항상성을 뜻하는 정신역학적 균형[psychodynamic equilibrium]을 추구하는

---

63) Erich Fromm (1955), *The Sane Society*, 29-30.

쪽으로 확장될 수 있게 되었다. 그뿐만 아니라, 인간 영혼의 이 새로운 역力의 균형은 질료質料의 균형에서 형상形相의 균형으로 그 틀을 바꾼 변신을 의미하게도 되었다.

그러나 질료의 균형에서 형상의 균형으로 탈바꿈을 한 영혼의 날갯짓은 이러나저러나 균형을 유지하기 위한 것이니, 그것이 자연의 기류가 만들어내는 질료적 균형이든, 아니면 인문학이 만들어내는 논리적·형상적 균형이든, 그 변신의 원형만은 매한가지가 아니겠는가 싶다.

프롬이 읽은 '에덴 스토리'를 서사시인 존 밀턴John Milton도 읽었다. 밀턴 또한 에덴을 떠나는 최초의 인간 모습을 '영혼의 자유'라는 주제로 그의 「실낙원」에 그려냈다. 그는 인간 정신의 자유를 진정으로 구가한 인문주의자였다. 그는 그 방대한 분량의 「실낙원」 중간에 인류의 원조가 에덴을 떠나는 모습을 이렇게 애처롭게 묘사해 냈다.

여호와 하느님은 말했다. "그대들은 이 낙원을 떠나게 된 것을 슬퍼하지 말라. 그대들은 그대들 스스로의 낙원을 만들어 더욱 행복하게 살아라." … 그리하여 지선악수知善惡樹를 따 먹은 인류의 원조, 그들은 서로 손을 잡고 휘청거리는 걸음걸이로 천천히 에덴을 떠나 외로운 발길을 옮겼다.[64]

이 인문주의자에게 '자유'는 인간 영혼이 정화와 구원에 이르

---

64) John Milton (2000), *Paradise Lost*.

는 여정인 동시에, 그 목적지였다. 그러나 이 '자유'의 탄생 장면은 역사 흐름에서 크나큰 변고로 기록될 수밖에 없었다. 그도 그럴 것이, 그때 창조자는 자신이 꾸며놓은 낙원으로부터 자신의 피조물을 축출해야 했고, 또한 그 피조물은 자신의 창조자를 배신해야 했을 뿐 아니라, 그 결과 불복종의 죄명을 받아 낙원에서 추방을 당하지 않으면 안 되었으니 말이다. 하지만 이 장면은 떠나는 피조물에게 벌을 선언하고 동시에 복락을 약속했으니, 그것은 인류의 신화적 기원에만 기록될 수 있는 아이러니일 것이다. 하지만 이 역설적 장면은 밀턴과 같은 드높은 인본주의적 품격을 갖춘 사람만이 보여줄 수 있는 장면이 아닐 수 없을 것이다. 사실, 「실낙원」의 밑바탕에 깔려 있는 인본주의는 밀턴과 같은 한 시인의 글재주로 헤아린 인본주의라는 점에서 더없이 고귀해 보인다.

아닌 게 아니라, 밀턴의 서사시에서 인류의 원조는 '에덴을 떠나 그들 자신의 외로운 길'을 걷게 되었다. 그러나 그 길은, 마치 아풀레이우스의 <프시케 이야기>에서처럼, 인간이 자연적 속성을 벗어나 신의 품성에 가까운 자유를 얻게 되는 길이었다. 그리하여 그 길은 자유롭게 인간이 선善을 선택하고 악을 경계하는 신성divinity을 가지게 되었다는 것을 상징한다.

인간 영혼이 온갖 욕망으로부터 자유로워진다는 것은 틀림없이 인간 영혼이 누리는 진정한 자유의 한 모습일 것이다. 이 자유는 이제 인간이 에덴에 갇혀 있던 피조물이 아니라, 그가 구현하려고 하는 세상은 물론, 스스로 변신할 수 있는 에네르게이아를 가지게 된 그 자유일 것이다. 그리하여 이제 인류는 한편으로는 무의식적·생물학적 충동에서 발하는 힘을 다스리면서, 다른 한편으로는 육안으로는 보이지 않는 선악의 세계를 가릴 줄 알고, 그리하여 인간 영혼이 만들어내는 제2의 에덴을 창조할 수 있는 자유로운 존재가 된 것이다.[65] 그리고 이와 같은 인간 영혼의 자유가 어떤 양태를 보이느냐에 따라, 인류는 그것에 상응하는 진정한 자유의 역사를 기록하게도 될 것이다.

분석심리학과 인문학의 증언

정신의학자이면서 분석심리학자인 하딩Harding이 선언했다. 인간의 원초적 충동은 더 이상 생물학적 목적을 추구하는 것에 머물지 않게 되었다.[66] 그 대신 그것은 스스로 변신을 거듭하여 자신의 세계를 구축하는 쪽으로 그 힘의 균형을 잡을 줄 알게 되었다. 이와 같은 변신은 어쩌면 나비의 탈바꿈보다 더 장엄한 변신이 아닌가 싶다. 그런데 하딩은 인간의 원초적 충동이 어떻게 그럴싸한 인간 영혼으로 변신을 거듭하는가에 대하여 매우

---

65) M. Esther Harding (1973), *Psychic Energy: Its source and its transformation*, 3.

66) 하딩Harding은 런던대학교 의과대학에서 공부를 한 뒤, 독일 취리히에서 칼 구스타브 융과 함께 분석심리학을 바탕으로 하는 정신의학을 연구했다. 그 뒤 뉴욕에서 개업을 하고, 분석심리학 클럽과 미국분석심리의학회, 그리고 뉴욕융의학재단을 설립했다.

간결하게 서술했다.

하딩에 의하면, 인간 유기체의 행동은 중추신경계가 발달하기 전까지는 전적으로 원초적 충동의 지배를 받았다. 그리하여 중추신경계의 발달 초기에는 배고픔이라든가 그 밖에 생명의 유지에 관련된 행동이 거의 무의식적으로 일어났다. 그런 뒤, 무의식적 행동은 점차 사라지게 되고, 유기체는 서서히 음식물을 비롯하여 무엇인가를 선택하는 능력을 발휘하게 되었다. 자유의지의 출현인 반면, 생물학적·신경학적 반응의 감소였다.

그뿐만 아니라, 인간 영혼은 자유의지의 출현과 더불어 선악을 분별할 수 있게 되었다. 인간이 그 원초적 충동으로부터 그만큼 자유롭게 된 것이다. '정신적 요소'라고 할 수 있는 것이 인간에게 점차적으로 싹텄다. 원초적 충동은 이렇게 스스로 변신을 거듭하면서 정신적인 것으로 그 모습을 바꾸어 나갔다.[67] 인간 유기체의 발달사로 보면 탈脫 에덴의 시기가 아마도 이때였을 것이다. 하딩의 스승 융Jung은 이와 같은 현상을 가리켜 '원초적 충동의 심인화心因化[psychisation]', 곧 '영화靈化'라 불렀다.[68] 원초적 충동의 변신으로서 영혼의 재탄생이었다. 원초적 충동은 이제 '생물학적'이라거나, '본능적'이라는 용어 대신, '인격적personal'이라거나 '주체적subjective'이라는 용어로 그 특성이 서술되었다.

---

67) M. Esther Harding (1973), *Psychic Energy: Its source and its transformation*, 20.
68) Carl Jung (1960), *The Structure and Dynamics of the Psyche*, 115.

우리의 영혼은 언제부터인지 인격적이고 주체적인 안목으로 '나[I]'라는 존재를 인식하고, 세상을 또한 그렇게 볼 수 있게 되었다. 이뿐만 아니라, 선한 것과 악한 것을 가르고, 그 가운데 선한 것을 따르는 성숙된 자아, 곧 진정한 의미의 영혼의 힘을 갖게 되었다. 원초적 충동이 그만큼 인간화humanisation되었다.

　　'원초적 충동의 인간화[靈化]'는 중요한 의미를 갖는다. 칼 세이건Carl Sagan도 이 점을 깊이 깨달아, '원초적 충동의 인간화'야말로 영혼의 변신의 역사에서 가장 획기적인 모멘트라고 외쳤다. 천문학자로서 그가 본 영혼의 변신의 역사는, 그 넓고 긴 우주의 생성과 진화의 역사에 비추어 볼 때, 참으로 순간적이고 미세한 것에 불과했을지도 모른다. 하지만 그의 눈에 비친 영혼의 변신, 그 인간화는 우주의 자연적 진화에 견주어 보건대, 너무도 특이할 뿐만 아니라, 위대하기 이를 데 없는 것이었을 것이다. 그리하여 그는 자신이 쓴 「에덴의 용龍」에 이렇게 기록했다. "인류의 원조가 에덴에서 용龍들의 질서를 따라서 살아온 삶은, 그리고 그때 기껏해야 에덴에서 인류가 가지고 있던 무기로서 그 원초적 충동은, 지금의 인간화된 영혼의 신비로운 변신에 비교해 보면, 너무도 막연하고 보잘것없는 생물학적 현상에 불과한 것이었다."[69] 세이건은 그 은유의 옛 동산 에덴에서 이루어진 이 영혼의 변신 과정이, 비록 그가 만든 우주력의 맨 끝자락에 기록되는

---

69) Carl Sagan (1978), *The Dragons of Eden; Speculations on the evolution of human intelligence*, ch. 4.

최근의 역사라 할지라도, 그것은 참으로 위대하고 획기적인 것, 역사 기록에서 영원히 지울 수 없는 특기 사항이었다고 극찬했다.

그래서 우리는 「에덴의 용The Dragons of Eden」을 이렇게 읽어야 할 것 같다. 즉, '인류의 원조 아담과 이브는 에덴에서 선악을 알게 되는 열매를 따 먹지 않으면 안 되었다.'라고 말이다. 실낙원 이야기는 인류 진화의 출발이었다. 그것은 좁혀서 말하면 인간 지능의 냉엄한 진화였고, 넓혀서 말하면 원초적 충동의 인간화였다.

천문학자 세이건은 우주 캘린더 150억 년 가운데 에덴 역사의 최근 3-4백만 년은 우리 조상들이 야수와 식물과 완전히 뒤섞인, 자연과 일체가 된, 전설적 황금기였다고 본다.[70] 그러나 그 기간을 비록 '전설적 황금기'라고 할지라도, 당시 우리의 조상들에게는 안타깝게도, 지금 우리에게 익숙한 '지성知性'의 개념은 없었을 것이다. 그들의 삶은 지적知的 탐구의 결과에 의한 것이 아니라, 단지 자연의 흐름을 따르는 것뿐이었을 테니 말이다. 하지만 우리의 조상들이 처음에 가지고 있던 지적 능력은, 그것이 한때 아무리 유치한 것이었을지라도, 끊이지 않고 진화되었다는 것만은 확실하다. 그리하여 세이건에 의하면 우리 조상들의 지성이 진화를 거듭했다는 이유로도, 그리고 마침내 야수와 식물과 완전히 뒤섞여 살던 시대를 마감했다는 이유만으로도, '에덴의 역사 끝부분'은 충분히 '전설적 황금기'로 기록될 만한 것이라고 선언

---

70) 위와 같은 곳.

할 수 있다는 것이다. 아닌 게 아니라, 세이건은 그 '전설적 황금기', 에덴의 역사 마지막에 인류의 조상들이 신에 대한 배신을 무릅쓰고 신의 지식을 훔치면서 '실낙원'을 자초한 역사를 만들었다는 것에 박수를 치지 않을 수 없었을 것이다.

사실, 에덴의 용들이 선악의 열매를 훔친 뒤, 선과 악을 알게 된 역사는 인류 지성사에 큰 글씨로 기록되어야 할 일이다. 신의 지식을, 그것도 다른 지식이 아닌, 선과 악의 차이를 아는 지식을 획득하게 된 것은 그만큼 인류에게는 더없는 영광이었을 테니 말이다.

그런데 아마도 에덴의 신은 인류가 선과 악을 알게 된 것을 불행의 시작이라고 여겼을지도 모른다. 악惡을 알면 악의 유혹에 약하고, 선善을 알면 악이 선을 방해할 테니 말이다. 선과 악은 항상 서로 대립하여 투쟁하는 개념들이니, 신의 염려처럼, 그럴 수밖에 없었을지도 모른다.

에덴의 신은 분노했을 것이다. 인간이 자신의 지식, 선악을 판단하는 최상의 지식을 앗아간 사실에 대하여 말이다. 선악을 구별하는 지식은 원래 신의 것이었다. 그런데 그것은 지금 인간의 것이 된 것이 아닌가. 인간의 신격화deification인지, 신의 인간화incarnation인지 모르겠다. 그러나 그것으로 인간 영혼은 그만큼 변신의 영예를 얻게 되었다는 것, 그것만큼은 틀림없는 사실이었다.

그런데 세이건은 그의 우주 캘린더 작성을 마치면서 이제 막 인간화된 에덴의 용들에게 이렇게 주문했다. 새롭게 변신한 인류 영혼들이 그들의 새로운 세상에서 처음으로 새해를 시작했을 때다. 그의 주문은 이런 것이었다. 즉, '지구와 그 근처에서 일어나는 인류의 일들은 가늠할 수 없을 만큼 엄청난 것일 텐데, 그리고 위험한 것일 텐데, 그때가 되면 최대한의 과학적 슬기와 인간다운 감수성을 발휘하여 대처해 나가야 한다.'는 것이었다. 인류의 영혼이 그 원초적 충동은 물론, 미래의 지식과 지혜를 어디로 이끌어 갈 것인지에 대한 주문이었다. 에덴을 떠난 인간화된 영혼의 자유에 대한 염려였다.

세이건의 걱정대로 인류의 미래는 아직도 낙관적이지만은 않다. 그 가운데 인간화된 원초적 충동은 더욱 그렇다. 하지만 그럼에도 불구하고, 세월이 수없이 흐르는 동안 에덴의 용들이 가지고 온 그 원초적 충동은 지금 영예롭게도 '영혼'이라는 이름으로 불릴 만큼, 그 의미를 다듬고 또 다듬으면서 변신을 거듭하고 있다. 그뿐만 아니라, 인류 영혼은 더 이상 생물학적 질서에 묶여 있지 않아도 되기에 이르렀다. 그러나 그 생물학적 충동은 버려진 것은 아니다. 그것은 여전히 변신한 영혼의 고향, 그 기원이라는 사실도 틀림없다. 그것은 어차피 우리가 다듬어 간직해야 할 것이 된 셈이다. 그렇기 때문에 생물학적 충동, 그 원초적 충동에 관하여 우리는, 세이건의 염려와 함께, 보다 근원적이고 적극적인 이해를 해야 한다. 우리 자신을 위해서다.

아닌 게 아니라, 우리가 영혼의 변신 과정을 제대로 이해하려면, 우리는 먼저 영혼과 인간의 원초적 충동 사이가 서로 무관하지 않음을 인정해야 한다. 그리고 우리는 우리의 영혼이 그 원초적 충동에 매어 있지는 않지만, 그것은 처음부터 이 원초적 충동에 힘입어 성장하고 발달한다는 사실도 인정해야 한다. 원초적 충동은 영혼의 원형이고 모태라는 뜻에서 말이다.

원초적 충동에 대한 이와 같은 새로운 인식은 지금도 우리들에게는 참으로 관심거리다. 영혼의 모태, 그 원동력, 그 에덴의 용이 가지고 있던 그 본질에 관한 새로운 인식 말이다. 아닌 게 아니라, 에덴에서 탈출한 용들에 관한 관심은 분석심리학자들에게도 이만저만한 관심거리가 아니다. 우리는 그들 가운데 융Jung의 예리한 분석을 그냥 두고 갈 수는 없을 것이다.

융에 의하면, 인간의 원초적 충동은 아직도 무엇인가를 성취하려고 하는 충동을 일으킨다. 그런데 융은 이와 같은 충동을 3가지로 구분했다. 그 3가지는 행동을 통하여 무엇인가를 표현하려는 충동drive to activity[정서적인 것], 무엇인가에 대하여 성찰하고 숙고하려는 충동reflection urge[반성적인 것], 그리고 새로운 무엇인가를 창조하려는 충동creative instinct[창조적인 것]이다. 그러나 인간 영혼의 창조적 충동은 갑자기 생겨나는 것이 아니다. 그것은 우선 정서적 충동과 반성적 충동을 거치면서 이들에 힘입어 이루어질 수밖에 없을 테니 말이다. 그러므로 이 세 가지 충동은 구조적 관계를 가진다. 아닌 게 아니라, 창조적 충동은 우선 반성적 충동에 힘입어 일어난다. 이 두 가지 충동은 불가분의 관계를 가진다. 융은 이렇게 말한다.

풍부한 영적 감성과 그 본질적 특성은 우선 반성적 충동에 의해서 결정된다. … 그리고 이 반성적 충동에 의해서 우리의 감성은 순수하게 영적인 것으로 변형된다. … 비록 그 감성이 처음에 자연적 경험이라 할지라도 그것은 영적 감성으로 전환된다는 뜻이다. 좀 더 적극적으로 표현하면, 반성적 충동은 점차적으로, 그리고 마침내 문화적 본능cultural instinct으로 발전한다는 뜻이다. 그리하여 이 문화적 본능의 강도는 길들여지지 않은 자연적·원초적 충동에 맞서게 되고, 그때 그 파워가 얼마나 강하고 약한가에 따라 그 결과가 달라진다.[71]

이는 원초적 충동 가운데 융의 '반성적 충동'이 중점적으로 조명된 부분이다. 인간 영혼은 처음에, 융의 언어로, '정서적 충동'을 따라 감성적 표출을 한다. 아리스토텔레스에게 있어서는 감각적 안정감을 유지하려는 충동the sensitive이 이에 속한다. 그러나 원초적 충동은 그 수많은 활동의 결과들을 맹목적으로 쌓아 두려고 하지는 않는다. 또한 타성에 젖어 그렇게 학습된 결과에 변함없이 안주하려고 하지도 않는다. 그 대신 인간 영혼은 어떤 것이 보다 안정감이 있고, 어떤 것이 더 불안하고 위험한지를 선택하는 감성적 변화를 겪게 된다. 달리 말하면, 그 원초적 충동에 관하여 우리 영혼은 끊임없이 성찰省察을 하려고 한다. 융의 용어를 빌린다면, '성찰적 충동'이다. 융이 분석한 이 '성찰적 충동'이 없다면, 우리는 원초적 충동을 에덴의 상태 그대로 가지고 살

---

71) Carl Jung (1960), *The Structure and Dynamics of the Psyche*, 117.

수밖에 없을 것이다.

인간 영혼이 성찰적 충동에 의해서 에덴의 것에 얽매이지 않게 된다는 것은 영혼의 변신 과정에서 매우 중요하다. 성찰적 충동에 의해서 영혼은 다음 단계로의 변신을 준비할 수 있기 때문이다. 아닌 게 아니라, '성찰적 충동'을 거쳐 비로소 인간 영혼은 비정신적인 것the nonpsychic에서 정신적인 것the psychic으로 변신을 한다.

그런데 참으로 흥미로운 것은 융의 3가지 충동설과 그들 사이의 구조를 잠시나마 반추해 보면, 우리는 그것을 맹자의 심성론心性論에서도 충분히 읽어낼 수 있다는 것이다. 융의 3가지 충동설은 유학에서 칠정七情과 사단四端과 사덕四德이라는 삼단三段으로 구성되는 심성론의 복사판이라 할 만큼, 그렇게 유사한 구조를 가지고 있다는 뜻에서다. 융의 3가지 충동설과 이에 유사한 유학의 심성론의 구조를 병치竝置시켜 보면 이렇다. 우선 융의 정서적 충동은 「예기」의 칠정[喜怒哀懼愛惡欲]과 유사하고, 그의 성찰적 충동은 「맹자」의 사단[측은지심惻隱之心, 수오지심羞惡之心, 사양지심辭讓之心, 시비지심是非之心]과 유사하고, 그의 창조적 충동은 다시 사덕[인의예지仁義禮智]을 만들어내는 사단에 가히 견줄 만하지 않는가.

더욱이 흥미롭게도 융의 3가지 충동설과 유학의 심성론은, 그 이해의 측면에서 보면 상호 보완적일 수도 있다. 즉, 한쪽에 관한 이해의 어려움은 다른 쪽에서의 이해에 의해서 더 명확하고 용이해진다는 뜻이다. 그러나 그 '다른 쪽'의 혜택을 보다 많이 받고 있는 쪽은 여기에서는 아무래도 유학 쪽이 아닐까 싶다. 그것은 융의 것이 설명적 구조로 형성된 것이어서 이해의 용이성이 그만큼 뛰어나기 때문이다. 그러나 맹자의 것은 인간 심성心性의 본질을 신중히 밝히고 있다는 점에서 그만큼 위로를 받을 수 있을 것이다.

하지만 이 두 가지 이론들에서 우리가 찾는 것은 이들의 공통적 특징이다. 우리가 이 두 가지 이론에서 읽어낼 수 있는 공통적 특징은, 이들이 보여주고 있는 인간 영혼의 변신 과정이 마치 사다리를 타고 아래에서부터 위로 올라가는[upwards] 모형을 취하고 있다는 사실이다. 즉, 가시적·사실적인 것에서 비가시적·추상적인 세계로, 또는 구체적·생물학적인 것에서 정신적·윤리적인 가치의 세계를 향한 그 신비로운 승화昇華의 형식을 취하고 있다는 것이다.

융의 분석심리학과 유학에서 인간 영혼의 변신 과정은 밑에서부터 위로 올라가는 상향식 구조로 되어 있다. 이 구조를 잘 이해하면, 우리는 다른 이론에서보다 훨씬 명료하게 인간 영혼의 변신 과정을 짜임새 있게 조람할 수 있을 것이다. 이 점에서 유학儒學은, 융의 설도 그렇지만, 칠정의 욕구와 정서가 사단과 같은 성찰을 거쳐 사덕의 세계를 만들어내는 인간 영혼의 역동성을 절묘하게 포착해 냈다고 볼 수 있다. 이 점에서 유학은 아직도 인문학의 압권壓卷이다.

인간의 성정性情으로서 칠정이 사단의 단계에서 성찰의 과정을 거친 뒤, 또 다른 단계인 사덕의 과정에 오른다는 이 기막힌 인식론적 승화에 관한 아이디어는 영혼의 세계를 갈파한 유학의 꽃이라 아니 할 수 없을 것이다. 이뿐만 아니라, 맹자에 의해서 정리된 이 아이디어는, 흔히 사덕과 같은 영혼의 덕이 마치 하늘에서 내려온 것으로 가정하는 하향식[downwards] 설명 방식을 취하는 난-센스를 바로잡아 주는 전범典範이 될 수 있다는 점에서도 그 의미의 중요성이 자못 비할 데 없어 보인다. 아닌 게 아니라, 유학의 심성론은 성리학처럼 이理가 기氣를 지배한다는 이중심설理中心說이 아니다. 그런 것이 아니라, 유학의 심성론은, 역으로, 우리의 삶의 실제가 그렇듯이, 오히려 기氣가 이理를 낳는다고 생각하는 기중심설氣中心說을 뒷받침하고 있다는 점에서 그 의의가 실로 크다고 할 수 있다. 이 말은 인간 영혼이, 아무리 고매한 지경[至善]에 이른다 하더라도, 그것은 원래 원초적 충동과 같은 소박한 단계에서 출발한다는 것을 간과하지 말아야 한다는 뜻을 함축한다. 이와 같은 점을 정신의학자이고 분석심리학자인 하딩은, '원초적 충동의 에너지가 생물학적인 것으로부터 영적인 것으로 옮겨 간다.'고 간명하게 표현했다.72)

맹자의 경우에서처럼, 창조적 충동이 만들어내는 사덕은 하늘이 정해 놓은 것이 아니라, 사단에 의하여 만들어지는 것이다. 또한 그것은, 융의 경우에서처럼, 성찰적 충동을 거쳐 추상되는

---

72) M. Esther Harding (1973), *Psychic Energy: Its source and its transformation*, 25.

이미지의 세계다. 영혼의 변신 과정에 관한 이와 같은 이해 방식은 우리가 인간 영혼의 변신 과정을 올바로 이해하는 데 요구되는 인문학적 관건이다.

융의 제자 하딩은 「영적 에너지」에서 스승인 융의 아이디어를 고스란히 이어받았다. 영혼의 변신 과정이나 그 구조에 관한 한 하딩의 분석심리학과 유학의 심성론은 서로 충돌을 일으키지 않는다. 예컨대, 하딩에게 있어서 영혼은 인간의 원초적 충동, 즉 식욕이나 애욕과 같은 생물학적 쾌락을 충족시키는 단계를 거쳐, 정서적 균형을 성취하는 방향으로 변신을 한다. 또한 자기 방어적 충동은 집단적 생업제도를 만든다든지 공동선共同善을 추구하는 사회적 관계를 유지하는 제도로 변신을 하며, 식욕을 충족하려는 욕구는 높디높은 인간애와 우정으로 승화되는 방식으로 설명된다. 즉, 타자의 것까지 탈취하고 탐욕을 부리던 욕구가 정신적·도덕적 힘의 다스림 속에 들어가 동료애를 발휘하는 쪽으로 변형된다는 설명이다.[73] 결국, 우리의 영혼은 에덴의 원초적 충동에서 벗어나 잘 다듬어진 향연饗宴이나 예禮를 따르는 의식rituals으로 변신을 한다는 것이 하딩의 생각이다. 이와 같은 영혼의 변신 프레임은 칠정의 혼돈스러운 욕구에서, 예컨대 사양지심辭讓之心이 발하고, 그 성찰의 결과로 예禮의 덕을 창안해 낸다는 유학의 심성론을 진실로 닮았다.

에덴의 탈출에서 얻어낸 영혼의 자유는 인간 영혼이 신화나

---

73) M. Esther Harding (1973), *Psychic Energy: Its source and its transformation*, 22.

생물학적인 한계에 갇혀 있지 않고 그것으로부터 벗어남을 의미한다. 우리는 이제 우리의 영혼이 신화는 물론, 생물학적인 한계에 갇혀 있다고 생각하지 않게 된 셈이다. '영혼의 자유'와 그 '변신'의 개념에 터해서다. 이 '자유'와 '변신'의 개념으로 우리는 우리 영혼의 진정한 모습을 다시 보게 되는 것이다.

III

영혼의 정화와 변신

제6장

정화의 샘, 철학

인류의 영혼은 변신을 거듭하면서 보다 높은 세상을 향해 날 갯짓을 펼친다. 그 날갯짓의 모형은 참으로 여러 가지다. 디오니 시안 감성과 아폴로니안 이성이 발하는 열정과 절제, 그리고 이 들 사이의 그 배척과 화합이 그 날갯짓의 유형들이다. 음陰과 양 陽의 몸짓, 기氣와 이理의 대립과 조화는 또 다른 유형들이다.

디오니시안 노래와 춤으로 발하는 영혼의 열정과 그 리듬은 아름답다. 그러나 인류 영혼은 디오니시안 문화의 결핍을 채우기 위해 아직도 변신의 과정을 더 필요로 했다. 그 변신의 날갯짓은 기존의 문화를 정화하고, 그 문화의 주체로서 영혼을 스스로 다 듬는 일이었다.

정화와 자유학예

영혼의 변신은 영혼의 운명이다. 그 변신이 없다면 인류 영혼은 삶에서 야만과 문명을 가르는 일도, 야만을 등지고 문명을 향하는 그 힘찬 발걸음도 내딛지 못했을 것이다. 아니, 인류 영혼은 영원히 야만이었을 것이다. 만약 그랬다면, 인류 영혼은 지금도 야생 포유류와 함께 그저 생사生死에 관련된 충동을 공유하고 있을 것이다. 그러나 다른 생물학적 종種의 경우와 달리, 인간 영혼은 지금도 변신을 거듭하고 있지 않는가. 그리고 앞으로도 그럴 것이 아닌가. 비록 그 모습이 어떤 것이 될지는 아직 아무것도 결정된 것이 없을지라도 말이다.

인류 영혼은 '아름답고 선한 것'을 추구하기 위하여 무엇인가 결핍되어 있는 것, 불완전한 것, 거짓된 것, 그래서 마음에 들지 않는 것을 극복하여 왔다. 변신의 과정에 관련된 맥락들이다. 그런데 그 변신의 과정에서 거쳐야 할 것은 무엇인가?

인류 영혼은 변신을 위하여 신의 계단에 오른다. 그러나 그러기에 앞서 그것은 스스로를 정화catharsis하지 않으면 안 된다. 정화는 변신의 논리적 전제였다. 변신은 영혼에 배어 있는 온갖 헛된 욕정과 염원을 씻고, 스스로를 다듬은 결과이다. 인간 영혼이 정화를 하지 않으면 그것은 지나친 욕정에 빠지고, 그리하여 선의지善意志를 잃고, 실제에 관한 오인誤認으로 생각의 오류를 범하며, 그 결과 불행의 나락에 떨어진다. 정화는 영혼의 운명이다.

그런데 인간 영혼이 욕정의 지배에서 벗어나 자유롭게 되면 어떻게 되는가. 헬라스인들은 그렇게 되면, 인간 영혼은 이성의 길을 따를 수 있게 된다고 생각했다. 영혼이 정화에 들면 유혹에 휩쓸리지 않고 이성의 길을 따르게 되고, 그 결과로 잘못된 길로 빠지지 않는다는 것이다.

　지금도 아테네의 아고라에는 영혼을 정화하는 '정화의 집'이 있다. 또한 아테네의 북쪽 파르나소스산 중턱, 델포이의 아폴론 신전으로 올라가는 길가, 오른쪽에는 '정화의 샘'이 있다. 신탁소神託所에 오르기 위해서는 잠시라도 그곳에서 솟는 샘물로 욕정을 씻어 영혼을 먼저 정화해야 했다. 영혼의 정화는 더러워진 몸을 씻듯이, 그동안 욕정으로 잠시나마 더럽혀진 영혼을 씻는 의식이었다.

델피의 아폴론 신전에 오르는 길, 오른쪽 길가 석주石柱가
서 있는 곳에 정화수 터가 있다.

더럽혀진 영혼을 씻는 것을 '정화淨化'라 한다. 소크라테스의 대화들을 잘 읽어보면, 우리는 거기에서 그의 대화가 영혼의 정화로 일관되어 있음을 어렵지 않게 알아차릴 수 있다. 그가 아테네의 시민들과 나눈 대화의 한 가닥만 살펴보아도, 그것은 대부분 영혼의 정화에 관련된 내용으로 연결되어 있다. 그가 독배를 마시기에 앞서 대중에게 행한 변명도 그렇거니와, 아고라에 나가 정의롭지 못한 정치인들의 잘못된 생각을 들추어내는 일, 사고의 논리적 오류에 빠져 있던 소피스트들을 나무랄 때, 그가 한 말들이 모두 그와 같은 경우에 속한다. 진실로 우리는, 그가 펼친 대화의 마디마디에서, 그의 삶 전체가 수많은 영혼들의 오욕汚辱이 빚어낸 잘못된 인식과 판단과 생각을 씻어내는 데 헌정되어 있음을 읽어낼 수 있을 것이다. 그가 펼친 대화, 그의 철학은 사실 영혼을 위한 '정화의 샘물'이었다. 그러나 이 '정화의 샘물'은 결국 '이성의 흐름'을 두고 하는 말이었다.

소크라테스는 누구보다도 정치인들이 이성理性을 잘못 사용하여 생각의 논리적 질서를 어지럽히고 있을 때 이를 지적함으로써, 그들의 생각과 행동이 얼마나 올바른 이성의 길에서 벗어나 있는지를 깨우쳤다. 소크라테스는 정치인들의 언행이 논리적 사유의 법칙을 거스르지 않도록 하는 것은, 그리하여 그들의 영혼을 정화시키는 것은, 소크라테스 그 자신의 생애에 걸친 과업이라고 생각했다. 이러한 일은 아테네의 양심 없는 정치인들을 위한 것이었지만, 이와 함께 이성적인 것보다 감성적인 것에 매달린 소피스트들의 영혼을 정화시키기 위한 것이기도 했다. 소크라테스의 제자 플라톤이 쓴 「대화편」들이 이 사실을 입증한다. 「고르기아스」, 「프로타고라스」, 「소피스트」, 「메노」, 「파이드로스」, 「파르메니데스」, 「유티프로」, …, 그리고 이 밖에 우리에게 다소 낯선 이름들이 모두 소피스트들의 이름들이다. 이 이름들이 플라톤의 「대화편」을 구성하는 각 편의 제목들이다. 이 제목들 밑에서 소크라테스가 이 제목들의 이름을 가진 소피스트들을 초대하여 그들의 영혼을 정화한다. 흥미로운 일이다. 플라톤은 스승 소크라테스를 이들 대화편 속으로 데려오고, 거기에서 소크라테스는 소피스트들이 저지르는 사고의 논리적 오류를 여지없이 골라냈다. 그리고 그때마다 그것에 '너 자신을 알라.'라는 훈계를 덧붙였다.

너 자신을 알라.

델포이의 아폴론 신전에 새겨 있던 경구, '너 자신을 알라.'는 소크라테스가 지은 것은 아니었다. 하지만 그것은 소크라테스가 플라톤의 대화편에서 소피스트들이 논리적 모순을 저지를 때, 그들의 무지無知를 자각시키면서 사용한 것이었다. 이 경구는 '너의 주장에 모순이 있으니, 그것을 깨달아라.'라든지, '너는 무엇인가를 알고 있다고 믿는데, 그 믿음은 잘못된 것'이라는 것을 일러주는 것이었다. 이 경구, 곧 '너 자신을 알라.'는 결국 상대방으로 하여금 지적 겸손에 이르게 하는 것, 곧 지적 오만을 씻어내도록 하는 영혼의 정화 의식儀式에 사용된 주문呪文과 다름 없었다.

우리는 영혼의 정화를 위해 일생을 보낸 철학자 소크라테스가 그 '영혼의 정화'를 어떤 의미로 이해했는지, 한층 더 깊이 헤아려야 한다. 그런데 이 헤아림은 무엇보다도, 직접적이든 간접적이든, 소크라테스의 마지막 순간을 목격함으로써 보다 효과적으로 이루어질 수 있을 것이다. 소크라테스는 아테네의 정치적 소용돌이 속에서, 정화되지 못한 정치인들에 의하여 유죄 판결을 받았다. 아테네에서 가장 잘 정화된 영혼이, 정화되지 못한 영혼들의 집단에 의해서 심판을 받은 것이다. 이와 같은 일은 예나 지금이나 어렵지 않게 여기저기에서 볼 수 있는 괴이한 일이다. 플라톤은 소크라테스 최후의 순간을 목격하지는 못했다. 그는 그 순간에 대하여 파이돈으로부터 들었을 뿐이다. 그러나 그는 그 내용을 「파이돈」에 상세하게 옮겨놓았다. 그것은 소크라테스가 이승에서 제자들을 가르치는 마지막 광경이기도 했다.

소크라테스 최후의 순간, 그의 주위에는 평소에 그를 따르던 제자들이 둘러 서 있었다. 시미아스Simmias와 케베스Cebes도 있었다. 이들은 소크라테스가 감옥에 갇힌 뒤, 스승을 방문하기 위해 매일 새벽, 법정의 문이 열릴 때까지 그 문 앞에서 기다렸던 사람들이다. 그리고 그 문이 열리면 평소에 하던 것처럼 하루 종일 소크라테스와 함께 있었던 사람들이었다.

최후의 순간에 이른 그 절박한 순간에도, 소크라테스는 여느 때와 다름없이, 이성의 신 아폴론을 찬미했다. 그날 독배를 마셔야 하는데도 그는 매우 행복해 보였다. 죽음 앞에서도 행복해 보이는 스승 소크라테스에게 제자 시미아스가 물었다. 인간이 죽으면 어떻게 되느냐고. 시미아스는 스승이 그 죽음 뒤에 있을 그 무엇인가를 응시하면서 행복한 표정을 짓고 있는 듯했기 때문이었다.

소크라테스는 언제부터인가 꿈에서 들려오는 소리가 있었다고 했다. "소크라테스여, 학문the arts을 실천[praxis]에 옮기고, 그렇게 하기 위해서 마음을 닦아라."라는 것이었다고 했다.[1] 그런데 '학문을 하는 것'과 '마음을 닦는 것'은 어떤 관계가 있는가? '학문'은 '지혜를 사랑하는 것', 곧 필로소피아philosophia였다. 그것은 우리말로 '철학'이었다. '철학을 하는 것'은 '영혼을 정화하는 것'과 다른 것이 아니었다.

---

1) Plato (1996), Phaedo, 60e.

아닌 게 아니라, 소크라테스에게 있어서 '철학을 한다.'는 것은 단순히 철학적 문장을 이해하거나, 특정 사상에 편을 드는 것이 아니었다. 그에게 있어서 '철학하기[practicing the arts]'는 실천[practice] 속에서 이루어지는 영혼의 활동, 곧 '영혼의 정화'와 다른 것이 아니었다. 아닌 게 아니라, '정화'는 '실천' 속에서 이루어지는 것이었다.

소크라테스에게 있어서 영혼을 정화하는 한 가지는 언어의 논리를 따라 생각하기를 올바로 전개해 나가는 활동이었다. 언어의 논리는 사고의 논리를 따르는 것과 다른 것이 아니었다. 사고의 논리를 순수하게 따르는 것은 지적 겸손[소프로쉬네]을 실천하는 것이었고, 그것은 곧 영혼을 정화하는 활동의 한 가지였다. 그리하여 소크라테스는 늘 철학을 했고, 그 결과 영혼이 그만큼 정화되었다. 소크라테스에게 있어서 철학하기는 자기 자신을 위한 것이든, 아고라에 모인 무지한 군중들을 위한 것이든, 영혼의 정화를 위한 것이었고, 그것은 그에게 참으로 즐거운 일이었다. 그렇다. 오늘날이나 예나 다름없이, 길거리에서 볼 수 있는 특정 이념과 편견을 씻어내고, 스스로 논리적 질서에 들어가 그것을 겸손하게 따름으로써, 영혼이 맑아지는 것은 참으로 즐거운 일이 아닐 수 없다. '사람은 죽는다.'라는 대전제와 '소크라테스는 사람이다.'라는 소전제가 주어진다면, 어찌 '소크라테스는 죽는다.'는 결론을 인위적으로 부정할 수 있겠는가. 이 논리 형식이 진리로 존재하는 한, 소크라테스의 죽음은 '자연스럽다'고 하기에 앞서 우선 '논리적'이었다. 이와 같은 경우라면, 소크라테스의 '죽음'은 오히려 '논리적 질서'의 아름다움에 들었다고 해도 아무런 어색함이 없을 것이다.

우리가 논리적 흐름을 아름답다고 말하는 것은 이 논리적 질서에 인위와 허위가 끼어들 수 없다는 그 순수함의 미학 때문일 것이다. 그렇기 때문에 일생 동안 철학에 헌신한 사람이 죽음에 이르러 불행한 표정을 짓지 아니한 것은 이 논리적 질서의 아름다움 때문이 아니었는가 싶다. 그렇다, 논리적 질서는 오만과 편견에 찌든 영혼의 추함까지 씻기니, 이 논리적 씻김은 영혼의 정화치고는 제일이 아닌가 싶다. 죽음 앞에서도 소크라테스가 행복해 보였던 것은 그의 영혼이 이 논리적 질서의 아름다움 속에 이미 들어가 있었기 때문이었을 것이다. 소크라테스의 영혼은 이미 논리적 질서에 의한 씻김으로 충분히 정화되어 있었고, 그래서 그의 영혼에 묻을 수 있는 생명에 대한 애착이나 욕망도 이미 씻기어 사라져 있었을 것이다.

정화와 영혼의 자유

영혼이 정화된다는 것은 영혼이 자유롭게 된다는 말과 다르지 않다. 영혼이 자유롭게 된다는 것은 진리와 아름다움과 선함을 나누는 데sharing 장애가 되는 것으로부터 벗어난다는 뜻이다. 더 나아가, 영혼이 자유롭게 된다는 것은, 마치 불경의 「반야심경般若心經」이 그렇게 가르치듯이, 그리고 소크라테스에게 있어서도 그렇듯이, 영혼이 육신의 세계[色]와 온갖 감각과 인식[受想行識]이 빚어내는 전도顚倒된 몽상夢想의 세계를 벗어나[遠離] 영혼 자체의 순수함으로 사물을 관조할 수 있게 되는 것을 뜻한다.

영어 'purgation'으로도 번역되는 '정화'는 오욕汚辱으로 인하여 세상과 인간과 사물에 대한 인식이 잘못될 때, 그 잘못된 인식의 흔적을 씻어내는 영혼의 자성적自省的 활동을 일컫는다. 또한 '정화'는 왜곡된 인식으로 더럽혀진 영혼과, 이로 인하여 발생하는 괴롭고 두렵고 슬픈 감정까지도 씻어내는 것을 일컫는다. 정화는, 헬라스 사람들이 그랬지만, 비교秘敎에 입문할 때 거치는 의식이기도 했다.

소크라테스는 영혼이 정화되려면, 그것이 우선 육신으로부터 분리되어야 한다고 했다. 그렇게 됨으로써 영혼이 육신의 방해를 받지 않게 된다고 생각했다. 그렇다면 영혼의 완벽한 정화는 영혼이 육신으로부터 완전히 분리될 때일 것이다. 그런데 독배를 마시기 전, 소크라테스에게 있어서 영혼의 정화는 이미 이 모든 과정의 맨 마지막 단계에 다가와 있었다. 완전한 '정화'는 결국 '죽음'에 이르러 완성되는 것일지도 모른다.[2]

소크라테스는 죽음의 의미를 물은 제자 시미아스에게 말했다. 만약 어떤 사람이 영혼의 정화에 드는 훈련을 받았는데, 그리고 그가 죽음에 가장 가까이 이르렀는데, 죽음을 두려워한다면, 그것

---

2) Plato (1996), Phaedo, 67d.

은 참으로 우스꽝스러운, 또한 철학자답지 않은 일이 아니겠느냐고 했다.3) 소크라테스에게 있어서 철학자들은 영혼의 자유를 갈구하는 사람들이고, 그 자유를 얻기 위하여 그토록 진지하게 육신의 지배에서 영혼이 벗어나는 훈련을 받은 사람들이었다. 그렇기 때문에, 철학자들이 전 생애를 통하여 갈고 닦은 그 철학적 수행이 끝날 즈음, 그들이 갈망하던 곳을 향하여 나아갈 수 있다는 것은, 오히려 행복한 일이 아니냐는 것이었다. 더욱이 죽음 뒤에는, 그들이 일생 동안 갈망해 왔던 것과 같이, 지혜를 더욱 자유롭게 발휘할 수 있게 될 것이니, 그 또한 즐거운 일이 아니겠느냐는 것이었다.4) 그럼에도 불구하고, 우리가 죽음을 두려워한다면, 그것은 지혜를 사랑하는 사람이 아니라, 오히려 두고 가야 할 그 육신을 사랑하는 사람에 불과하지 않겠느냐는 것이었다.

소크라테스는 다시 시미아스와 케베스에게 말했다. "죽음은 영혼이 자유롭게 되는 일이 아니겠느냐? 그렇기 때문에 내가 아무런 슬픔이나 비통함이 없이, 이 지상의 통치자들과 여러분들을 떠나는 것은 매우 자연스러운 일이 아니겠느냐? 더욱이 이 세상을 떠난 뒤, 저승에 가서 훌륭한 통치자와 친구들을 만날 수 있으니, 어찌 비통에 젖어 있을 수 있겠느냐."5) 하지만 소크라테스의 이 말은 죽음에 대한 찬가라기보다 오히려 영혼의 본질과 그 정화에 관한 꾸밈없는 신념의 재확인이었다.

---

3) Plato (1996), Phaedo, 67d-e.
4) Plato (1996), Phaedo, 68a.
5) Plato (1996), Phaedo, 69e.

영혼의 본질로서 정화가 어떤 것인지는 소크라테스가 시미아스에게 들려준 이야기 속에 이렇게 함축되어 있다. 그가 들려준 이야기를 다시 살펴보면, 그것은 이와 같았다. 즉, 우리의 영혼이 정화되면 그것은 이성의 힘을 얻어 참된 것the true과 신적인 것 the divine을 볼 수 있게 되고, 그리하여 본래 가지고 태어나는 갖가지 욕정으로부터 자유로워지며, 그때 우리의 영혼은 육신이 주는 온갖 어려움을 이겨낼 수 있게 된다는 것이었다. 또한, 정화된 영혼에 장애가 되는 육신이 어느 날 바람에 불리어 흩어지고, 어디론가 사라져 존재하지 않게 된다 하여도, 그것을 두려워할 아무런 근거가 없다는 것이었다.6)

죽음을 두려워하지 않는 것은 철학자들 특유의 삶이었다. 헬라스의 철학자들뿐만 아니라, 정화된 모든 영혼들 또한 그와 같은 삶을 살았을 것이다. 소크라테스의 삶에서 자주 마주치는 '자제력'이나 '절제의 덕temperance' 또한 헬라스 철학자들의 정화된 영혼에 깊숙이 깔려 있었을 것이다.

소크라테스는 다시 시미아스에게 이렇게 일러주었다. 철학자가 아닌 사람들이 말하는 '용기'와, 철학자들이 수행을 통하여 닦은 '용기'를 혼용하지 말라는 것이었다. 세상에는 두려움과 공포를 이기고, 쾌락이나 부의 획득을 위하여 '용기'를 발휘하는 사람들도 있지만, 철학자들의 '용기'는 그와 같은 정서나 이익 때문에 발휘되는 것이 아니라는 것이었다. 물론, '겸손'이나 '절제'도, 정

---

6) Plato (1996), Phaedo, 84a-b.

화된 영혼이 사용할 때와, 그렇지 않은 영혼이 사용할 때, 거기에는 큰 차이가 있을 수밖에 없을 것이다.

진정한 의미의 '겸손'과 '절제'는 모두 철학자들이 영혼의 정화를 통하여 얻게 되는 고귀한 덕들이다. 수행과 정화를 통하여 다듬어지지 않은 영혼은 진정한 의미의 덕을 발휘할 수도, 그리하여 제대로 된 변신을 할 수도 없을 것이다. 인간 영혼은 진정한 의미의 덕을 얻기 위해 이처럼 정화의 과정을 거쳐야 하니, 결국 영혼이 덕을 얻어 변신을 하는 것은 정화의 과정 그 자체와 다른 것이 아니라는 말이 된다. 영혼의 수행과 정화에 관한 이 이야기는 소크라테스가 일생을 통하여 그려낸 정화된 영혼의 한 단면이라고 할 수 있을 것이다.[7]

소크라테스에게 있어서 영혼이 정화된다는 것은 불가에서 수행을 통하여 적멸寂滅에 드는 것과 흡사하다 할 것이다. 거기에서 우리가 적멸에 든다는 것은 우리의 마음이 감각적[육신적]인 것에 얽매이지 않아 잘못된 판단을 하지 않게 됨으로써 순수 인식에 이르게 되는 것을 뜻하니 말이다.

우리가 적멸에 든다는 것은 모든 감성적 판단의 오류와 정서적 욕망이 사라져, 더 이상 감성의 동요가 일어나지 않는 마음의 상태를 일컫는 것이니, 우리의 영혼이 죽음에 이르기까지는 그와 같은 상태에 이르기가 사실적으로 불가능할지도 모른다. 그럼에도 불구하고, 수행심이 깊은 수도승들이 심산深山에 들어가 고요

---

7) Plato (1996), Phaedo, 69b-c.

함[寂滅]에 드는 것은, 비록 불완전하기는 하지만, 그런대로 적멸에 가까이 가기 위한 것일 것이다. 사실, 적멸에 든다는 것은 궁극적 의미에서 죽음에 든다는 것과 다르지 않으니, 죽음만큼 영혼이 육신의 방해로부터 완전하게 벗어나는 경우는 또 없을 것이다. 어떻든 우리가 적멸에 든다는 것은, 우리의 영혼이 정화를 통하여 육신의 방해, 즉 욕구나 쾌락과 같은 육신의 욕정을 씻어내어 순수하게 된다는 것을 의미한다.

신화시대의 신들이 진흙으로 인간의 모상을 빚고, 그것에 입김을 불어넣을 때, 그 입김은 결국 '영혼'을 상징하는 것이었다. 그리고 그것은 육신과 구별되는 정신적 에너지의 내림의식, 곧 강신례降神禮의 일종이었다. 하지만 처음에 내림받은 그 정신 에너지는, 인간이 무엇인가를 갈구하는 그 소망의 상징이었을 것이다. 그러나 이와 같은 영혼의 상징체계는 우리가 그 정신 에너지를 선善의 잣대 위에 올려놓고 저울질하기 훨씬 이전의 이야기들이었다.

어쩌다가 신화에 등장하게 된 신들gods이 모두 선한 존재가 아니었듯, 영혼을 둘러싼 모든 덕들 또한 선한 것은 아니었다. 이는 인간 육신에 불어넣은 입김이 모두 선한 것도 아니고, 그렇다고 그것이 모두 악한 것도 아니라는 말과 같다. 아닌 게 아니라, '용기'가 때로는 부富의 획득이 되고, 또 때로는 쾌락을 위한 힘이 된다면, 그것을 어떻게 본질적으로 선하다고 할 수 있겠는가. 그래서 그랬을 것이다. 소크라테스가 '용기'의 정의에 도덕적 관념을 불어넣은 것은 말이다. 그가 우리에게 '용기' 있는 사람이 되기 위해서는 먼저 영혼의 정화, 그것도 선을 향한 수행을 필요로 한다고 한 것도, 이렇게 '용기'에 도덕적 관념을 불어넣기 위한 것이었다.

영혼이 정화되지 아니하면, 육신의 방해를 받고, 육신의 방해를 받아 지혜를 얻지 못하면, 올바른 판단을 할 수 없으니, 영혼이 참으로 선한 데에 이르기 위해서는 정화의 과정을 거치지 않으면 안 되었다. 소크라테스에게 있어서 영혼의 정화는 영혼이 아름답게 되어 선한 곳에 이르는 길이었다.

소크라테스는 시미아스에게 다시 말했다. 이승에서 수행이 부족한 사람은 그 영혼이 정화되지 않아, 이 세상에서는 물론, 다음 세상에서도 진흙탕 속을 헤매는 꼴이 된다고 말이다. 물론, 영혼이 정화된 사람은 이성으로 구비된 영혼을 가지고 아름다움과 참됨과 선함을 사랑하는 삶을 살게 될 것이라고도 했다. 그와 같은 영혼만이 선한 신들의 세계에서 선한 신성divinity을 가지고 그들과 함께 살아가는 영혼이 된다는 것이었다.

영혼을 정화하는 방법은 여러 가지다. 지난날 우리의 조상들은 가정의 복을 빌기 위하여 먼저 목욕재계하고, 어딘가를 향해 정화수를 떠 올렸다. 그리스 델포이의 아폴론 신전에 오를 때도 그랬다. 아폴론 신전의 무녀 피티아Pythia를 찾아가 신탁을 걸기 위해서는, 마음이 우선 정화되어야 했고, 그러기 위해서는 신전에 오르는 길가 샘물에 몸도 씻고 마음도 씻어야 했다. 그러나 소크라테스나 헬라스의 철인들에게 있어서 영혼의 정화는 단순히 몸을 깨끗이 하고 가지런한 마음을 갖는 것만이 아니었다. 그것보다 그들에게 있어서 영혼의 정화는 영혼이 헛된 욕정의 지배에서 벗어나고, 잘못된 판단과 사고의 오류에 빠지지 않게 되는 것, 곧 영혼이 자유롭게 되는 것이었다.

소크라테스에게 있어서 정화의 방법은 '대화법', 곧 디알렉티케 dialektike였다. 하지만 이 디알렉티케는 우선 언어의 논리를 따르는 것이었다. 그런데 그것이 생겨난 것은 사실 우연이었다. 그것은 아고라의 민중이, 그리고 소피스트들은 물론, 자질을 갖추지 못한 정치인들이 보여주는 잘못된 생각과, 갖가지 탈 논리적 주장을 치유하는 실천적 과정에서 자연스럽게 생겨났던 것이다.

생각의 흐름이 논리를 이탈하여 잘못된 판단을 하는 현상은 소크라테스 당시의 일상적인 삶과 학문과 정치 사회에서 흔히 발생하는 치명적 문제였다. 정치인들의 생각이나 소피스트들의 수사학[rethorike]이 이성理性이 이끄는 논리를 벗어나 판단의 오류를 범하는 것을 처음으로 가장 민감하게 깨닫고, 이를 개탄한 사람은 인류 역사에서 분명 소크라테스일 것이다. 그는 자신의 생애를 이 문제에 바친 뒤, 결국 이 문제에 연루되어 독배를 마신 사람이 되었다.

그뿐만 아니라, 플라톤 또한 스승의 고뇌를 일찍이 간파하여, 스승을 따라, 사고의 논리적 오류를 깨닫지 못하는 아테네인들을 위한 지적 치유에 생애를 바쳤다. 그는 이성의 길에서 벗어나는 사고의 오류를 씻어내는 데 생애를 바친 스승 소크라테스를 그의 「대화편」에 불러들였다. 그리고 그를 아테네인들의 참된 인식을 가로막는 사고의 오류를 들추어내는 데 공헌한 주역으로 삼았다. 플라톤의 대화편들은 모두 참된 인식, 올바른 사유를 방해하는 논리적 오류를 씻어내는 정화의 표본이 되었다. 이 표본의 정립은 결국 플라톤에 의해서 철학의 역사 한가운데를 차지하게 되었을 뿐만 아니라, 또한 플라톤 자신의 철학, 그 결정체가 되었다. 이와 같은 플라톤의 공헌을 철학자 박종현은 그의 저서 「플라톤」에 아래와 같이 깔끔하게 다듬어 놓았다.

소피스트들의 수사학은 약한 주장을 강한 주장으로 둔갑시킬 수 있는 요술이었다. 사람들은 이 요술에 의해서 현혹된 것을 다수표로써 채택하여 정책으로 삼고, 사람도 죽이고, 재산도 몰수하고, 시민권도 박탈했다. 이 판에 철학이 무슨 소용인가? 수사술만 철저히 터득하면 그만일걸! 그러나 사태가 이 지경으로 되면, 짐승과 사람이 다를 것이 없었다. 감각은 사람과 마찬가지로 짐승도 타고나는 능력이다. 그렇다고 짐승이 사람인 것은 아니지 않은가? 사람들이 사는 사회의 판단 기준이 단순히 '감각'이어서는 안 된다는 생각이 소크라테스나 플라톤의 단호한 생각이었고, 그것은 결국 그들 철학의 바탕이 되었다.

플라톤은 '감각'의 신봉자들을 다른 영역, 즉 질이 다른 세계로 접어들게 하려고 했다. 그들이 이제까지 유일하게 의존해 온 감각, 즉 오관 밖의 능력을 그들에게 일깨워서, 이 새로운 능력에 의하여, 이제껏 그런 것들이 있는 줄도 미처 깨닫지 못하고 있던, 새로운 대상들을 알게 하려고 했다. 이것들은 새로이 찾게 된 인간의 재산이기도 한 것들이었다. 그러나 이는 다른 존재들의 영역으로 들어서는 이른바 '입문'을 통해서만 접할 수 있는 것들이었다. 우리의 인식주관이 오관을 통한 감각의 세계에만 머물러 있어서는 결코 접할 수 없는, 우리의 또 다른 고귀한 재산들이 있는 영역이기 때문이었다. 헬라스 사람들이 비교秘教에 입교入教함에 있어서 정화 의식katharmos을 거치듯, 이 영역으로 안내해 주는 새로운 철학philosophia에 입문하려면, 먼저 오관에만 의존하는 버릇을 버리는 이른바 정화淨化katharsis의 절차를 밟아야 했다. 이는 다름 아닌 인식주관의 순수화katharsis 작업이었다. 그동안 감각에 찌든 우리의 마음, 즉 영혼psyche 속에 가려진 상태로 있던 눈을 뜨게 하는 개안開眼수술이 이 순수화 작업이다. 이 개안수술을 통해서 새로이 뜨게 된 마음의 눈을 플라톤은 '누스nous', 즉 '지성'이라 일컬었고, 이것의 지적 기능 내지 그 활동pathema을 '노에시스noesis', 즉 '사유'라 일컬었다.8)

박종현의 이 글은, 소크라테스와 플라톤이, 감성이 이성의 길을 가로막는 아테네의 정치인들과 소피스토들의 사유 방식에 대하여 얼마나 심각하게 염려했는지를 실감나게 보여준다. 아닌 게 아니라, 우리는 여기에서 감성이 만들어내는 혼돈 속에서 이성이 얼마나 무력하게 허우적거리고 있었는지를 충분히 감지할 수 있을 것이다. 하지만 우리는 여기에서 우리의 영혼이 그 혼돈으로부터 어떻게 자유롭게 되었는지도, 그리하여 탈바꿈할 수 있는지

---

8) 朴鍾炫 (1993), 「플라톤」, 48-9.

도 어렵지 않게 읽어낼 수 있을 것이다. 더욱이, '철학'이라는 학문이 어떤 환경에서 어떤 모습으로 탄생되었는지도, 그리고 그것이 어떻게 우리 영혼의 오류를 씻어내는 정화의 '샘물'이 되었는지도 함께 읽어낼 수 있을 것이다.

제7장

디알렉티케의 길

나비가 그렇듯, 인간 영혼 또한 변신變身을 거듭한다. '변신'은 신화의 세계에서 신들의 작품이었다. '변신'은 신화의 마디였다. 그러나 인간 영혼에 있어서 변신은 인간 영혼이 만드는 자유의 마디마디다. 인간에게 자유는 변신을 위한 창조적 능력이다. '자유'를 얻은 인간 영혼은 이제 역逆으로 자신을 창조했다는 그 신들을 창조한다. 인간 영혼은 피조물에서 창조자로 위대한 변신을 한다.

그러나 인간 영혼의 변신은, 신들의 경우와는 달리, 정화의 과정이 만들어내는 결과다. 파르나소스산 중턱 델포이 신전에 오르는 정화의 길목엔 정화의 샘물이 있고, 그것을 지나면 신의 계단이 있다. 그 계단에 오른 인간 영혼은 그만큼 진정한 자유를 획득하게 되고, 그 힘으로 변신의 마디마디를 만든다.

학문, 보다 엄밀히 말하여 철학의 계단을 오르면서, 영혼은 이성의 집을 짓고 그 안에 자신의 둥지를 튼다. 그리고 그 안에서 이것저것을 면밀히 생각하고[deliberation], 그 결과 가장 아름답고 선한 것을 골라내는 지혜[phronesis]를 발휘한다. 그 결과 그 아름답고 선한 곳으로 가는 길을 트고, 그 길을 따라 신들처럼 자신의 세계를 구축한다. 그 길은, 플라톤에 따르면, '엑크라테이아egkrateia', 곧 논리의 정직성을 따르는 길이다. 그러나 이 길에 들어서려면 인간 영혼은 우선 정화되지 않으면 안 된다. 그런데 그 정화의 길은 디알렉티케로 가는 길, 곧 대화의 논리를 획득하는 길이다.

가야 할 길과 갈 수 없는 길

영혼의 정화가 이루어지는 한 장면이 플라톤의 「국가」 첫머리에 보인다. 그것은 소크라테스와 트라시마코스가 '정의正義'의 정의定義 문제를 가지고 벌이는 디알렉티케의 한 장면이다.

플라톤의 「국가」에서 '정의正義'의 정의定義에 관한 대화가 진행된다. '정의란 무엇인가?'가 그 주제다. 이 대화에 트라시마코스가 조심성 없이 끼어들었다. 그는 '정의正義는 강자强者의 이익이다.'라고 정의했다. 소크라테스가 그 이유를 물었다. 트라시마코스가 말했다. "법은 지배자들인 강자들이 만드는 것이고, 그들이 법을 만들 때, 그들은 그 법이 자신들에게 이익이 되게 만듭니다. 그런데 강자들은 그 법을 약자들이 지키도록 강요합니다. 그리고 약자들이 이 법을 지키면, 강자들은 약자들을 가리켜 '정의롭다'고 칭찬합니다."라고 했다. 약자들이 법을 지키면 그것을 정의롭다고 하는데, 그것은 결과적으로 '강자들의 이익'이 된다는 뜻이었다. 얼핏 들으면 그럴듯하게 들린다. 하지만 그것은 매우 부정적인 시니시즘의 하나였다. 그러나 이를 아무리 시니시즘의 하나로 받아들인다 하더라도, 강자들이 자신들의 이익을 위해 만든 법을 '정의롭다'고 할 수 있겠는가? '정의'는 강자들에게도 적용되어야 하지 않겠는가? 그렇다면 트라시마코스의 '정의'의 정의는 보편성을 잃은 것이 아닌가? 트라시마코스의 '정의'의 정의를 듣고 만족해하는 사람은 없을 것이다.

소크라테스의 마음도 편안하지 않았다. 그는 트라시마코스의 정의가 '정의'의 보편적 의미를 충족시키지 못하고 있다고 생각했다. 소크라테스가 다시 물었다. "물론 지배자들인 강자들이 법을 만들 때, 그들은 항상 그들에게 이익이 되는 법을 만들려고 할 것일세. 하지만 그들은 법을 제정하는 과정에서 과오를 조금도 저지르지 않는가?" 트라시마코스는 대답했다. "아닙니다. 그들도 사람이어서 과오를 저지를 수 있습니다." 소크라테스가 다시 물었다. "그렇게 과오를 저지르면서 만든 법이 그들 강자에게 언제나 이익이 된다고 볼 수 있겠는가?" 트라시마코스가 다시 대답했다. "물론 법을 제정하는 과정에서 강자들이 실수를 하여,

이익을 찾으려는 자신들의 뜻을 이루지 못하게 될 수도 있습니다." 소크라테스가 말했다. "그럴 걸세. 그렇다면 정의正義는 때때로 강자에게 이익이 되는 경우를 의미하기도 하지만, 손해가 되는 경우도 있으니, 정의가 항상 강자에게 이익이 되는 것은 아니지 않겠는가?"9) 트라시마코스는 생각의 흐름, 곧 디알렉티케에서 '갈 수 없는 길'을 걸었다. 그런데 디알렉티케는 '가야 할 길'과 '갈 수 없는 길' 또는 '가서는 안 될 길' 사이를 가른다.

트라시마코스와 소크라테스 사이에서 이루어진 이 축약된 디알렉티케의 흐름에는 생각의 흐름이 어떤 것인지, 그리고 우리의 생각에서 '가야 할 길'과 '가서는 안 될 길'이 어떤 경우인지가 뚜렷이 드러나 있다. '가야 할 길'을 가는 것은 즐거운 일이었고, '가서는 안 될 길'을 갈 때는 깨달음이 있었다. 예컨대, 판단의 오류로 인한 논리적 이탈과 그 자각自覺이다. 특히, 판단의 오류에 따른 '무지의 자각[Gnothi seauton]'은 '가서는 안 될 길'에 대한 '깨우침의 극치'라 할 수 있다. 그것은 디알렉티케가 그 논리의 흐름을 통해서 씻어주어야 할 정화와 다른 것이 아니었다. 무지의 자각이 없다면, 디알렉티케는 그만큼 무력한 것일 수밖에 없고, 영혼의 정화 또한 성공적이지 못하다고 할 수 있다. 그러고 보니 아폴론 신전에 새겨 있던 저 경구 '너 자신을 알라.'는 디알렉티케에서 이루어지는 이와 같은 '가서는 안 될 길'에 대한 경고이고, 그리하여 '무지의 자각'을 촉구하는 캐치프레이즈였던

---

9) Plato (1996), Republic, 339.

셈이다.

디알렉티케는, 그것이 어떤 것이든, 우리의 생각에는 '가야 할 길'과 '갈 수 없는 길'이 나 있음을 보여준다. 그것은 또한 우리의 생각 속에 들어 있는 지적 오만과 판단의 오류는 물론, 아집과 편견, 사고의 무질서, 무지, 특정 사상과 정치적 이데올로기와 같은 집단적 사고의 폐쇄성과 같은 것을 드러내 보인다. 그러나 그것은 무엇보다도 우리가 가지고 있는 지적으로 겸손하지 못한 태도와 잘못된 인식을 씻어냄으로써 우리의 영혼을 정화한다.

사실, 우리의 잘못된 인식과 판단이, 소크라테스가 따랐던 디알렉티케의 논리적 흐름에서 이탈하면, 우리는 소크라테스의 반어법과 산파술의 마력魔力이 보여주듯이, 우리가 도저히 거역할 수 없는 순수한 논리적 질서에 승복하지 않을 수 없게 된다. 어느 영혼의 아집이 제아무리 무질서하고 강하다 할지라도, 일단 이 디알렉티케의 논리적 흐름에 어긋나면, 그 영혼은 자신이 저지른 오류를 부인할 수도, 그것을 수정하지 않을 수도 없게 된다. 이는 소크라테스 개인의 지론이라기보다 디알렉티케가 가지고 있는 아름다운 질서가 보여주고 있는 위력이다. 그렇다면, 우리의 영혼이 일단 디알렉티케의 과정에 들어가, 겸손하지 못한 지적 관능과 태도가 디알렉티케의 논리적 과정에 의하여 그 정결성淨潔性을 회복하게 된다면, 우리의 영혼이 어찌 디알렉티케의 그 아름다운 질서에 눈이 열리고, 결국 그 질서의 아름다움에 승복하지 않을 수 있겠는가.

영혼이 정화되어 아름답게 되는 길은 여러 갈래일 것이다. 하지만 그 길이 어떤 것이든, 우리의 영혼이 아름답게 되려면, 우리는 우선 개인의 오염된 욕정과 지적 편견과 아집을 씻어내야 한다. 아닌 게 아니라, 우리의 영혼이, 예컨대 '2+2=5'를 진리라고 고집한다거나, '전쟁은 평화다.'라든가, '무지는 힘이다.'와 같은 집단 이데올로기나 편견에 빠져 있다면, 우리의 영혼이 어찌 그 질서정연한 아름다움을 감지할 수 있겠는가. 매한가지로 'A=B이고, B=C이면, A=C이다.'라는 논리적 형식이 올바르다고 믿지 않는 사람이 있다면, 어찌 우리는 그가 아름답게 구성된 이 논리의 세계에 들어올 수 있다고 믿겠는가. 그 아름다움의 세계에는 개인의 사적 감정과 지적 편견과 아집이 들어갈 수 있는 여지가 없으니 말이다. 모두 디알렉티케 속에서 우리가 감지할 수 있는 아름다운 질서에 관한 이야기다.

플라톤은 디알렉티케를 스승으로부터 가져와 자신의 대화편에 펼쳐놓았다. 그의 「소피스트」에는 어느 이방인과 대표적인 소피스트의 한 사람이면서 인식론의 대가인 테아이테토스가 대화를 벌이는 장면이 있다.

「소피스트」에서 벌이는 이 대화는 디알렉티케에 관한 찬미다. 그들의 주제는 우리 영혼이 획득하는 '지식의 같음sameness과 다름differences, 그리고 이들 사이의 결합combination'에 관한 것이다. '이방인'이라고만 밝힌 소피스트가 테아이테토스에게 말했다. 만약, 서로 다른 주장을 하는 사람들이, 그들의 주장이 다름을 서로 자랑이나 하듯 고집을 부린다면, 이들이 상대방의 주장을 이해하여 함께 조정할 수 있도록 하는 모종의 학문이 필요한데, 이때 그 학문은 서로 다른 그 주장들 속으로 누비고 들어가야 하고, 또 그들을 서로 결합하여 조화롭게 엮어낼 수 있는 것이어야 하지 않느냐고 했다. 테아이테토스는 그와 같은 학문이 필요할 뿐만 아니라, 그것처럼 중요한 것은 더 없을 것이라고 동조했다. 또한 그 이방인은 그와 같은 학문에 이름을 붙여주었으면 좋을 텐데, 그렇게 하려면 우리들이 이야기를 나눈 바에 따라 마땅히 '자유인의 지식'이라고 할 수밖에 없을 테고, 이것이 무엇인지를 알려면 먼저 '철학자가 하는 일'이 무엇인지를 알면 될 것 같다고 했다. 물론, 그 이방인이 말하는 '철학자가 하는 일'이란 다른 것이 아니라, 디알렉티케의 학學dialektike episteme을 가리키는 것이었다. 그리고 그 이방인은 디알렉티케의 학이 어떤 것인지에 대해서도 언급했다. 그는 그것을 우리가 어떤 특정한 논리적 구조를 가진 지식의 형상[the form of knowledge]을 다른 형상을 가진 지식과 구분하지 못한다든지, 거꾸로 같은 지식의 형상을 가진 지식들이 왜 같은 지식의 형상에 드는지를 이해하지 못하는 경우를 가려내는 것이라고 했다. 그러면서 그 이방인은 이와 같은 경우는 지식의 논리적 구조를 따라 그 형상을 잘 구분해 내는 일인데, 이와 같은 일을 하는 것이 디알렉티케가 하는 일이 아니냐고 했다.[10]

---

10) Plato (1996), Sophist, 253b-e.

이방인은 자신의 주장을 계속했다. 지혜로운 사람은 우선 여러 가지 지식의 형상들에 익숙한 사람이라고 했다. 그렇지만, 지혜로운 사람은 그 여러 가지 지식의 형상들 가운데, 그에게 독특한 하나의 지식의 형상을 가지고 있는 사람이라고도 했다. 그리고 그것을 그는 '디알렉티케'라고 했다. 그 이방인은 또 말하기를, 디알렉티케 이외의 여러 가지 지식이나 학문의 형상들은 비록 논리적으로 서로 구분되지만, 그것들은 그에게 독특한 그 한 가지 형상의 학문, 즉 철학에 의해서 포착될 수 있는 것들이라고 했다. 그리고 이 독특한 한 가지 지식[학문]은, 여러 지식 또는 학문의 형상들이 이러저러한 모양으로 서로 나누어져 있으면서 서로 연결되어 있는데, 이들이 어떤 방식으로 서로 구분되고 연결되고 있는지를 파악하고 있는 것이라고 했다. 그렇기 때문에 디알렉티케를 잘 할 수 있는 사람은 이들 여러 지식의 형상들 가운데 어떤 것들은 서로 통섭通涉할 수 있으나, 또 다른 것들은 그렇게 할 수 없다는 것을 잘 아는 사람이라고 했다. 이와 같은 생각으로 미루어보아 그 이방인은 인식론, 특히 지식의 형상론에 해박한 이해력을 가지고 있는 사람임에 틀림없었다. 또한 그 이방인은 강조하여 말하기를, 디알렉티케를 잘 할 수 있는 사람은 '지혜를 사랑하는 사람'이라고 했다.[11] '지혜'를 'sophia'라 하고, '사랑'을 'philos'라 하니, 이 둘을 합하면 'philosophia', 곧 '철학'이 된다. 그 이방인이 말한 '지혜를 사랑하는 사람'은 결국

---

11) 위와 같은 곳.

‘철학자’였다. ‘철학’이란 결국, 나비가 꽃밭 위를 날면서 아름다운 이 꽃 저 꽃을 조람하듯, 그렇게 지식과 지식, 학문과 학문 사이를 날면서 이 지식과 저 지식, 이 학문과 저 학문의 아름다움[진리]을 조람하는 것과 다른 것이 아니었다.

디알렉티케의 길

플라톤의 「국가」에서 소크라테스와 글라우콘은 손상된 영혼을 7자유학예과 같은 학문을 통하여 치유함으로써 불멸에 이르게 해야 한다는 데 합의한다. 소크라테스가 글라우콘에게 말했다. “우리가 지금 생각하고 있는 영혼은 육신에서 비롯되는 장애와 그 밖의 불행한 일들 때문에 심하게 손상되어 있네. 하지만 정화되어 있는 순수한 영혼의 참모습을 조용히 상상해 보게. 그러면 우리는 그것이 얼마나 아름다우며, ‘정의’와 ‘불의’가 어떻게 다른지도 분명하게 확인할 수 있을 걸세.”[12] 그러면서 소크라테스는 바다의 신 글라우코스Glaucos를 예로 들어 그 영혼이 얼마나 육신과 그 외부에서 발생하는 불행으로 말미암아 크게 손상되는지를 설명했다. 바다의 신 글라우코스를 보면, 그 몸은 불행하게도 파도에 찢기어 보기 흉하게 손상되어 있을 뿐만 아니라, 조개껍질과 해초와 자갈 등이 몸에 달라붙어 있어, 그 본래의 깨끗한

---

12) Plato (1996), Republic, 611c.

모습은 조금치도 찾아볼 수 없다고 했다. 우리의 영혼도 정화되지 않으면 그렇게 외부에서 오는 여러 가지 해악으로 뒤덮여, 그 모습이 심각하게 손상된다고 했다. 하지만 소크라테스는 글라우콘에게 그와 같이 손상된 영혼의 모습에 실망하지 말라고 했다. 그러면서 함께 영혼의 진정한 모습을 찾아보아야 한다고 했다.

소크라테스가 글라우콘에게 보여준 영혼의 진정한 모습은 '지식에 대한 사랑'이었다. 그런데 소크라테스는 '지식에 대한 사랑'이 무엇을 뜻하는 것인지를 알려면, 먼저 영혼은 신적인 것이고, 영원한 것이라는 점을 인정하며, 또한 영혼이 무엇에 가까이 가려고 하는지를 살펴보아야 한다고 했다. 그리고 만약 영혼이 글라우코스가 사는 험악한 바다를 떠나 지상에 살게 되고, 그 영혼의 몸에 붙은 조개껍질이나 해초를 떼어내면, 즉 그 영혼이 정화되면, 그 영혼은 자신의 참모습을 제대로 드러낼 것이라고 했다.13) 그러나 소크라테스에게 있어서, 그리고 플라톤에게 있어서, 이렇게 손상되어 있던 영혼이, 그 본래의 모습으로 돌아오는 것은 모두 학문의 힘이었다.

소크라테스에게 있어서 교육은 가르치는 사람들이 배우는 사람들에게 단순히 무엇인가를 주장하거나 주입注入하는 것이 아니었다. 교육에서 주장을 일삼거나 단순히 주입하는 것은 당시의 소피스트들에게서나 볼 수 있었던 것이었다. 소피스트들이 소크라테스를 분노하게 한 것도 소피스트들의 잘못된 교육 때문이었다. 소크

---

13) Plato (1996), Republic, 612.

라테스에게 있어서 교육은 인간의 영혼이 선한 것[to agathon]이 무엇인지를 스스로 찾을 수 있도록 하는 것이었다. 물론, 그 선한 것이란 참되고 아름다운 것을 가리켰다. 그 '선한 것'은 이미 학문 속에 있었다.

"영혼을 키워서 참되고 아름다운, 그래서 선한 것에 이르도록 하는 그 학문이란 무엇인가?"라고 소크라테스가 어느 날 글라우콘에게 물었다. 그러면서 과연 어떤 지식이 우리의 영혼에 선한 것을 부여하는지를 알아보자고 했다.

소크라테스는 인간은 우선 감각을 통해서 들어오는 것을 인식한다고 했다. 예컨대, 손가락이 몇 개인지는 감각의 한 가지인 시각을 통해서 확인한다는 것이다. 하지만 손가락을 세는 그 '수數'가 무엇인지, 예컨대 '1'이라는 숫자란 어떤 성질의 것인지, 그리고 '1' 다음의 수들은 서로 어떤 관계를 갖는지를 확인하는 것은 감각을 통해서 이루어지는 것이 아니라고 했다. 단순하게 사물을 세는 것과, 세는 데 사용하는 '수'의 성질을 논하는 것은 다른 일에 속한다는 뜻이다. 아닌 게 아니라, 전자는 감각의 기능을 필요로 하고, 후자는 지성의 기능을 요청한다. 전자는 눈에 보이는 것the visible을 말하고, 후자는 지적인 것the intelligible, 또는 육안으로는 보이지 않는 것the invisible을 말한다.

인간의 인식 대상 가운데 관념적 대상은 육안으로는 볼 수 없다. 육안으로 볼 수 있는 것은 오로지 감각적 대상일 뿐이다. 감각적인 것과 관념적인 것의 구분은 소크라테스와 플라톤 철학의 바탕이다. 이들의 철학은 감각적인 것을 제치고 관념적인 것에 주목한다. 우리의 인식 대상 가운데 어떤 것은 사색과 성찰을 요청하고, 또 어떤 것은 그런 것을 요청하지 않는다. 사색과 성찰은 의혹에 싸인 영혼이 무엇인가 확실하고 완전한 것을 찾을 때 일어나는 영혼의 몸짓이다. 「어린 왕자Le Petit Prince」에 생텍쥐페리가 쓴 다음 말은 참으로 흥미롭다. "우리가 올바르게 볼 수 있는 것은 단지 마음으로 볼 수 있는 것일 뿐이다. 본질적인 것은 육안에 드러나지 않는다[It is only with the heart that one can see rightly; what is essential is invisible to the eye]."

그렇기 때문에, 예컨대 육안에 들어오지 않는 대수학을 가르친다는 것은 영혼의 성장을 위하여 중요한 일이다. 어느 날 소크라테스는 플라톤의 형 글라우콘에게 말했다. "수에 관한 공부를 가르치는 것을 법으로 정하는 것이 좋겠네. 그뿐만 아니라, 나라에서 중요한 일을 담당하는 사람들에게도 셈법을 공부하도록 하는 것도 말일세. 그것을, 단순히 아마추어를 위한 것이 아니라, 순수한 목적으로 추구하는 것이 되도록 말일세. 즉 물건을 사고파는 상인이나 행상인이 되도록 하는 것이 아니라, 전쟁에 나가서는 유용한 것이 되고, 영혼이 디알렉티케를 추구할 때는 그것을 충실히 따를 수 있도록, 즉 수의 본질을 관조할 수 있도록 하기 위해서 말일세."14) 대수학의 목적에 관한 이야기였다.

소크라테스는 물론, 플라톤에게 있어서 수數에 관한 공부는 영

---

14) Plato (1996), Republic, 525.

혼의 성장에 참으로 중요한 학문이었다. 그것은 영혼을 추상의 세계로 인도하는 길이기 때문이었다. 수에 관한 탐구는 추상의 세계를 논할 수 있도록 하는 학문이었다. 소크라테스는 영혼이 추상의 세계에 들어가지 못한다면, 그것은 한낱 감각의 노예에 불과하다고 믿었다. 사실, 우리의 영혼이 추상의 세계에 속하는 수의 본질을 파악할 수 있게 되면, 감각의 세계에 속하는 변화무쌍한 사물에 대하여 이렇다 저렇다 하는 일에 매달리지 않아도 될 것이다. 더욱이 영혼은 그 본성에 있어서 영원한 것을 추구하는 것이니, 그 영원한 것을 버리고 우연적이고 일시적인 것에 매달리는 것은 어리석은 일이 아닐 수 없을 것이다.

수의 세계는 그 본질에 있어서 지성을 통해서 접근할 수 있는 세계이고, 또한 지성을 통하여 들어갈 수 있는 세계는 영원할 뿐만 아니라, 참으로 존재[실재]하는 세계에 속한다. 그리하여, 소크라테스는 우리의 영혼이 이와 같은 수의 본성을 올바로 인식하고, 그 세계를 닮는다면, 그것은 수의 세계처럼, 변화무쌍한 세계를 벗어나, 영원의 세계에 들어가 살게 된다고 믿었다. 그도 그럴 것이, 수의 세계는 질서정연하고, 같은 간격으로 무한히 계속되는, 그 무한의 세계를 창출하고 있으니, 그렇게 믿는 것도 무리는 아닐 것이다. 아닌 게 아니라, 무한의 행렬을 이어 나가는 수는 시간과 공간에 따라 변화하는 것이 아니라는 것은, 우리 영혼이 영원하고 아름다운 실재를 의심하지 않고 찾아가는 까닭이 될 것이다. 영혼은 육안으로는 보이지 않는 실재를 찾는다는 말이 왜 참인지를 뒷받침하는 맥락이다.

같은 것이 같은 것을 닮는다면, 같은 것은 같은 속성을 가진다는 뜻이 된다. 우리의 영혼이 질서정연한 수의 실재를 닮는다면, 어찌 우리의 영혼이 아름답게 되지 않겠는가. 수의 세계에 들어가 수로 형성된 그 아름다움을 영혼이 닮는다는 것은 영혼이 정화되고 성장하는 모범적 범례가 아닐 수 없을 것이다. 그것은 곧 영혼의 본질이 그렇다는 것을 대변하는 것이기도 하다. 대수학이 소크라테스의 학문에서 중요한 자리를 차지하는 이유다.

소크라테스는 대화의 주제를 기하학으로 옮겨 갔다. 그는 기하학과 대수학이 서로 비슷하기는 하지만, 기하학은 대수학의 경지를 훨씬 뛰어넘는다고 했다. 사실, 우리가 기하학에서 다루는 '선線'과 '점點'이 감각의 대상이 아닌 관념의 대상이라는 점만 올바로 이해하여도, 그의 말은 우선 그럴듯하게 들릴 것이다.

대수학의 세계도 그렇지만, 기하학의 세계는 지각되는 세계가 아니다. '점點'이나 '선線'과 같은 기하학의 세계는 손으로 만지거나 육안으로 관찰할 수 있는 세계가 아니다. 그것은 철저한 관념idea의 세계라는 뜻이다. 관념의 세계는 물질의 세계가 아니니, 당연히 늘거나 줄거나 마모되거나 새로 생기는 세계가 아니다. 그렇기 때문에 그 세계는, 말하자면 부서질 수 없는 세계다. 그리하여 그것은 영원히 존재할 수밖에 없는 세계이고, 또한 선하고 아름다운 세계가 아닐 수 없을 것이다. 그렇기 때문에 소크라테스는, 만약 우리의 영혼이 기하학을 닮는다면, 우리의 영혼은 기하학처럼 아름답게 정화될 것이라고 한 것이다. 또한 그렇기 때문에 기하학을 가르치는 것은 영혼의 성장을 위하여 좋은 일이 아닐 수 없다는 것이다.[15] 플라톤이 아카데미아를 세우고 그 입구에 '기하학을 모르는 사람은 들어오지 말라[Medeis ageometretos eisito].'고 써 붙인 것도 기하학의 이러한 본질 때문이었을 것이다.

대수학과 기하학을 영혼의 정화를 위한 학문으로 선택한 뒤, 소크라테스는 글라우콘에게 물었다. "그렇다면 이제 세 번째 학문으로서 천문학을 택하는 것이 어떻겠나?" 그러나 글라우콘의 반응은 시원치 않았다. 그는 천문학을 공부하면 겨우 농사를 짓는 일이나 항해를 하는 데 도움이 될 뿐이 아니겠느냐고 했다. 천문학에 대한 글라우콘의 이해 수준에 불만을 느낀 소크라테스는 천문학의 본질을 언급하지 않을 수 없게 되었다.

소크라테스는 글라우콘에게 말했다. "자네는 마치 대중에게 천문학을 공부하라고 하면, 그들이 쓸데없는 공부를 시킨다고 불평을 하지나 않을까 두려워하는군. 그러나 천문학을 공부하는 것이 쓸데없는 것은 아닐세. 하긴 천문학의 본질이 무엇인지를 이해하는 것은 매우 어려운 일이긴 하네만. 그럼에도 불구하고 우리의 영혼에는 지식을 추구하고자 하는 열망이 있는데, 그것은 우리가 천문학을 공부함으로써 우리의 영혼은 더욱 정화되고 더욱 밝아지게 되네. 특히 우리의 영혼이 일상적인 것을 좇다가 파괴되거나 맹목적인 것이 되는 위험한 순간에 말일세. 영혼의 지적 열정

---

15) Plato (1996), Republic, 527.

을 우리가 잘 북돋기만 한다면 진실로 그것은 참된 것이 무엇인지를 찾는 데 만 개의 눈이 갖는 위력보다 더 가치가 높을 걸세."16) 소크라테스는 천문학을 통한 영혼의 정화가 어떻게 이루어지는지, 특히 영혼이 천문학을 통하여 부당한 욕심과 잘못된 인식과 판단의 오류를 어떻게 씻어내는지를 글라우콘에게 보여주었다.

소크라테스에 의하면, 영혼은 가시적可視的인 것에 얽매이지 않는다. 마치 천문학의 구조적 특성이 그렇듯이 말이다. 천문학의 본질은 지상地上의 것이 아니라, 저 높은 곳에 있는 것을 우러른다. 저 높은 곳에 있는 것을 우러르되, 그것은 우리의 머리 위에 있는 저 하늘을 일컫는 것이 아니다. 그것은 별들의 행렬과 모임, 그리고 그들 사이의 힘의 균형 같은 것, 그리하여 그것은 우리의 육안으로는 확인할 수 없는 '그 높은 것'이다. 이와 같은 맥락에 참으로 잘 어울리는 말이, 천문학자 심채경의 에세이집 타이틀 '천문학자는 별을 보지 않는다.'이다. 소크라테스에 의하면, 우리의 영혼이 가시적인 세계를 다루는 학문에 매달린다면, 그리하여 진정으로 참되고 아름다운 영혼의 자질을 확보하지 못한다면, 우리의 영혼은 진정으로 저 높은 곳을 올려다볼 수 없게 된다.17) '저 높은 곳에 있는 것'을 배운다는 것이 무엇인지, 그리고 영혼의 본성이 무엇인지에 관한 이야기다.

---

16) Plato (1996), Republic, 527.
17) Plato (1996), Republic, 529.

소크라테스는 글라우콘에게, 지금까지 '육안으로 보는 세계'와 '육안으로는 볼 수 없는 세계'가 우리의 영혼과 어떤 관계에 있는지에 대하여 알아보았으니, 이제는 귀와 소리에 관계된 부분으로 넘어가자고 했다. 그 부분이란, 화성학和聲學, 곧 음악과 문예에 관한 공부가 영혼의 정화를 위한 교과의 하나가 되어야 한다는 것이었다.

그런데 소크라테스는 피타고라스학파가 음의 조화로 영혼의 조화를 꾀하고자 한 것은 훌륭한 생각이지만, 이 조화를 기하학이나 천문학에서처럼 수의 조화와 동일시한 것에 대해서는 불만을 표시했다. 소크라테스는 피타고라스학파가 음의 조화를 형성하는 그 수數가 무엇이며, 그 수가 무엇에 의해서 그렇게 조화를 취하는가에 관한 생각을 해야 한다고 했다. 아름다움뿐만 아니라, 동시에 '선한 것'을 드러내는 그 수의 조화가 어떤 것인지를 밝혀야 한다는 것이었다.[18]

대수학, 기하학, 천문학, 음악 교과는 헬라스에서부터 시작되어 로마시대에 완성되었다. 이른바 '4과科quadrivium'다. 플라톤은 이들 4과를 '3학學trivium'이라 일컬은 문법, 수사학, 논리학과 함께 영혼을 정화하는 데 이수해야 할 기본 교과들로 보았다. 아리스토텔레스는 그의 「정치학」에서 이들을 '자유로운 학문'이라 불렀고, 로마시대에서 이들은 '자유학예'를 뜻하는 'artes liberalis'라는 이름으로 정립되었다.

---

18) Plato (1996), Republic, 531.

디알렉티케의 계단

소크라테스는 화성학에 관한 이야기를 마친 다음에 디알렉티케로 옮겨 갔다. 디알렉티케는 영혼의 정화를 위한 마지막 교과였다. 디알렉티케의 핵심은 추리능력에 있었다. 추리능력이 없으면 영혼은 관념의 세계 속에서 사고思考가 따라야 할 길을 잃는다고 생각했다.[19]

소크라테스는 디알렉티케의 과정에서 이루어지는 활동이 어떤 것인지에 대하여 글라우콘에게 이렇게 설명했다. "디알렉티케를 통해서 얻을 수 있는 것은 잘못된 가정들을 우리의 사고 과정에서 제거하는 것이고, 가장 근본적인 원리에 의거하여 확실성을 찾는 것일세. 그것은 말하자면 오르페우스교와 같은 신비주의의 진창에 빠져 손상을 입은 영혼의 눈을 자유학예와 같은 학문의 힘에 의해서 조용히 위로 끌어올리는 것이네. 이것을 우리는 관습적으로 '지식', 곧 '에피스테메'라고 부르지만, 아직 그 이름을 정하지는 못했네. 하지만 그것은 에피스테메와 억견[doxa] 사이에 있는 것으로서 에피스테메보다는 덜 명료하고 억견보다는 훨씬 명료한 것일세. 우리는 언젠가 그것을 '디아노이아dianoia[추론적 사고]'라고 한 적이 있는 것 같네."[20]

그런데 소크라테스가 에피스테메와 억견[doxa] 사이에 있는 것이란 무엇을 두고 하는 말인가? 그의 말대로 에피스테메보다

---

19) Plato (1996), Republic, 532.
20) Plato (1996), Republic, 533.

는 덜 명료하고 억견보다는 훨씬 명료한 것이란 무엇인가? 그런데 그것을 그는 '디아노이아[추론적 사고]'라고 했다면, 그것은 어떤 형식의 디아노이아인가. 그런데 그것은 분명 '프로네시스', 아리스토텔레스가 아테네에 온 뒤에 만든, 그 지성의 한 가지를 두고 한 말이 아닌가.

철학의 본질이 그렇듯이, 소크라테스에게 있어서 디알렉티케는 종합적 추리와 비판적·지적 평형intellectual equilibrium을 추구하는 활동이었다. 소크라테스는 주장하기를, 기하학이 그렇듯이, 감관과 그 지각이 아니라, 이성을 따르는 사유에 의존하여, 만유에 존재하는 것의 본질을 탐구하려는 영혼이 있다면, 그리하여 선善 자체의 본질까지도 이해하려는 영혼이 있다면, 그 영혼은 마땅히 가변적인 육안의 세계가 아니라, 비가시적인 선善의 세계에 입문해야 한다고 했다. 우리의 영혼이 디알렉티케의 과정에 입문해야 하는 이유였다.

'디알렉티케'는 궁극적으로 '선'의 의미를 추구하는 철학적 방법의 하나에 속한다. 아닌 게 아니라, 그것은 '선'의 개념을 정의하고, 우리가 직면하는 모든 실제적 상황에서 선의 관념을 추상해 내는 학문의 전형이 아닐 수 없다. 그렇기 때문에 디알렉티케의 본질을 알지 못하는 사람은 '선善' 자체는 물론, 다양한 사실들 속에 포함되어 있는 선의 의미를 식별해 내지도 못한다. 이와 같은 이유에 의해서 플라톤은 「국가」에서 디알렉티케를 모든 학문의 가장 윗자리에 올려놓았던 것이다.21)

소크라테스는, 모든 학문의 가장 윗자리에 있어야 할 디알렉티케에 대하여, 「국가」에서 이렇게 말했다. 디알렉티케를 사랑하는 사람은 모든 인식의 본질적인 개념을 추구하여 그것을 손에 넣을 수 있는 사람이고, 그렇지 않은 사람은 본질적 개념을 획득하지 못하여 그만큼 이성적 판단 능력과 지성을 상실한 사람이라고 말이다. 또한 그런 사람은 선의 개념을 획득하지도 못하고, 선하지 못한 일에 대하여 비판할 수 있는 능력을 갖추지도 못한 사람이고, 선이 무엇인지를 알지 못하는 것은 물론이지만, 그 그림자조차도 그려낼 수 없는 부질없는 영혼의 소유자일 수밖에 없다고 했다.[22]

그러나 디알렉티케를 공부하려면 여기에 필요한 태도를 갖추어야 했다. 하지만 그것을 갖춘다는 것은 참으로 어려운 일에 속했다. 디알렉티케를 공부하는 사람은 우선 신념이 강한 사람이어야 하고, 용기가 있는 사람이어야 하고, 보다 진취적인 사람이어야 했다. 좀 더 덧붙이면, 그 공부를 하는 사람들은 고귀하고 관대한 기품을 지녀야 할 뿐만 아니라, 본성이 디알렉티케, 즉 철학교육을 받기에 천부적 자질을 지니고 있어야 했다. 물론, 이 천부적 자질에서 깊은 이해력과 예민한 감수성은 예외 사항일 수 없었다. 그러나 무엇보다도 디알렉티케와 같은 가장 높고 복잡한 수준의 학문을 하는 사람들은 거짓을 증오하는 사람들이어

---

21) Plato (1996), Republic, 534.
22) Plato (1996), Republic, 534-6.

야 했다. 만약 그들이 무지無知의 진창을 헤매고, 거짓이 드러났는데도 불구하고 부끄러워할 줄을 모른다면, 그들은 디알렉티케를 진정으로 공부하는 사람들과는 거리가 먼 사람들이었다. 절제와 용기, 그리고 고귀한 기품은 그들이 지녀야 할 제일가는 품성이었다.

그뿐만 아니라, 디알렉티케의 예비과정으로서 자유학예 또한, 인간 영혼이 진실로 깨끗이 정화되어 아름답게 되고 선하게 되는 공부였다. 자유학예는 사실 고귀한 기품을 가진 사람들이 모든 과정의 끝자락에 있는 디알렉티케, 곧 철학을 공부하는 데 필요한 예비교육propaidei이었다. 소크라테스와 플라톤은 영혼이 자유학예를 통하여 어느 수준에 이르게 되고, 그리하여 충분히 정화되어야 비로소 진정한 지적 탐구, 곧 디알렉티케에 들어갈 수 있으며, 그 결과로 우리의 영혼이 더욱 아름다운 세계에 입문함으로써, 거기에서 그 세계를 더욱 아름답게 만들 수도 있다고 믿었다.

디알렉티케의 예비과정이 그렇게 짜여 있지만, 영혼이 정화되기 위해서는 우리의 생각이 우선 사고의 논리를 벗어나지 말아야 했다. 우리의 생각이 사고의 논리에서 이탈하면, 그것은 '생각' 또는 '사고思考'라 할 수 없을 뿐만 아니라, 디알렉티케에 들어갈 수도 없기 때문이었다. 「국가」에 등장하는 소크라테스는 디알렉티케에 입문하기 위해서는 무엇보다도 억견臆見[doxa]에 안주安住하지 말아야 한다고 했다. 그것은 디알렉티케를 하는 데 방해가 되기 때문이었다. 소크라테스나 플라톤에게 있어서 '억견'은 생각이 논리적 체계에 들어맞지 않은 주장이나, 진리 준거에 따라 진위 여부를 가릴 수 없는 것이었다.

'억견'에 관한 소크라테스와 글라우콘 사이의 대화가 플라톤의 「국가」 5권에서 진지하게 이루어진다. 거기에서 글라우콘이 소크라테스에게 물었다. "선생님께선 참된 철학자들이란 어떤 사람들을 두고 하시는 말씀입니까?"[23] 소크라테스의 생각은 이러했다.

하나의 형상[eidos]으로서 '올바름'과 '좋음'이 모두 하나씩이지만, 이들 '올바름'과 '좋음'이 사물에 관련될 경우에는 여럿으로 보이기 마련이라는 것이었다. 이를 다른 말로 설명하면 이렇다. 예컨대 '아름다움' 자체는 하나지만, 이를 사물에 적용했을 때는 '장미의 아름다움'이나 '육신의 아름다움'과 같이 여럿이 된다는 것이다. 그것도 '이 정원에 있는 저 장미의 아름다움'이나, '저 정원에 있는 그 장미의 아름다움'과 같이 말이다. 각각 다른 개별적 '아름다움들'은 모두 '아름다움'의 정도程度가 다르다는 것이다. 그리하여 이렇게 '아름다움'이 개별적 '아름다움'이 될 때는 그것에 대한 의견이 분분하게 된다는 것이었다. 그리하여 소크라테스는 '아름다움' 그 자체를 볼 수 없고 즐기지도 못하는 사람들은 '장미의 아름다움'이나 '육신의 아름다움'과 같이 오로지 육안에 들어오는 것들만을 보고 판단하고 의견을 말한다고 했다. '아름다움'을 하나의 형상으로 볼 때와, 그것을 사물에 관

---

23) Plato (1996), Republic, 475e.

련하여 볼 때, 이들 사이에서 발생하는 차이가 그렇다는 것이다. 그런데 소크라테스는 '아름다움'에 관한 이와 같은 생각은 무녀 디오티마로부터 들은 것이라고 했다. 어느 날 디오티마가 소크라테스에게 말했다.

> 아름다움은 결코 사라지지 않습니다. 그것은 사라졌다가 다시 생기는 것도, 어떤 모양으로 이렇게 저렇게 바뀌는 것도 아닙니다. 그것은 다시 피지도 시들지도 않습니다. 그리하여 아름다움은 누구에게나 아름다운 것이고, 지금은 물론이지만 그 밖의 어느 때라 할지라도 아름다운 것입니다. 그 아름다움은 여기에서도 아름답고 저기에서도 아름다우며, 이렇게 봐서도 아름답고 저렇게 봐서도 아름답습니다. 아름다움은 그것을 소중히 하는 사람에게는 항상 아름다울 수밖에 없습니다. 또한 아름다움의 신비가 어떤 것인지를 알게 된 사람은, 그가 아름답다고 보는 것이 누구의 얼굴이나 손, 그 밖의 어떤 육신의 것도 아님을 알고 있습니다. 그와 같은 사람은 그 아름다움이 말로 존재하는 것도, 지식으로 존재하는 것도, 그 밖의 어떤 것으로도 존재하는 것이 아님을 알고 있는 사람입니다.[24]

디오티마가 소크라테스에게 전한 '아름다움'이었다. 디오티마에 의하면, 아름다움은 마치 살아 있는 생명체나 땅이나 하늘이나 또는 그 밖의 어떤 것이 존재하는 것처럼, 그렇게 존재하는 것이 아니라는 것이었다. 그것은 영원한 것으로서, 그 스스로, 그

---

24) Plato (1996), Symposium, 212.

것 혼자서 존재하는 것이라는 것이었다. 반면에 그와 같은 아름다움을 닮은 것들, 즉 '아름다운 것들'은 때로는 말할 수 없이 아름답고 성盛하지만, 그것들은 우리가 아름답다고 하는 '아름다움' 그 자체에는 아무것도 더하는 법도 없고, 덜어내는 법도 없다는 것이었다. 아름다움 그 자체는 항상 변함이 없이 홀로 동일하다는 뜻이었다.

소크라테스는 '형상'으로 볼 때의 아름다움을 '참으로 있는 것 to on'에 관한 '에피스테메'로, 사물과 관련하여 볼 때의 아름다움을 '참으로 있는 것이 아닌 것 me on'에 관한 인식으로 구분했다. 그리고 이때 후자의 경우에는 참된 인식이 불가능하여, 근거도 없이 추측하게 되는 '억견'에 지나지 않는다고 했다. '인식'과 '억견'의 엄밀한 구분이다.25)

소크라테스와 플라톤에게 있어서 '인식'의 대상은 '참으로 있는 것'인 반면, '억견'의 그것은 불완전한 것에 대한 인식이다. 그들에게 있어서 불완전한 것에 대한 인식은 단지 무엇인가를 생각하기는 하지만, 그 생각은 참으로 존재하는 형상도, 그리하여 참된 인식도 아니었다.

정확히 말하여, 소크라테스와 글라우콘은 억견을 참된 인식과 무지의 중간에 두었다. 결국, 억견을 가지고 논하는 경우는 '인식'과 '무지'의 중간에서 헤매는 꼴이 된다는 것이었다. 그렇다면 억견을 가지고 있는 사람들은 아름다운 것들을 보되 아름다움

---

25) Plato (1996), Republic, 476d.

자체는 보지 못하고, 올바른 것들을 보되 올바름 그 자체는 보지 못하는 사람들이 되는 셈이다. 소크라테스는 그리하여 '아름다움'을 형상으로 보는 사람과, 그것을 사물에 관련하여 보는 사람을 구분했다. 그 결과 소크라테스는 참으로 존재하는 것 그 자체를 즐기고 사랑하는 사람들을 '참된 철학자', 곧 '진정으로 지혜를 사랑하는 자[philosophos]'라 부르고자 했다. 글라우콘의 질문 '참된 철학자들이란 어떤 사람들인가?'에 대한 답이었다.

소크라테스가 자주 철학자를 '지혜를 사랑하는 자'라고 부른 것은, 그들을 진정한 사유를 하지 못하는 사람들과 구분하기 위해서였다. 당시의 정치인들은 대부분 진정한 사유를 하지 못하는 사람들의 부류에 속해 있었다. 예나 지금이나 다를 바 없지만, 이 정치인들은 아고라에서 민중을 선동하면서, 자신들만의 정치적 이익을 획책한 사람들이었다. 이들의 일부는, 스스로 자신들을 염치도 없이 '민주파'라고 부른 사람들이었고, 또 일부는 무엇인가를 '알고 있는 자', 즉 '지자知者'라고 스스로 외치면서 청소년들에게 자신들의 편파적인 학설을 설파한 소피스트들이었다.

어떤 사람들을 가리켜 '지혜를 사랑하는 자'라고 할 수 있는가? 소크라테스와 플라톤에게 있어서 이 질문에 답하는 일은 이제 과히 어렵지 않게 되었다. 그와 같은 사람은 분명 억견에 사로잡히지 않는 사람이고, 순수하게 지혜를 사랑하는 사람을 두고 하는 말로 귀결되었으니 말이다. 그리고 '그와 같은 사람이 되려면 우리는 어떤 과정을 거쳐야 하는가?'라는 질문에 답하는 일 또한 어렵지 않게 되었다.

소크라테스와 플라톤 철학의 핵심은 영혼이 순수하게 되고 올바르게 되는 것이었다. 그런데 영혼이 순수하고 올바르게 되는 순간은 디알렉티케에서 철저히 논박을 당하는 것, 즉 '엘렝코스 elenchos'라 부른 반어법反語法에 의해서 잘못된 주장[억견]이 철저히 논파論破되는 순간이었다. 그 순간은 일종의 무지無知의 자각自覺이 일어나는 순간이었다.

플라톤의 「소피스트」에는 테아이테토스와 어느 이방인이 무지와 이를 제거하는 방안에 관하여 대화를 나눈다. 이 이방인은 "무지는 지적 과오가 낳은 결과인데, 그 지적 과오는 지적 자만에서 온다."고 했다.26) 물론, 지적 자만은 영혼이 정화되지 않은 결과라고 보아야 할 것이다. 그것을 씻어내지 않는 한 우리는 올바른 인식을 하기가 어려울 것이다. 테아이테토스와 그 이방인의 대화는 영혼이 정화되어 지적 자만으로부터 벗어나도록 해야 하는데, 그 방법으로 훈계를 사용한다는 것은 좋은 것이 되지 못한다는 데까지 이르렀다. 꾸중이 깨우침을 주지 못한다는 것은 사실일 것이다. 그런데 그 이방인은 지적 자만심을 제거하는 방법이 있다고 했다. 그리고 그 방법이란 반어법을 통하여 특정 의견이나 주장 속에 들어 있는 용어의 잘못된 사용과 그 논리적 모순을 드러냄으로써, 그 의견이나 주장이 잘못된 것임을 보여주는 방법이라고 했다.27) 또한 그 이방인은, 영혼을 정화시키려면, 잘

---

26) Plato (1996), Sophist, 229c.

못된 주장을 하는 사람이 반어법에 의하여 철저히 논박을 당함으로써, 스스로 지식 앞에 겸손해지지 않으면 안 된다고 했다. 편견이나 잘못된 주장을 하는 영혼은 정화의 과정을 통하여 그 편견을 깨끗이 씻어버려야 하고, 그 결과로 오직 '진실로 아는 것만을 안다.'고 할 수 있어야 한다는 것이었다.

아닌 게 아니라, 소크라테스에게 있어서, 우리의 영혼이 '최고 선to megiston agathon'을 인식할 수 있는 단계에 이르렀다고 할 수 있는 때는, 우리의 사고가 감각이나 욕정의 지배를 벗어나, 순수하게 사고의 질서를 따를 정도로 정화된 경지에 이르렀을 때다. 소크라테스가 보기에, 사고의 질서를 이탈하는 데 가장 영향을 많이 끼치는 경우는, 단순한 감각이나, 기호嗜好 또는 감정과 같은 지각perception에 의존하는 경우였다.

인식의 근원을 인간의 지각에 두어, '인간은 만물의 척도다.'라고 주장한 프로타고라스와는 달리, 소크라테스에게 있어서 감각적인 것들은 오히려 제거되어야 하는 것이었다. 그것은 참된 인식을 방해하기 때문이었다. 감각적인 것에 의존하지 않는 것은 소크라테스에게 있어서는 영혼의 정화를 위한 첫걸음이었다. 비유컨대, 영혼의 정화는 의학적 카타르시스, 즉 육신의 장腸에서 장애물을 씻어내는 것과 같았다. '영혼의 장腸[회로]'에서 장애물을 제거하는 것은 영혼의 '카타르시스', 틀림없는 영혼의 '정화淨化'였다. 육신적 '카타르시스'가 의학적 치료이듯이, 영혼의 '카

---

27) Plato (1996), Sophist, 230b.

타르시스'는 철학적 치료philosophic therapy의 일종이었다.

소크라테스와 플라톤 철학은 편견과 무지 그리고 억견을 씻어 냄으로써 우리의 영혼이 절대적 실재實在absolute reality에 이르는 것을 목적으로 했다. 물론, 그 절대적 실재는 항상 그런 것, 늘 변함이 없는 것을 일컫는다. 그래서 지혜를 사랑하는 철학이 추구하는 것은, 항상 변화하는 것, 감관을 통해서 감지할 수 있는 그런 가시적인 것들에 관한 것이 아니라, 비가시적인 것에 관한 것들이었다. 이와 같은 철학의 특성은 아름다움을 추구하는 영혼이 궁극적으로 추구하는 활동, 그 날갯짓을 펼쳐 비가시적인 세계에 이르고자 하는 것이었다.

소크라테스가 독배를 마시던 날 케베스에게 물었다. "영혼은 가시적인 것the visible인가, 아니면 비가시적인 것the visible인가?"28) 이 질문을 케베스에게 던지면서 소크라테스는 자신의 생각을 이렇게 전했다. 만약 영혼이 가시적인 육신을 도구로 삼아 세상을 인식하려고 한다면, 그것은 결국 육안이나, 그 밖의 다른 신체적 감관을 이용하여 세상을 인식하려는 것이 되는데, 감관의 세계는 변화하는 세계에 관한, 즉 가시적인 세계에 관한 인식이니, 이때 우리의 영혼은 불완전하고 가변적인 세계에 머물게 된다고 했다. 그리고 이렇게 변화하는 세계 속에서 변화하는 사물들과 접촉함으로써, 우리의 영혼은 결국 길을 잃게 되고, 급기야 혼돈 속에서 헤매게 된다는 것이었다. 이 말을 들은 케베스는

---

28) Plato (1996), Phaedo, 79b.

'정말 그렇지 않을 수 있겠느냐?'고 하면서 소크라테스의 생각에 동의했고, 소크라테스는 남은 이야기를 계속했다.

소크라테스의 지론은 영혼이 육안과 같은 감관에 의존하지 않고 비감각적인 이성에 의지한다면, 우리의 영혼은 순수하고 끝이 없는 세계, 그리고 사라지지 않고 변화하지도 않는 세계로 들어가, 그 세계를 닮게 된다는 것이었다. 그리하여 우리의 영혼은 육신의 간섭으로부터 벗어나 영적인 세계에 자유롭게 드나들고, 결국 거기에 머물면서 그 세계의 성질을 획득한다는 것이었다.[29]

소크라테스의 주장이 그런 것처럼, 육신이 스스로를 닮은 세계와 관련되는 것이라면, 영혼 또한 스스로를 닮은 세계와 관련되어야 할 것이다. '닮은 것이 닮은 것[to homoios to homoio]'에 가까이 가는 것 또한 영혼의 몸짓일 테니 말이다. 그런데 영혼과 닮은 세계란 육안으로는 보이지 않는 세계, 그래서 순수하게 지적인 세계[to noeton]를 가리킨다. 그렇기 때문에, 소크라테스와 함께 변하지 않는 세계를 찾고 있던 플라톤 또한, 육안으로 보는 세계가 아니라, 직관noesis를 통해서 볼 수 있는, 영혼과 닮은 순수 사유의 세계, 형상의 세계를 관조하려고 했다. 육안의 세계, 감각의 세계는 끊임없이 생성되고 소멸되는 것들이어서, 시간과 공간이 달라지면 그것에 따라 다르게 존재하지만, 형상[이데아]의 세계는 언제 어디서나 그 자체 한 가지로만 존재하기 때문이었다.

플라톤에게 있어서 영혼이 닮고자 하는 세계는 형상의 세계였

---

29) Plato (1996), Phaedo, 79b-d.

다. 이 점에서 영혼과 형상의 세계는 닮은꼴이다. 그리고 닮은 것은 닮은 것에 가까이 가려고 한다. 이는 아름다운 것들이 아름다움 자체에 가까이 가려는 것과 같다. 영혼이 아름답지 않은 것보다 아름다운 것을, 가변적인 것보다 불변하는 것을 추구하는 이유다.

소크라테스는 케베스에게 영혼의 본질에 관하여 이렇게 말했다. "영혼은 신적인 것이고, 영원하여 죽지 않는 것이며, 지적인 것이고, 한결같은 것이며, 확고한 것이고, 모순이 없는 것이며, 불변하는 것이다."라고 말이다.[30] 그렇다면, 우리의 영혼이 무엇인가를 추구한다는 것은 영혼의 특성에 따라 추구하는 것이 되어야 한다는 것이다. 또 그렇게 되려면, 우리는 우리의 영혼이 마땅히 신의 세계처럼 아름답게 다듬어진 세계를 닮도록 해야 한다는 것이다. 닮은 것이 닮은 것에 가까이 가기 위해서다.

이 세상에 아름다운 것들이 있다면, 그것들은 저 아름다움 자체를 닮았기 때문일 것이다. 매한가지로 우리의 영혼이 아름답다면, 그것 또한 저 아름다움 자체를 닮았기 때문일 것이다.

소크라테스가 독배를 마시던 날, 그는 제자 케베스에게 아름다움 자체를 찾아 아름답게 되려고 하는 영혼의 힘을 '지혜'라고 가르쳤다. 그는 지혜에 대하여 이렇게 말했다. 많은 사람들, 특히 자연철학자들은 자연현상을 두고 그 인과관계에 대하여 꽤 아는 체를 한다는 것이다. 예컨대, 무엇인가를 안다고 자만하는 사람

---

30) Plato (1996), Phaedo, 80b.

들은 지구가 평평한지 아니면 구형인지, 그리고 지구가 왜 공중에 떠 있을 수 있는지에 대해서도 일가견을 가지고 있다는 것이다. 그러나 소크라테스에 의하면, 그들의 신념은 육안의 세계에 함몰되어 있다는 것이다. 그러면서 소크라테스는 케베스에게 자신은 사물의 존재에 대한 것을 육안과 같은 감각에 의존하는 대신, 로고스 속에서[en tois logois] 사물에 관한 진리를 고찰한다고 했다.[31) '지혜'의 자리가 어떤 것인지를 보여주기 위한 이야기였다.

소크라테스에게 있어서 참된 인식의 세계에 드는 길은 '이성적 추리를 따르는 것'이었다. 그것은 '로고스의 길'이었다. 그는 이 로고스에 의지하는 것이 감각적 인식에 의지하는 것보다 훨씬 정확하다고 했다. 소크라테스의 영혼이 평생 지혜sophia를 사랑한 것은, 그리하여 '지혜의 사랑philosophia', 곧 '철학'의 틀을 만들어놓은 것은, 이와 같은 이성적 추리에 관한 사랑 때문이었을 것이다. 여러 지식이나 원리들을 선택하여 이들을 짜임새 있는 논리적 틀로 재구성하는 그 지혜의 아름다움을 소크라테스가 어찌 사랑하지 않을 수 있었겠는가 싶다.

사실, 소크라테스가 사랑한 그 이성적 추리가 마치 신의 것처럼 처음부터 그렇게 존재하여 온 것인지, 아니면 그것 또한 인간이 만들어낸 산물인지를 판단하는 것은 어려운 일이다. 그러나 그런 가운데 우리는 경탄을 아끼지 않으면서 이 이성적 질서를 따른다.

---

31) Plato (1996), Phaedo, 99e.

마치 거기에 신이 살고 있는 것처럼 그렇게 말이다. 하지만 소크라테스가 그 신비로운 이성의 질서를 경탄하면서 그것을 따르는 것은, 그것으로 인간 영혼의 내부를 들여다본 것은, 그리고 그것을 '양심의 소리', 곧 '다이몬의 소리'라고 부른 것은, 그만큼 신적인 것과 인간 영혼 사이의 간극을 좁혀놓은 셈이 되었다.

영혼의 속성으로서 이성이 이끌어 가는 이 추리가 어떻게 논리적으로 그렇게 짜임새 있게 구성되는지는 참으로 알기 어렵다. 하지만 그럴지라도 우리가 이미 이렇게 말할 수 있는 단계에까지 이르렀다면, 우리는 이미 신의 계단에 오른 듯, 그렇게 가까이 다가간 셈이 되었다 할 것이다.

디알렉티케의 목적지

디알렉티케는 논리적 추리의 흐름을 따르는 대화이다. 논리적 흐름의 궤적軌跡을 좇을 줄 아는 사람들은 대화의 주제에 관련되는 여러 지식들이나 원리들을 선택하고, 그것들을 논리적 틀에 맞도록 이끌어 간다. 우리가 억지로 만들 수 없는 매우 그럴듯한 논리적 힘에 의해서다.

디알렉티케에서 지식과 원리들을 논리적 틀로 묶는 힘은 신비스럽다 못해 마치 신의 그림자를 밟는 듯하다. 소크라테스는 이와 같은 엄격한 논리적 짜임새를 따랐을 뿐만 아니라, 이를 가지고 디알렉티케를 이끌어 갔고, 상대방의 무지를 자각시켰다. 또한 그는 사람들의 생각이 신비롭게 서로 연결되어 있는데도 불구하고, 사람들은 왜 이와 같은 신비를 느끼지 못하는지 아쉬워했다. 그는 사람들이 이 신비를 깨닫지 못함은 물론이고, 이 신비의 힘이 어떻게 작용하는지, 그것은 어디에서 오는지에 대하여 알려고도, 더욱이 대화나 실천적 행위에서 그 힘을 따르려고 하지도 않는다고 탄식했다.

소크라테스는 심지어 디알렉티케에 들어오는 여러 지식이나 정보들을 선택하여 이들을 논리적 체계에 따라 조직하는 힘을 초월자의 것이라고까지 생각했다. 그런데 다행스럽게도 그는 이 초월적인 힘의 근원을 감지했던 것으로 보인다. 그는 이렇게 말했다. "선善과 필연必然[to agathon kai deon]이 모든 것들을 함께 묶고 결합시킨다."32)

소크라테스는 '선'과 '필연'이 우리의 생각을 묶는다고 했다. 결국 그는 '알맞은 것을 알맞은 질서로 묶는 그 신비롭고 초월적인 힘의 근원'을 '선善'과 '필연必然'이라고 생각한 것이다. 즉, 디알렉티케의 흐름에 들어오는 지식과 원리들이 함께 묶일 수 있는 것인지 아닌지를 판단할 때, 그것을 '선'과 '필연'에 비추어 한다는 것이다. 디알렉티케는 단순한 지식 창출의 방법을 넘어, 사고의 과정과 그 논법이 필연적인 것인지, 그 목적이나 내용이 선한 것인지에 비추어 판단하는 특수한 논리라는 것이었다. 이와 같은 디알렉티케의 경우를 플라톤의 「국가」에서 한 토막을 가져와 보

---

32) Plato (1996), Phaedo, 99c.

기로 하겠다. 이 디알렉티케는 조화로운 영혼을 기르는 음악교육의 목적에 관한 것이고, 대화자는 소크라테스와 글라우콘이다.

소크라테스: 하늘에 맹세코, 우리가 음악을 가르쳐야 한다면, 우리가 음악에서 절제와 기개와 자유와 경건함의 형상은 물론, 이와 유사한 것들이나 반대되는 것들의 혼합을 제대로 파악하기까지는, 또한 사소한 맥락이든 중요한 맥락이든 관계치 않고, 이들이 모두 음악에 속한다고 믿으면서, 이들 자체는 물론 이들 형상이 만들어내는 이미지를 올바로 이해할 때까지는, 음악교육을 책임질 진정한 음악가가 될 수 없지 않겠는가?

글라우콘: 당연한 말씀입니다.

소크라테스: 그렇다면 영혼의 아름다운 성향과, 이를 따라 육신적 형상으로 주조鑄造된 아름다움이 조화harmony를 갖출 때, 그것은 이를 관조할 줄 아는 사람의 눈에는 가장 찬란한 아름다운 광경이 아니겠나?

글라우콘: 그렇고말고요.

소크라테스: 정말이지 이렇게 조화를 갖추어 가장 아름다운 것이 가장 사랑할 만한 것이겠지?

글라우콘: 물론입니다.

소크라테스: 그렇기 때문에, 조화를 사랑하는 사람은 영혼과 육신의 조화를 갖춘 매력적인 사람은 사랑하겠지만, 조화를 갖추지 못한 영혼과는 사랑에 빠지지 않을 테지.

글라우콘: 그렇습니다. 만약 영혼의 아름다움에 결함이 있다면 그렇겠지요. 그런데 결함이 육신에 있는 경우라면 그것을 개의치 않고 사랑을 할 수 있을 것입니다.

소크라테스: 알겠네. 자네는 그런 쪽을 편들어 주네그려. 하여

튼 자네의 의견이 정 그렇다면 할 수 없겠지. 그러나 한 가지 묻겠네. 육신의 '쾌락'과 영혼의 '절제'는 서로 섞일 수 있는 [communion] 것, 함께 있을 수 있는 개념인가?

글라우콘: 어떻게 그런 경우가 있겠습니까. 그와 같은 쾌락이라면 영혼에 고통 이상으로 큰 피해를 입힐 것입니다.

소크라테스: 그렇지만 쾌락은 덕과 조금이라도 비슷한 점이 있지 않겠나?

글라우콘: 절대로 그렇지 않습니다.

소크라테스: 그렇다면 쾌락은 방종이나 무절제에 가깝다는 말이지?

글라우콘: 그렇습니다.

소크라테스: 그렇다면 그것은 감각적인 사랑[aphrodisia] 이상으로 민감하고 굉장한 쾌락이라도 준다고 볼 수 있네그려.

글라우콘: 그 이상으로 건전하지 못한 것은 없을 것입니다.

소크라테스: 그런데 참된 사랑이란 아름다움과 질서, 즉 절제와 조화를 갖춘 것이 아니겠는가?

글라우콘: 정말로 그렇습니다.

소크라테스: 그렇다면 참된 사랑은 무절제한 것이나 열광적인 것과는 거리가 멀겠지?

글라우콘: 물론입니다.[33]

이 대화의 흐름을 따르다 보면 우리는 언뜻 신의 계단을 오르고 있지 않나 하는 느낌이 스며든다. 선善과 필연必然을 따랐다는 뜻이다. 비록 신화에 속하지만, 「창세기」에서 선악의 구분은

---

[33] Plato (1888), *The Republic of Plato*, 402.

신의 것이었다. 그런데 그것은 지금 소크라테스의 디알렉티케를 이끌고 있지 않을까. 그런데 만약 선악의 구분이 지금도 신의 것이라고 믿는다면, 그리고 소크라테스가 그것을 자신의 디알렉티케에 훔쳐 왔다고 말한다면, 그런대로 솔직한 변명이 되지 않을까 싶다.

인용문이 보여주었듯이, 음악가의 영혼이 갖추어야 할 그 조화미調和美는 '절제'와 '기개'와 '자유'와 '경건함'으로 구성되지만, 이와 같은 영혼의 형상들은 초월적인 힘, 곧 신의 모습을 닮았다 할 수 있을 것이다. 또한 이 언어들의 조화미調和美를 만들어내는 것은 분명 선과 필연의 힘에 의한 것일 것이다. 예컨대, 영혼의 아름다움이 육신에 미치어 조화를 이룰 때 최상의 아름다움에 가깝게 된다는 것은 '그렇지 않으면 안 되는' '필연必然'에 비추어 본 판단일 것이다. 또한 쾌락의 일종인 방종이나 무절제, 감각적인 사랑은 절제도 아니고, 참된 사랑도 아니라는 것은 '선善'에 비추어 본 비판적 판단일 것이다. 음악의 본질에 비추어 본 영혼과 육신의 조화를 주제로 한 문장이지만, 위에서 읽은 인용문은 선과 필연의 논리에 따라 진행된 디알렉티케의 하나였다. 이와 같은 디알렉티케의 문법은 플라톤의 모든 대화편을 관통한다. 그렇다면, 우리는 선과 필연의 문법을 따르는 소크라테스의 디알렉티케를 가리켜, 앞에서 경탄을 아끼지 않은 것처럼, 가히 신전에 오르는 '계단'이라고 말할 수 있지 않겠나 싶다.

소크라테스의 디알렉티케는 신의 계단에 비유할 수 있을 것이다. 물론 자유학예를 포함해서다. 신의 계단, 그리고 그 마지막 단계는 디알렉티케다. 자유학예는 물론, 소크라테스의 디알렉티케를 이끄는 '선善과 필연必然[to agathon kai deon]'의 문법을 얼핏만 스쳐도, 우리는 '선善'을 추구하는 윤리의 흐름을 그 안에서 감지해 낼 수 있을 것이다. 그러나 이와 같은 흐름을 감지하지 못하는 사람들은, 마치 소피스트들이 그랬듯이, 그리고 지금 우리의 주변에서 볼 수 있다시피, 집단적 사고에 매몰되어, 선과 필연의 문법을 상실할 수밖에 없을 것이다. 아마도 그 이유 가운데 하나는 영혼이 정화되지 않아서, 아직 그들의 사고 과정이 논리적 흐름을 따르지 못하기[going against the flow of logical rules] 때문일 것이다.

플라톤의 「파이돈」을 번역한 트레드닉Tredennick은 '필연'을 뜻하는 헬라스어 'deon'을 '도덕적 감성moral obligation'으로 번역했다. 'Deon'은 '필연'을 뜻하니, 그것은 도덕적 감성을 벗어날 수 없는 것임에 틀림없다. 아닌 게 아니라, '의무론'을 가리키는 영어, 'deontology'가 헬라스어 'deon'에서 왔다는 것도 '필연'과 '도덕적 감성'을 원만히 매치시킬 수 있는 까닭이 된다. 또한 플라톤은 후기 대화편에서 'deon' 대신, 이와 동일한 뜻을 갖는 단어 '메트리오스metrios'를 사용한다. 'Metrios'는 영어에서 '적도適度'를 뜻하는 'moderate'나 'reasonable'로 번역된다. 모두 '알맞다'거나 '이치에 맞다'는 뜻을 갖는다. 또한 놀랍게도 'moderate'를 뜻하는 고대 헬라스어 'mesotes'는 아리스토텔레스의 「니코마코스 윤리학」에서 '중용中庸'을 의미하는 용어가 되었다. 선과 필연의 문법을 따라 진행되는 소크라테스의 디알렉티케는 결국 '적도適度', 곧 '가장 알맞고 필연적인 것' 또는 '가장 알맞은 이치'를 따른다.

'선'과 '필연'의 문법은 이렇게 자유학예[liberal arts]를 넘어 디알렉티케를 이끌어 가는 논리적 힘으로 작용한다. 그리고 그것은 디알렉티케 안에서 거대한 지식의 집합체를 함께 묶어, 아름답고 참된 것들의 세계를 엮는다. 그런데 이 '필연'을 좀 더 적절한 용어로 표현하면, 참된 것과 아름다운 것들이 공유하는 '적도適度의 논리'라고 말해야 할 것 같다. 그리고 이 적도의 논리가 학문을 이룩하고, 선함[to agathon]의 세계를 구축한다고 보아야 할 것이다. 그런데 이 논리는 소크라테스와 플라톤 바로 뒤 아리스토텔레스에게 있어서는 지성의 한 형상으로서 '프로네시스', 곧 '실천적 지혜'로 등장하니, 우리에게는 경이로운 일이다. 이는 선한 것을 목표로 알맞고 적절하게 판단하고 행동하는 실천적 능력[praktikos]을 뜻한다. 선과 필연의 논리, 즉 선의 이미지를 찾고, '그렇게 하지 않으면 안 되는 마음'으로 구성되는 실천적 지혜는 소크라테스가 택한 사유방식으로서 디알렉티케를 이끌어 가는 논리의 정형이었다.

IV

영혼의 세계

제8장

영혼의 논리, 그 혼화의 미학

알에서 애벌레로, 애벌레에서 번데기로, 그리고 마침내 나비 [psyche]가 되어 날갯짓[羽化]을 펼치는 변신의 과정은 참으로 신비하고도 아름답다. 그런데 번데기에서 날개가 돋아 나비가 되는 이 변신의 모습과, 인간 영혼이 그 원초적 충동에서 벗어나 어디론가 날갯짓을 펼치는 모습은 어쩌면 그렇게도 서로 닮았는지 모르겠다.

아닌 게 아니라, 인간 영혼도 나비처럼 그렇게 변신을 거듭한다. 그런데 그 날갯짓은 도대체 무엇인가? 그것은 영혼의 활성태로서 에네르게이아의 발동이 아닌가? 그것은 어떻게 왜 발하며, 어디로 나는가? 우리는 이제 이 날갯짓을 나비의 몸짓에서가 아니라, 인간 영혼의 몸짓에서도 관찰할 수 있게 되었다. 하지만 그것이 우리에게 어떤 메시지를 전할지, 기대도 크지만 두렵기도 하다.

선善과 필연必然의 논리

소크라테스는 기원전 399년 불공정한adikos 배심원들의 판결에 따라 독배를 마셨다. 아테네에서 가장 공정한dikaios 영혼의 소유자인 소크라테스가 가장 공정하지 못한 배심원들로부터 받은 판결이다. 페르시아군을 격퇴한 아테네의 영웅 테미스토클레스Themistocles 또한 조작된 도편陶片 추방제에 의해 기원전 472년 아테네에서 사라졌다. 두 사건 모두가 허울 좋은 민주정民主政 체제의 아테네 역사 한가운데에서 이루어졌다. 올바르지 못한 정치 집단이 저지른 불공정한 재판이었다.

그럼에도 불구하고, 어리석은 민중들은 이렇게 반문할지도 모른다. 파렴치하고 사악한 정치인의 이름을 도편에 새겨 그를 해외로 추방한다는 것은 정의로워 보이지 않는가? 또한 배심원들을 두어 그들에게 재판의 판결권을 주는 것은 민주적이고 공정해 보이지 않는가? 그러나 그 배심원들의 영혼이 정화되지 않았다면 어떻게 되겠는가.

그런데 왜 사람들은 그럴듯해 보이는 제도 속에서도 공정하지 못한 행위를 하는가? 소크라테스의 디알렉티케는 공정한 영혼을 위한 것이었는데, 그리고 그 자신은 디알렉티케를 통하여 아테네인들에게 공정함[dikaiosyne]이 무엇인지를 가르쳤는데, 그리고 그 자신 또한 공정한 삶을 살았는데도 말이다.

인류 역사는 소크라테스처럼 한편으로는 인간 영혼이 '선하고 공정한 것'을 찾아 끊임없는 날갯짓을 펼친다고 가르친다. 그러나 다른 한편으로 인류 역사는 인간 영혼이 자주 나락那落에 떨어져 그곳으로부터 벗어나지 못한다고 꾸짖는다. '공정함'은 디알렉티케가 추구하는 세계인데, 그리하여 우리의 영혼이 공정하게 되려면 디알렉티케의 계단에 올라야 하는데, 거기에 오르는 일은 유약한 인간 영혼들에게는 그렇게도 어려웠던가 싶다.

어떻든, 디알렉티케의 계단에 오르지 못한 고대 헬라스의 어리석은 민중들은 항아리에 모아진 도편의 수를 조작하여 시대의 영웅을 해외로 추방했고, 소크라테스와 같이 이미 디알렉티케의 계단에 오른 공정한 영혼에게 공정하지 못한 판결을 내렸다. 이는 사실 고대 헬라스의 역사에서만 읽을 수 있는 것은 아니다. 오늘날에도 이와 같은 현상은 이곳저곳 가릴 것 없이 도처에서 확인할 수 있는 사건들이다.

선거 결과를 조작하듯, 도편의 숫자를 조작하고, 불공정한 판결을 하는 민중들은, 소크라테스의 언어로, '선과 필연[공정함]to agathon kai deon'으로 세상 보기를 하지 못하는 어리석은 대중[agnos demos], 곧 중우衆愚에 불과했다. '필연[적절함]'을 뜻하는 헬라스어 'deon데온'은 '공정함'의 형용사 'dikaios'와 동의어다. 그러므로 '선과 필연의 세상 보기'는 '공정한 세상 보기'와 다르지 않다.

소크라테스는 어느 날 '선과 필연의 세상 보기'를 하지 못하는 어리석은 대중을 향하여 꾸짖었다. 디알렉티케는 신비로운 힘을 가진 최고의 앎[to megiston mathema]을 추구하고, '선과 필연 [to agathon kai deon]'으로 모든 것들을 함께 묶고 결합시키는데, 사람들은 이를 전혀 깨닫지 못한다는 꾸짖음이었다.1) 대중들은 이 신비의 힘이 어디에서 오는지에 대하여 알려고도, 더욱이 대화나 실천적 행위에서 그 힘을 발휘하려고도 하지 않는다는 것이었다.

소크라테스에게 있어서 디알렉티케의 밑을 흐르고 있는 '선과 필연'은 디알렉티케 자체를 이끌어 가는 힘이었다. 그것은 일종의 추론적 사고[dianoia]의 힘, 소크테스에게 고유한 논리였고, 그의 '세상 보기'였다. 플라톤의 「국가」에서 이 세상 보기는 '최고의 앎 [to megiston mathema]'이고, '최고의 선[to megiston agathon]'이 었다.2) 결국, 우리가 획득해야 할 관념은 '선의 의미the idea of the good'이고, 우리가 소유해야 할 지식은 '선의 지식the knowledge of the good'이었다. 이 공식이 소크라테스의 디알렉티케를 떠받친다. '선과 필연'은 결국 디알렉티케의 문법文法이었다.

소크라테스는 물론이지만 플라톤 또한, 인간을 홀로 서 있는 개별자로 파악하지는 않았다. 이들은 이렇게 생각했다. 인간을 포함한 모든 개별자들은 항상 복합적인 역力의 긴장과 균형 속에서 가

---

1) Plato (1996), Phaedo, 99c.
2) Plato (1996), Republic, 505b.

장 안전한 존재로 있으려 한다고 말이다. 다른 말로 표현하여, 개별자로서 인간들은 그들 사이의 복잡한 관계[프락시스] 속에서 항상 '보다 선한 것', '가장 알맞고 적절한 상태'에 있으려 한다는 것이다.

'선과 필연'을 중심으로 하는 역力의 긴장과 균형을 우리는 소크라테스 디알렉티케에서 읽는다. 디알렉티케의 흐름은 다른 것이 아니라, '선과 필연' 그리고 그 공정함[dikaiosyne]을 유지하려는 과정이었다. 그것은 우리 영혼의 활성태로서 에네르게이아[힘]가 펼치는 날갯짓일 뿐만 아니라, 무엇인가 선한 것을 지향하는 독특한 형상이었다.

평생 아고라에서 디알렉티케로 아테네인들을 가르친 소크라테스는 분명 '선과 필연', 그리고 '공정함'을 사랑했다. 그는 '선과 필연' 그리고 '공정함'의 화신化身이었다. 그는 세상은 '선과 필연'이 이끌어 간다고, 또한 데모스[대중]의 삶도 그 힘이 이끄는 것이어야 한다고 생각했다.

그렇다면, 디알렉티케에서 선과 필연은 도대체 어떤 모형의 날갯짓을 펼치는가. 그런데 그 날갯짓의 한 모형을 우리는 우선 플라톤의 「향연」에서 사랑의 논리로 읽어낼 수 있을 것이다. 그리고 또 다른 하나의 모형을 든다면, 우리는 아리스토텔레스의 윤리학과 선진유학先秦儒學에서 중용의 원리로도 읽어낼 수 있을 것이다. 전자의 경우에서는 그 모형을 '중간자의 논리'라 부르고, 후자의 경우에서는 그것을 '혼화混和[krasis]의 논리'라 부르면 어떨지 모르겠다. 그러나 이들은 서로 다른 것이 아니다.

영혼의 힘, 그 중간자中間子의 역학力學

신화는 물론, 비극문학과 드라마의 시대가 지나가고, 인간 영혼의 모습도 몇 차례의 변신을 거듭한 뒤, 철학적 재형성의 시대에 들어섰다. 하지만 인간 영혼에 관한 철학적 재조명은 새로이 만들어낸 것이라기보다, 이미 있어 왔던 신화와 종교와 비극문학의 장르에서 싹튼 것이었다.

「창세기」에서 하느님이 진흙으로 자신을 닮은 인간의 모상模像을 만들었다. 그리고 그 코에 생명의 숨을 불어넣자 그 모상은 살아 움직이는 생명체가 되었다. '숨'은 '살아 있는 것', 곧 '생명'을 상징했다. 그것은 또한 '영혼'을 가리키기도 했다.

'영혼'을 뜻하는 고대 그리스어 'psyche'의 원형 'psi'는 '숨'을 뜻했다. 그리하여 'psyche' 또한 '숨'을 뜻하기도 하고, '영혼'을 뜻하기도 했다. '숨'과 '영혼'은 신화와 종교의 세계에서 서로 다른 용어, 서로 다른 신화소神話素가 아니었다. '숨'에는 영혼의 기운, 즉 '프시케'가 깃들어 있다고 사람들은 생각했다. 옛사람들은 '숨'과 '영혼'을 이렇게 연결시켰다. '숨'은 신비해서 예로부터 재채기까지도 육신에서 영혼이 빠져나오는 것[탈출]이 아닌가 하고 의심했다. 그리하여 심지어는 오늘날도 런던의 지하철에서 재채기를 하는 사람에게 옆에 앉은 사람은 'Bless you![신의 가호를 빈다!]'라고 위로하고, 재채기를 한 사람은 이에 '고맙다!'라는 말로 답례한다. 흥미로운 일이다. '영혼'의 의미가 그렇게 '숨' 속에 있었다.

'Psyche'의 원형 'psi'를 초심리학은 초감각적인extra sensory 정신의 흐름을 뜻하는 용어로 사용한다. 'Psi'는 '숨'을 뜻하지만, 그것은 나아가서 미묘한 정보를 포착한다든지, 마음의 눈으로 타인의 감정을 읽는다든지, 다가오지 않은 날의 일을 예감한다든지, 난관을 뛰어넘는 지혜를 발한다든지, 사랑과 같은 꺼질 줄 모르는 열정을 발하는 등, 모두 무엇인가를 예측하고 변화하는 힘을 뜻하는 말이 되었다. 이렇게 영혼의 속성들은 단순한 오감五感의 한계를 뛰어넘어 초감각적인 것에까지 옮겨 간다. 심지어 <프시케 이야기>를 쓴 사람 또한 이와 같은 의미를 그 이야기의 밑바탕에 깔아놓았다.

<프시케 이야기>에서 프시케는 더욱 아름답고 완전한 존재가 되기를 바랐다. 그리하여 '프시케'라는 이름은 '인간이 신과 같이 아름답고 완전한 것이 되려는 열정'을 상징하게 되었다. 영혼의 특징은, '프시케'가 그렇듯이, 완전하고 아름다운 신의 세계를 향한 끊임없는 날갯짓을 펼친다는 데 있다. 그리하여 아름다운 것을 지향하는 사랑의 열정은 영혼의 본질이다.

'사랑의 열정'은 <프시케 이야기>보다 5세기나 앞서는 「향연 Symposium」의 주제이기도 하다. 플라톤은 「향연」에서 인간 영혼이 신의 세계를 동경하는 것을 아름답게 묘사해 냈다. 이 아름

다움은 인간 영혼이 신들을 사랑하여 하나가 되는[communion] 아름다움이었다.

「향연」의 주제는 사랑의 신 에로스에 대한 찬미다. 그런데 여기에서 '에로스'는 플라톤의 「향연」에 등장하는 '에로스'라 하여, 우리는 그것을 '플라톤의 에로스'라 한다. 또한 「향연」에서 '에로스'는 무녀 디오티마가 소크라테스에게 들려주는 이야기 속의 에로스이기 때문에, 그것을 '디오티마의 에로스'라 불러도 좋을 것이다. 그렇기 때문에 「향연」에서 에로스는 아풀레이우스의 <프시케 이야기>에 등장하는 아프로디테의 아들로서 에로스와는 구분된다.

「향연」에서 아가톤은 수사학적 방법을 모두 동원하여 에로스를 찬양한다. 그는 에로스야말로 모든 신 가운데 가장 아름다운 신이라고 주장한다. 에로스에 대한 아가톤의 찬양이 끝나자 소크라테스가 아가톤에게 물었다. "그러면 에로스가 아름다움 자체란 말인가? 아니면 아름다움을 사랑하는 존재란 말인가?" 아가톤은 이렇게 대답했다. "에로스는 아름답기도 하지만 그보다는 아름다움을 사랑하는 존재입니다." 소크라테스는 아가톤이 현명하다고 생각했다. 그러면서 이렇게 덧붙였다. "맞았네. 에로스는 아름다움 자체가 아니라, 아름다움을 사랑하는 존재일세. 그리고 아름다움을 사랑하는 것은 아름다움이 결여되어 있기 때문이고, 그렇기 때문에 그 아름다움을 욕구하지 않을 수 없을 것이네. 그러니 누군가가 아름다움을 욕구한다면, 그는 우선 아름다움을 결여하고 있는 존재가 아니겠는가?"3)

에로스가 아름다움을 사랑한다는 것은 결국 그가 아름다움이 결여되어 있는 존재라는 것을 함의한다. 그리고 아름다움의 결여는 아름다움을 채우려는 욕구의 시작임을 뜻한다. 「향연」에서 에로스가 '아름다움 자체'가 아니라, '아름다움을 사랑하는 존재'라는 점, 그리고 이와 같은 사랑은 에로스가 아름다움을 결여하고 있기 때문이라는 점은 무녀巫女 디오티마가 소크라테스에게 들려주는 이야기의 주제였다.4)

디오티마가 소크라테스에게 이렇게 전했다. 제우스의 아름다운 딸 아프로디테의 생일 축하연이 있던 날 밤이었다. 그때 그곳에서 궁핍의 여신[Need] 페니아가 풍요의 신[Resource] 포로스를 만났다. 그런데 이들 사이에서 에로스가 탄생했다. 에로스의 아버지 포로스는 귀족이면서 명예와 지혜와 재산과 건강과 아름다움을 충만히 갖췄다. 여기에 비하여, 어머니 페니아는 천민이면서 무지할 뿐만 아니라, 추녀였고 병약했으며, 사람들로부터 천대를 받았고, 사는 집도 누추했으며, 빈곤했다. 대칭의 논리다. 하나는 완전한 존재, 다른 하나는 불완전한 존재를 상징한다.

완전한 존재와 불완전한 존재 사이에서 탄생한 에로스는 이들을 반쪽씩만 닮아서 아버지만큼 지혜롭지도 아름답지도 못한 존재이지만, 그렇다고 하여 어머니처럼 완전히 무지하지도 추하지

---

3) Plato (1996), Symposium, 201d-202. 조무남 (2010), 「플라토닉 러브」, 80.

4) Plato (1996), Symposium, 200e-201c.

도 약하지도 않은 존재였다. 그는 완전함과 불완전함, 지혜와 무지, 아름다움과 추함 사이, 그 중간적 존재로 태어난 것이다.5)

중간적 존재는 항상 선한 쪽, 만족스러운 쪽을 지향한다. '프시케', 즉 영혼의 특성이 그렇다. 어머니와 함께 불완전한 세계에 살고 있는 에로스는 완전한 존재인 아버지의 세계를 동경하지 않을 수 없었다. 그는 늘 거리를 방황하면서 완전한 아버지의 세계를 그리워했다. 그도 그럴 것이, 에로스의 몸에는 아버지의 피가 흐르고 있었으니, 그리고 어머니의 세계는 결핍과 불완전한 세계였으니, 에로스의 영혼은 무엇인가 보다 완전한 것, 무엇인가 보다 풍요로운 것으로 채워져야 했다. 하지만 그렇다고 하여, 어머니의 세계에 대한 연민의 정을 완전히 버릴 수도 없었다. 그의 영혼은 늘 완전함과 불완전함 사이를 방황하는 존재로 태어났다.

그런데 완전함과 불완전함 사이의 존재는 참으로 독특한 특징을 가진다. 알 수 없는 힘의 작용이다. 에로스의 방황은 그 힘의 한 가지일 것이다. 그런데 이 방황은 '불안'에서 시작하고, 그 힘 또한 불안에서 발한다. 완전함과 불완전함 사이에서의 불안이다. 에로스의 영혼뿐만 아니라, 우리 인간 영혼은 모두 그와 같은 근원적 불안을 가지고 있다. 그리고 그 불안은 알 수 없는 힘을 잉태하고 있다. 인간 영혼이 가지고 있는 이 불안을 우리는 철학의 한 줄기를 따라 '존재론적[실존적] 불안existential anxiety'이라

---

5) Plato (1996), Symposium, 202b.

고 부를 수 있을 것이다.

인간 영혼의 '존재론적 불안'은 완전함과 불완전함 사이의 존재, 즉 중간자中間子의 불안이다. 완전함과 불완전함 사이에는 어느 쪽으로든 기울지 않으면 안 되는 필연의 불안이 존재한다.

에로스의 필연적 불안은 아름다움에 대한 그리움에서 시작하고, 그것은 그리하여 그의 태생적 사랑을 예언한다. 그는 아름다운 아버지의 세계와 그렇지 못한 어머니의 세계 사이에서 태어났고, 어머니의 세계, 그 결핍의 세계에서 아버지의 세계, 그 풍요의 세계를 향한 그리움을 잉태하고 있었기 때문이다. 디오티마가 해석한 영혼의 힘, 그 사랑의 메커니즘이다.

사랑의 메커니즘, 그 모티브는 마치 시계의 진자振子 운동처럼 이쪽과 저쪽으로 그 필연의 운동을 시작한다. 그리하여 그것은 결국 균형을 취하려는 중심 잡이 역학을 만들어낸다. '중간자中間子의 논리'가 출현하는 모습이고, 인간 영혼이 펼치는 날갯짓의 모습이다.

이미 '풍요'와 '결핍' 사이에서 읽었다시피, '중간자'는 논리적으로 양극단을 전제한다. 이를테면, '아름다움'과 '추함', '지혜'와 '무지'가 그 양극단이다. '정의'와 '불의'도 그 양극단이고, '겸손'과 '오만'도 그 양극단이고, '정직'과 '기만'도 그 양극단이다. 물론, '중간자'는 논리적으로 이 양극단 사이에 존재한다. 그러나 '중간자'는 이 양극단 사이에서 정지해 있지 못한다. 그것은 이 양극단에서 항상 어느 쪽으로든 기울기 마련이다. 알 수 없는 힘의 작용이다. 그런데 영혼의 기욺은 닮음과 사랑을 근원으로 한다. 이때 우리의 영혼이 올바르게 정화되었다면, 그것은 틀림없이 '선하고 아름다운 쪽'으로 그 기울기를 잡을 것이다.6)

에로스의 영혼은 아버지의 아름다움[완전함]을 결여하고 있을 뿐만 아니라, 결과적으로 그 세계를 동경했으니, 그것은 아름다움 쪽으로 그 날갯짓을 펼칠 것이다. 우리의 영혼도 에로스의 사랑을 닮았다. 자유학예를 올바로 공부하여 편견과 몽상과 거짓에 찌든 영혼이 깨끗이 정화됨으로써, 특정 이데올로기나 집단적 사고는 물론, 악덕의 나락에 매몰되지 않은 영혼이 되었다면, 어찌 선한 쪽, 아름다운 쪽으로 그 날갯짓을 펼치지 않겠는가.

에로스의 사랑은 중간자의 논리가 작동하는 몸짓이다. 에로스의 탄생 자리가 중간이었으니, 그 자리는 어차피 어느 쪽으로든지 기울지 않으면, 사랑하지 않으면 안 되는 자리였다. 그리하여, 에로스의 다른 이름은 'Love'다.

시계의 진자 운동과 같이, 인간 영혼 또한 그 축軸의 양극단 사이에서 이쪽으로도 기울고 저쪽으로도 기운다. 그러나 이때의 좌표는 물리적·통계적 중간치가 아니다. 그 기울기는 오히려 인문학적 가치에 관한 성찰省察의 결과다. 아닌 게 아니라, 양극단 사이의 중간자가 어느 한쪽으로 기우는 것은 인간 영혼의 특성에서 관찰할 수 있는 신비다. 더욱이 그 기욺의 날갯짓이 통계적

---

6) 조무남 (2010), 「플라토닉 러브」.

인 것이 아니라, 인문학적 중절中節을 찾는 성찰, 하나의 특이한 논리적 형식으로서 중간자의 논리를 따른다는 점에서 그 신비를 더한다.

에로스의 사랑을 '중간자의 논리[dynamics]'로 이해하는 것은 참으로 중요하다. 에로스가 아름다움과 추함의 중간자로서, 추함 쪽이 아니라 아름다움 쪽을 사랑하는 존재라는 것, 그는 정체된 무기력한 존재가 아니라, 무엇인가를 지향[사랑]하는 본성을 가진 존재라는 것, 그는 단순한 '사랑의 심벌'이라기보다, 무엇인가를 '사랑하는 것의 심벌'이라는 것은, 우리가 좇고 있는 인문학적 인간 이해에 그대로 적용되기 때문이다. 디오티마가 소크라테스에게 에로스의 사랑, 즉 그 중간자의 논리를 애써 보여준 것은, 그것으로 인간 영혼이 추구하는 사랑의 모형이 어떤 것인지를 보여주기 위한 것이었다.

이제 이렇게 말할 수 있다. 영혼의 '사랑'은 무엇인가 결여된 것을 보충하여 보다 선한 상태로 '되어 가고자 하는 지향성', 곧 그렇게 되고자 하는 '에네르게이아'를 일컫는 단어라고 말이다. 인간 영혼이 그렇지만, 중간자의 논리가 가지고 있는 특성은 무엇인가를 결여하고 있으면서, 그 결여된 것을 자신의 것으로 채우려는 영적 힘을 발휘한다. 그런데 여기에서 우리는 에로스로 상징되는 그 '아름다움에 대한 사랑'을 '선함과 필연의 사랑', 곧 '공정함dikaiosyne'에 대한 사랑으로 대치시켜도 좋을 것 같다.

'선과 필연', 그리고 그 '공정함'은 소크라테스의 디알렉티케를 이끌어 가는 논리적 힘이었다. 이 점에서 보면, 에로스의 사랑을 이끄는 그 중간자의 논리는 「향연」에서뿐만 아니라, 플라톤의 모든 대화편에서 소크라테스의 디알렉티케를 이끌어 가는 논리적 힘이라는 점을 또한 어렵지 않게 확인할 수도 있을 것이다.

영혼의 혼화

인간 영혼이 생물학적·사실적 한계를 벗어나 영적·규범적 세계를 그리워하게 되는 것은 나비의 변신보다도 더 신비로운 일일 것이다. 특히 에로스의 그 '그리움'은 인간 영혼이 가지고 있는 독특한 특성, 즉 인간 영혼의 활성태로서 에네르게이아가 빚어내는 신비가 아닌가 한다.

인간 영혼이 생물학적 한계를 벗어나게 된 것은 영혼이 자유를 얻게 되면서부터였다. 아닌 게 아니라, 인간 영혼이 자유를 얻으면서 그것은 생물학적 한계를 벗어나게 되고, 그 결과 파토스적인 것과 로고스적인 것, 음陰의 것과 양陽의 것, 디오니소스적인 것과 아폴론적인 것이 혼화混和[krasis]되는 신비로운 모습을 보이게 되었다. 나비가 구각舊殼을 벗고 날갯짓을 펼치는 것도 신비스럽고 아름답지만, 인간 영혼이 파토스적인 것과 로고스적인 것, 디오니소스적인 것과 아폴론적인 것이 만들어내는 혼화 또한 신비스럽고 아름답지 않을 수 없다.

인간 영혼이 빚어내는 '혼화의 논리'는 한때 플라톤의 「필레보스」를 장식하는 주제였다. 그런데 「필레보스」의 영혼 이야기에서 인간 영혼은 과연 어떤 모습이었을까.

플라톤은 스승 소크라테스를 따라 「필레보스」에서 '선한 것'의 의미를 찾는 데 천착했다. 그런데 플라톤에게 있어서 '선한 것'은 우선 '가장 알맞고 적절한 것', 곧 '적도適度'[to metrion]를 지칭하는 것이었다. 그것은 서로 대립되는 것들, 그리하여 서로를 결여하는 불균형[ametria]의 요소들이 혼화混和를 이루어내는, 그 아름다움과 선함의 균형미均衡美를 일컫는 것이었다. 이와 같은 이야기는 「티마이오스」에서도 읽을 수 있다.

「티마이오스」에서 플라톤은 이렇게 말한다. "공정한 것들은 모두 선한 것이고, 비례와 균형의 아름다움을 갖춘 것들이다."7) 그러니까 플라톤에게 있어서 알맞고 적절한 '적도'는 '선한 것'이고, '선한 것'은 또한 '균형의 아름다움'을 일컫는 것이었다.

인간 영혼은 결국 그 적도의 좌표를 읽어냄으로써 스스로의 균형을 찾고, 그리하여 '선善'에 이르려 한다. 인간 영혼의 날갯짓이고, 그 본성이다. 그런데 이와 같은 영혼의 몸짓에 관한 이야기는 「필레보스」나 「티마이오스」에서뿐만 아니라, 원시유학原始儒學에서도 읽을 수 있다.

원시유학의 총서라고 할 수 있는 「예기」 예운편禮運篇에는 칠정七情에 관한 공자의 이야기가 있다.

---

7) Plato (1996), Timaeus, 87c.

도대체 사람의 정[人情]이란 무엇인가? 그것은 기뻐하고[喜] 성내며[怒] 슬퍼하고[哀] 두려워하며[懼] 사랑하고[愛] 미워하며[惡] 욕심을 내는[欲] 것으로서, 이들 일곱 가지[七情]는 사람들이 배우지 않고도 소유하는 능력[弗學而能]이다.[8]

'칠정'은 처음에 '인정人情'이라는 이름으로 이렇게 「예기」에 올라 있다. 공자는 이것들을 일컬어 '배우지 않고 가지는 인간의 능력[弗學而能]'이라 했다. 인간에게 태어날 때 주어지는 능력, 곧 '본성'이라는 뜻이다. 인간 영혼의 원초적 모습이다.

그런데 인간 영혼의 원초적 모습으로서 '칠정'은 인간의 내면 세계에서 복합적·정서적 모형 그대로 그 충동을 발하기 마련이다. '원초적 충동'으로서 칠정은 이렇게 어쩔 수 없는 인간의 심리적 충동이다. 그러나 우리는 그것을 인간 영혼에 해악을 주는 악덕으로 서둘러 단정해서는 안 된다. 그렇게 하기에 앞서 우리는 이들 칠정을 인간 영혼이 정화되고 변신을 하기 전의 원형으로 이해하는 편이 보다 타당할 것이다. 그도 그럴 것이, 이와 같은 원형을 전제하지 않는다면, 우리는 영혼의 정화와 변신에 대한 이야기를 시작할 수도, 그 뒤에 영혼의 혼화에 관한 이야기를 할 수도, 그리하여 영혼의 출생에 관한 비밀을 이야기할 수도 없을 것이다.

아닌 게 아니라, 우리가 영혼에 관한 이야기를 할 때, 우리는

---

8) 李相玉 역주 (1985), 「禮記」, 禮運. 何謂人情 喜怒哀懼愛惡欲 七者 弗學而能.

맨 먼저 이 칠정의 몸짓부터 들추어내고, 그 몸짓이 분출하는 혼돈의 질서 속에서 영혼의 움직임을 감지한다. 그 혼돈의 질서가 때때로 그리고 경우에 따라 우리의 마음에 들지 않을지라도 말이다. 정말 그렇다. 우리가 칠정의 혼돈과 질서를 염오厭惡로 가득 찬 정서적 소용돌이나 악덕의 대상으로만 보지 않고, 무엇인가 아름답고 선한 것을 지향하는 조화와 균형, 곧 적도適度를 찾는 몸짓이라고 생각한다면, 그 정서적 소용돌이에 대한 우리의 인식은 사뭇 달라질 것이다.

공자의 생각도 매한가지였다. 그는 위에서와 같이 인정人情 또는 칠정의 정체를 보여준 「예기」에서 이렇게 말을 이었다.

> 그렇기 때문에 성인聖人이 되려면 칠정을 알맞은 것이 되도록 다스려야 하고, 열 가지 인의人義, 곧 십의十義를 바르게 실천함으로써 사람들의 신뢰가 두터워지고, 서로 화목하며 서로 사양하도록 하고, 쟁탈이 일어나지 않도록 가르치는 것인데, 그러기 위해서는 예禮가 없이 어찌 그렇게 다스릴 수가 있겠는가.9)

「예기」에서 읽는 공자의 이 말은 인정[七情]을 알맞은 것으로 다듬어[정화하여] 인의[十義]로 변신을 시켜야 한다는 뜻이다.

공자는 인의를 나누어 십의十義를 만들었다. 자애[父慈]와 효도[子孝]와 어짊[兄良]과 공경[弟弟]과 의리[夫義]와 존중[婦聽]과

---

9) 李相玉 역주 (1985), 「禮記」, 禮運. 故 聖人之所以治人七情 脩十義 講信脩睦 尙辭讓 去爭奪 舍禮 何以治之.

은혜[長惠]와 유순[幼順]과 인애[君仁]와 충성[臣忠] 등이다.10) 어버이와 자식과 형과 아우와 남편과 아내와 어른과 아이와 임금과 신하 사이의 '예禮'에 관한 이야기다. 인정人情, 곧 칠정을 알맞은 것이 되도록 다스리면, 이렇게 인의[禮]가 된다는 이야기는 공자 유학의 기본 원리다. 유학에서 인정人情은 어쩔 수 없이 다스려야 하는 것이었다. 유학이 그려낸 정情과 의義의 연속적 모형이다.

소크라테스도 그랬지만, 공자 또한 칠정을 다듬어야 하는 것으로 생각했다. 이것은 지금 우리에게는 인간 영혼의 변신과 그 가능성에 관한 이야기다. 고대 중국에서 이 이야기는 「예기」에 표현된 공자의 다듬질[治人] 이야기이지만, 그것은 헬라스에서는 소크라테스가 디알렉티케를 통해서 이루어내고자 한 정화에 관한 이야기이기도 하고, 헬라스 문화의 파토스와 로고스의 혼화 이야기이기도 하다.

공자는 '치인治人', 곧 마음의 다듬질을 통해서 인정[情]과 인의[義] 사이를 연결하려고 했다. 그런데 그 뒤에 이와 같은 연결 모형을 자사子思는 「중용」에 그려냈다. 공자의 손자 자사는 공자의 문하에서 전수하는 심법心法[마음의 다듬질]이 후세에 사라져 버릴 것을 염려하여, 그것을 정리하여 맹자에게 전했다. 그것이 「중용」이다. 「중용」은 공자가 「예기」에 풀어놓은 인간 영혼의 변신과 그 절차를 생생하게, 그리고 체계를 갖추어 그려낸 역작이다.

---

10) 李相玉 역주 (1985), 「禮記」, 禮運.

자사가 그려낸 인정人情과 인의人義의 그림은 「중용」의 서설인 그 첫 장章에 보인다.

> 희로애락喜怒哀樂이 나타나지 않은 것[未發]을 '중中'이라 하고, 나타나 모두 절節에 맞는 것을 '화和'라 한다. '중中'은 천하의 대본大本이고, '화和'는 천하의 '달도達道'이다. '중中'과 '화和'에 이르면 천지가 제자리를 잡고, 만물이 화육化育한다.[11]

매우 흥미 있는 문장이다. 그러나 다소 난해한 문장이다. '희로애락이 나타나지 않은 것을 중中이라 한다[喜怒哀樂之未發 謂之中].'는 문장이 그렇다. 그 이해의 난점은 무엇보다 '미발未發', 곧 '나타나지 않음'의 의미에 있다.

물론, '미발未發'은 희로애락이 본래부터 존재하지 않는다는 것을 뜻하지는 않는다. 희로애락은 존재하되 동요를 일으키지 않는다는 뜻일 뿐이다. 희로애락은 원래 인간 삶의 원초적 충동이니 이것들의 존재를 부정할 길은 없다. 그렇기 때문에, 여기에서 '미발'은 '희로애락'이 존재하되, 그것이 예컨대 공자의 '마음의 다듬질[治人]'에 의한 것이든, 소크라테스의 정화에 의한 것이든, 불가에서 말하는 '고요함', 곧 적멸寂滅의 상태에 드는 것이든, 또는 그 밖에 우리에게 알려지지 않은 어떤 비법秘法에 의한 것이든, 아무런 갈등, 즉 칠정[情]의 불균형[동요]을 초래[發]하지

---

11) 金學主 역주 (1972), 「大學 中庸」, 道와 中庸. 喜怒哀樂之未發 謂之中, 發而皆中節 謂之和, 中也者 天下之大本, 和也者 天下之達道也, 致中和 天地位焉 萬物育焉.

않아 출렁이지 않는다는 뜻으로 읽어야 한다. 그렇기 때문에 여기에서 '미발未發'은 칠정[情]이 충동을 일으키지 않아, 우리의 마음이 칠정에 의해서 아무런 영향을 받지 않게 되고, 그 결과로 이리저리 기욺과 지나침[過]과 부족함[不及]이 없이 고요함[寂滅]에 머무는데, 칠정이 이와 같은 상태에 머물러 있는[止] 상태를 '中'이라 한다는 것이다.

주희朱熹 또한 '中'에 위와 같은 뜻을 부여했다. 「중용」에 주석을 단 주희朱熹는, 그의 「중용장구中庸章句」 제사편題辭篇에서, 자신의 스승 정이程頤를 따라 '중'의 의미를 이렇게 풀었다. "불편불의무과불급지명[不偏不倚無過不及之名]"이라고 말이다. '中이라는 것은 편벽되지 아니하고, 의지하지 아니하며, 지나침도 없고, 부족함도 없는 것을 가리키는 이름'이라는 뜻이다.

그렇다. 자사의 '미발未發'이 의미하는 것과 같이, 칠정이 발하지 않아 동요를 일으키지 않는다면, 우리의 마음은 칠정에 의해서 아무런 영향을 받지 않게 되고, 그 결과로 이리저리 기울거나 지나침[過]이나 부족함[不及]이 없이 고요[寂滅]에 이르러 머물[止] 것이다. 그리고 이때의 상태를 가리켜 '중中'이라 한다면, 그 또한 그럴 만할 것이다. 그러나 자사의 이와 같은 생각, 즉 '칠정의 미발'은 단지 가정假定의 세계에서나 타당할 것이다. 사실, 그와 같은 관념은 경험의 세계에는 존재하지 않는다.

자사의 '희로애락지미발喜怒哀樂之未發'은 사실 경험의 세계에는 존재하지 않는 가상적 관념이다. 경험의 세계에는 '칠정의 미발'이 존재하지 않는다. 사실, 우리가 경험의 세계, 인간 삶의 세계를 말할 때, 그것은 '칠정이 발하는 사회'를 두고 하는 말이다. 물론, 이와 같은 생각에서 자사라고 해서 예외적일 수는 없을 것이다.

그럼에도 불구하고, 자사가 '희로애락지미발喜怒哀樂之未發'을 논의의 앞자리에 놓은 것에는 그럴 만한 이유가 있었을 것이다. 아마도, 그 이유 가운데 하나는 당시의 학문적 풍토에 자사 스스로도 익숙해 있었기 때문이었을 것이다. 즉, 철학적 논의의 전제를 경험 세계에서가 아니라, '하늘이 명하는 것[天命之]'에서 찾는 학문적 풍토 말이다. 그리하여, 그는 '위지중謂之中', 즉 '중中이라 부를 수 있는 것'을 하늘의 세계에서나 가능한 '희로애락지미발喜怒哀樂之未發', 곧 '희로애락이 발하지 않는 곳'에서 가지고 내려왔던 것이다. 어디 이뿐이겠는가. 이와 같은 '천명설天命說', 곧 '하늘에서 가져오는 이론'은 그의 「중용」 첫 문장에서부터 자리 잡는다. 그 첫 문장이 '천명지위성天命之謂性', 곧 '하늘이 명한 것을 성性이라 한다.'이다. 그 어려운 개념 '성性'을 하늘이 준 것이라 하면서 「중용」을 시작했다. 그것을 우주 만물의 이치, 곧 '하늘의 도[天之道]'라 했으니, 이 형이상학적 관념은 절대적이었다. 자사는 '희로애락지미발 위지중喜怒哀樂之未發 謂之中'이 보여주듯이, '中'의 개념도 이렇게 천명설天命說로 얻어낸 셈이다. 그러나 그것은 분명 가상적 세계의 것이었다. 그리고 그 가상의 자리를 '中'이라 부름으로써 그것을 '中'의 '본래의 자리'로 삼았다. 그리고 더 나아가 '中', 그 '본래의 자리'를 '천하의 대본[中也者 天下之大本]'이라고까지 했다. '천하天下가 본받아야 할 자리'라는 것이었다. 하지만 이와 같은 천명설에 의지한 '中'의 해석은 '中'의 의미를 끌어오려는 하나의 방편에 불과한 것으로 보인다.

그러나 '희로애락지미발 위지중喜怒哀樂之未發 謂之中'을 논의의 앞자리에 놓은 두 번째 이유는, 첫 번째 이유와는 달리, 매우 그럴듯해 보인다. 왜냐하면, '희로애락지미발 위지중喜怒哀樂之未發 謂之中'을 논의의 앞에 놓음으로써, 그다음 문장, 즉 '발이개중절 위지화發而皆中節 謂之和'에서 '中'이 뜻하는 것, 그 대본大本[표본]으로 삼을 만한 것이 무엇인지를 논리적으로 전제해 놓았다고 볼 수 있기 때문이다. 분명 앞 문장에서의 '中'은, 단순히 그 논리적 구조에서 볼 때, 뒤 문장에서의 '中'의 개념을 도입하기 위한 하나의 방편으로 사용할 수는 있을 것이다. 아닌 게 아니라, 뒤 문장에는 '中'의 작용, '중절中節'이 보인다. 그러나 그것은 '中'의 의미론적 변신[제2의 中], 그 '和'이다.

그러나 이와 같은 방식에서의 '中'의 의미 확인에는 무리가 없지 않다. 왜냐하면, 앞 문장의 '中'은 우리의 실제적 삶에 자리한 것이 아니기 때문이다. 그럼에도 불구하고, 그러한 조건에서 '中'의 자리를 찾는다면, 그 '中'의 자리는 분명 순수하고 관념적인 세계, 그래서 우리의 경험 세계에서는 보이지 않는, 그리하여 경험의 세계 또는 '사람의 길[人之道]'에서는 보이지 않는, 오로지 관념의 세계 또는 '하늘의 길[天之道]'에서나 볼 수 있는 것이 될 것이다.

자사가 이렇게 희로애락[七情]을 '발하지 않을 수도 있는 것'으로 가정하면서 그것을 '中'이라 불렀으니, 그 '中'은 분명 가정의 세계에서나 자리매김을 할 수 있을 것이다. 그러나 그 자리는 경험적·실제적 세계, 곧 사람의 길[人之道]에는 존재하기 어려우니, 그것은 오로지 하늘의 길[天之道], 곧 '관념의 세계' 속에서나 가정할 수 있는 현상일 것이다. 그렇다면 '희로애락'이 우리의 일상에서처럼 경험의 세계에서 '발發'할 경우, 즉 우리가 기다리고 있는 그 두 번째 문장, '발이개중절 위지화發而皆中節 謂之和'에서는, 이 '中'의 의미가 어떻게 전개되는가?

'희로애락지미발 위지중喜怒哀樂之未發 謂之中'을 잇는 문장은 '발이개중절 위지화發而皆中節 謂之和'다. 이 문장은 '희로애락[칠정]이 발하여 모두 절節[禮]에 맞는 것[中]을 화和라 한다.'는 것을 뜻한다. 그리하여 이 문장에서 '희로애락'은, 첫 번째 문장에서와는 달리, 그러나 인간의 실천적 삶에서와는 동일하게, 적멸寂滅의 상태로 멈추어[止] 있지 않고 우선 '발發'한다. 그리하여 이 문장은, 관념의 세계에 관한 형이상학적 가정이 아니라, 인간의 경험 세계[實際], 즉 적나라한 칠정의 세계에 관한 진술statements이다. 그 결과 자사는 우리에게 서로 다른 두 문장, '희로애락지미발 위지중喜怒哀樂之未發 謂之中'과 '발이개중절 위지화發而皆中節 謂之和'를 통하여 서로 다른 두 세계, 즉 '희로애락지미발喜怒哀樂之未發'의 세계와 '발이개중절發而皆中節'의 세계를 아울러 드러내 보인 셈이다. 하나는 형이상학적·관념론적 세계이고, 다른 하나는 실천적·경험적 세계이다. 그리고 이 두 세계에서 '中'의 두 의미다.

그러나 지금 우리가 논하고자 하는 '中'은 희로애락喜怒哀樂이 '발發'하고, 아울러 칠정이 '중'의 작용에 의하여 '절節[禮]'에 알맞게 됨으로써 조화[和]를 이루는 세계, 즉 두 번째 문장[경험적·실천적 문장]에서의 것이다. 그리하여 이 세계에서의 그것[中]은 더 이상 마음이 편벽되지 아니하고, 무엇에 의지하지 아니하며, 지나침도 없고, 부족함도 없는 것을 가리키는 적멸의 세계에서 가정하는 '中'이 아니라, 오히려 우리의 실천적 상황이 늘 그렇듯이, 희로애락[七情]이 발하고, 우리의 영혼이 그 속에서 희로애락이 '절節[節度, 禮]' 또는 실제實際에 알맞고 적절하게 되어 조화[和]를 이루도록 하는 그 '中'이다.

'희로애락이 발하여 모두 절節에 맞는 것[中]을 화和라 한다[發而皆中節].'는 문장에서 '中'의 변신, '和[中節]'는 칠정의 혼돈에서 조화를 이끌어내는 역할을 한다. 그것은 실제에서 발하는 칠정[情]의 혼돈과 무질서를 절節[禮]에 '알맞고 적절한 것[中節, 時中]'이 되도록 하는 작용을 한다는 것을 뜻한다.

이렇게 하여 우리는 자사의 두 문장 가운데 앞의 것을 '관념적 또는 이론적인 것', 그리하여 '하늘의 것[天之道]'이라 한다면, 뒤의 것을 '실천적인 것' 또는 '인간의 것[人之道]'이라고 할 수 있다는 점을 재확인하게 되었다. 또한 우리는 흥미롭게도 자사의 두 문장, 즉 '희로애락지미발 위지중喜怒哀樂之未發 謂之中'과 '발이개중절 위지화發而皆中節 謂之和'에서 '中'의 서로 다른 두 용법도 보게 되었다. 이[후자] '中'은 '인간의 것[人之道]'에 관한 언어이고, 저[전자] '中'은 '하늘의 것[天之道]'에 관한 언어이다. 이 '中'은 실천적 맥락에서의 '中'의 모습이고, 저 '中'은 관념적 맥락에서의 '中'의 모습이다. 이 '中'은 '행위praxis'를 가리키고, 저 '中'은 '관조theōrein'를 가리킨다.

'中'의 두 용법들, 즉 관념적 용법[天之道]의 '中'과 실천적 용법[人之道]의 '中'은 지금까지 우리가 가지고 씨름한 두 문장들, '희로애락지미발 위지중喜怒哀樂之未發 謂之中'과 '발이개중절 위지화發而皆中節 謂之和'에서 추출抽出해 낸 '中'의 두 의미들이다. 그런데 이들 가운데 '中'의 관념적 용법은 '알맞고 적절한 것[中]'의 형이상학적 형상形相을 가리키는 것으로 쓰였다면, '中'의 실천적 용법은 영혼의 원초적 충동으로서 칠정을 알맞고 적절하게 혼화混和[krasis]하여 절도[節] 또는 예禮를 따르도록 하는 역동적 특성을 가리키는 의미로 사용되었다고 할 수 있다. 결과적으로 예의 두 문장들은 '中'의 관념적 용법과 실천적 용법을 대조對照함으로써 같지 않은 '中'의 의미론적 차이[문법]를 밝혀 놓은 셈이 되었다.

희로애락지미발 위지중喜怒哀樂之未發 謂之中

발이개중절 위지화發而皆中節 謂之和

이 두 문장에서 위의 문장은 '中'에 관한 상학上學이고, 아래의 문장은 '中'에 관한 하학下學이다. '中의 계층 모형'이다. 이 모형은 자사子思가 구축한 「중용」의 기본구조이다. 상층上層은 앞에서 이미 논의한 것과 같이 '하늘의 길[天之道]'에 관한 그림이고, 하층下層은 '실천적 세계'로서 '사람의 길[人之道]'에 관한 그림이다. 하늘의 길에 관한 그림은 신화의 언어로, 관념의 언어로, 절대적 '中'의 언어로 짓는다. 물론, 이들 언어로 그리는 세계는 비가시적이다. 반면에 사람의 길에 관한 그림은 실천적 사실의 언어로, 상대적 '중'의 언어로 짓는다. 물론, 이들 언어로 지어지는 세계는 가시적이다. 하늘의 길은 '상학上學'에 관한 공부이고, 사람의 길은 '하학下學'에 관한 공부다. 자사는 이 그림으로 '사람의 길[和]'이 '하늘의 길[中]'을 연모하는 모양새를 만들었다. 그리하여 「중용」은 '中'과 '和'를 '中和'로 묶어서 쓴다. '하학이상달下學而上達'도 그렇다. 「논어」 헌문편憲問篇에서 보여주는 공자의 공부 방식, 곧 '실제 속[人之道]에서 배워 하늘의 이치[天之道]에 이른다.'는 뜻이다.

이와 같은 두 세계, '中'의 관념적 용법과 실천적 용법의 세계에 관한 이야기는 아리스토텔레스의 영혼의 형상론으로 보면 더욱더 명료하게 보일 것이다. 자사보다 1세기 뒤, 아리스토텔레스가 만든 '영혼'의 형상eidos에 관한 이야기는, 위에서 「중용」의 첫머리에 비친 자사의 생각을 원용하여 만든, '中'의 두 구조적 모형에서 보이고 있는 '중'의 두 의미론을 그대로 적용할 수 있을 만큼, 그들 사이에 유사성은 깊다. 아리스토텔레스가 사용한 두 전용어 '엔텔레케이아entelecheia'와 '에네르게이아energeia'로 그려낸 영혼의 두 형상론과 '中'의 두 구조적 의미론 사이의 유사성 말이다.

아닌 게 아니라, 아리스토텔레스의 '엔텔레케이아'는 자사가 지은 '中'의 관념적 용법을 닮았다. 그도 그럴 것이, 아리스토텔레스에 의하면, 모든 존재자는 모종의 원리 또는 본질의 반영인 셈이다. 그는 세상에 존재하는 것은, 그것이 어떤 것이든, 질서의 산물이고, '질서'는 원리이고 본질이라고 생각했다. 그의 존재론적 형이상학이 그렇다. 그리고 이 원리 또는 본질, 그보다 그 '설계도'는 아리스토텔레스에게 있어서는 '형상[eidos]'이다. 그렇기 때문에 이 형상론에 따른 우리의 영혼 또한 가능태potentiality를 가진 질료로서 육신이 그 '알 수 없는 힘'에 의해 마지막에 모종의 본질로서 '형상'을 갖춘다. 이른바 완벽하게 완성된 영혼의 '현실태actuality'로 번역되는 '엔텔레케이아'다. 그리하여 엔텔레케이아의 자리에 이른 영혼은 육신적 질료가 더 이상 모양새를 바꿀 필요가 없는 것, 더 이상 성장할 필요도 없는 완성된completed 모양새가 된다. 그리하여 이와 같은 영혼의 완전한 형상, 즉 엔텔레케이아 이야기는 자사의 '中'의 절대적·관념적 용법, 칠정이 발하지 않아[未發] 완벽한 상태 또는 알맞고 적절한 상태를 취한 것이라는 설, 즉 위에 그려놓은 '中의 의미론적 상층 모형', 그 '상학上學'을 빼어 닮았다.

그러나 엔텔레케이아와는 달리, 아리스토텔레스의 또 다른 영혼의 형상 '에네르게이아', 곧 영혼의 활성태activity는 자사가 보여주는 '中'의 실천적 용법을 닮았다. 아리스토텔레스의 '에네르게이아'는 영혼의 활성태activity로서 그 능력의 실행exercise을 뜻한다. 그런데 이때의 '실행'은, 자사의 그 두 번째 문장에서처럼 희로애락이 발하여 모두 절節에 알맞고 적절하게 조화를 갖추게 되는 것[中節]을 가리키는 '中'의 실천적 용법과 다름이 없다.

자사의 두 문장, 즉 '희로애락지미발 위지중喜怒哀樂之未發 謂之中'과 '발이개중절 위지화發而皆中節 謂之和'는, 그가 의도한 것이었든 그렇지 않든, '中'의 두 가지 용법, 상학上學으로서 '中'의 용법과 하학下學으로서 '中'의 용법을 보여주고 있는 셈이 되었다. 그리고 그 결과는 한편으로는 「중용」의 독서에서 인식하지 못했던, '中'의 의미론적 애매성에 대한 노정露呈일 수도 있게 되었고, 다른 한편으로는 '中'의 의미를 두 가지로 나눔으로써 그 의미가 더욱 명료하게 되었다고도 볼 수 있다. 아닌 게 아니라, '中'은 '절대적 관념으로서 지나침과 모자람이 없는[無過不及] 상태'를 뜻할 뿐만 아니라, 그것은 헬라스 철학자들의 '토 데온to deon', 즉 '알맞고 적절한 상태'를 뜻한다. 그리하여 자사의 첫 번째 문장에서 '中'은 '희로애락'이 멈춰 출렁이지 않는 '미발未發', 'perfect'한 '中'의 관념적 세계, 즉 '알맞고 적절한 것 그 자체', 그리하여 실제에는 존재하지 않는 '알맞고 적절한 것'의 형상으로서 '中'을 가리킨다. 그러나 그것은 우리가 영원히 그것

자체에 이를 수는 없는 관념론, 곧 '하늘의 길[天之道]'에 관한 이야기다.

그러나 자사의 두 번째 문장에서 '中'은 지금 여기 실제의 세계에서 희로애락이 발하여 그것이 '절節[禮]'에 '알맞고 적절한 것'이 되도록 하는, 그리하여 칠정을 혼화[中節]하는, 이른바 실천적 의미로서 '中'을 뜻한다. 그리하여 이때 '中'의 그림은 '하늘의 길'이 아닌, '인간의 길[人之道]'에 관한 그림이 된다. 자사의 '미발未發'은 '中'의 형상이고, 그의 '중절中節'은 '中'의 작용이다. 이 '中'은 아리스토텔레스의 '에네르게이아'이고, 저 '中'은 그의 '엔텔레케이아'다.

아닌 게 아니라, '발이개중절 위지화發而皆中節 謂之和'에서 '中'은 희로애락喜怒哀樂을 그 특유의 논리를 따라 혼화混和시키는 미학을 펼친다. 그리하여 여기에서 '中'은 첫 번째 문장에서의 '중中'과 같이 인간의 원초적 충동으로서 칠정이 고요[寂滅] 속에 잠들어 있지 않다. 그것은 칠정의 소용돌이 속에서 끊임없이 새로운 질서로서 균형을 찾는 몸짓을 한다.

그런데 이때 '中'이 발하는 그 알 수 없는 힘은 어디에서 오는가. 그것은 상학의 관념에서 오는가[上學而下達], 아니면 하학의 실천적 성찰에서 발하는 그 균형 메커니즘[下學而上達]에서 오는가.

中의 논리와 혼화混和의 미학

인간은 칠정을 가지고 태어난다. 그것은 나타나 출렁이지 않는 경우가 없다. 우리는 태어나면서부터 기뻐하고 노하고 슬퍼하고 즐거워한다. 충동을 발하지 않는 칠정은 실천적 세계[to praktikos]에 존재하지 않는다. 칠정은 실천적 세계, 그 역동적 혼돈의 소용돌이에서 늘 균형을 잃고 갈등을 빚는다. 거기에는 무엇인가가 결여되어 있고, 그것들끼리 부딪고 배척하면서 안정을 찾으려고 한다. 영혼의 원초적 날갯짓이다.

'인간의 길[人之道]'에는 늘 칠정이 나타나[發] 서로 혼돈과 갈등을 빚는다. 하지만 그것은 나타나 절節[禮]에 알맞고 적절하게 되는, 즉 편벽되지도 않고, 기대지도 않고, 지나치지도 않고, 부족하지도 않게 되는[不偏不倚無過不及] 길을 따른다. '中'의 힘이 길잡이가 되어 새로 날 길을 닦는다. 그 길은 있어 온 것이 아닐 수도 있다. 아무도 가지 않은 길일 수도 있다. 그러나 '中'은 여전히 희로애락喜怒哀樂의 무질서와 불균형을 절節[禮]에 알맞은 것이 되도록 하는 힘을 발한다. '中'에서 작용하는 이 힘은 '정情'을 혼화시켜 서로 응하게 하고, 이미 있는 '절節'을 따르게도 하고, 새로운 '절節'을 만들어 삶의 실제에 알맞고 적절한 것이 되도록 한다. 흔히 '힘'을 뜻하는 '기氣'가 어디에서 발하는가 했더니, 그것은 균형을 잡는 '中'의 논리에서 생성되는 것이었다. 그리고 규범이나 이치를 뜻하는 '이理'는 또 어디에 있는 것인가 했더니 그것은 다른 별개의 것이 아니라 '氣'가 만들어내는 '알맞고 적절한 것'의 이름이었다. 이 모든 것, 그것은 정확히 '혼화混和'의 신비에 관한 이야기다.

그러고 보면, 「중용」에서 '화和'는 인간 삶의 실제에서 일어나는 '정情'과 '정情'이 혼화混和[krasis] 과정을 통하여 '절節'을 만들어내는 것을 가리키는 개념이다. 자사에게 있어서 이 '和'는 '中'의 실천적 용법이고, 아리스토텔레스에게 있어서 그것은 에네르게이아의 활동을 나타내는 개념이다. 자사의 '和'와 아리스토텔레스의 '에네르게이아' 사이의 닮은 점이다.

그런데 칠정의 혼돈이 혼화되어 '절節'에 알맞게 된다는 생각은 「예기」의 중니연거편仲尼燕居篇에 있는 '예禮' 개념과 무리 없이 연결된다. 「예기」에서 자공子貢이 공자에게 물었다. "무엇을 가지고 '가장 알맞고 적절한 것[中者]'이라고 할 수 있습니까?" 공자가 말했다. "그것은 예禮가 아니겠느냐? 예禮란 절제節制로서 중정中正을 이루는 것이다."12) 공자의 '中者[가장 알맞고 적절한 것]'와 '예禮'의 개념적 연결이다. 공자는 칠정이 그 정서의 소용돌이에서 서로 혼화되어 '가장 알맞고 적절한 것'이 되는 것을 '예禮'라고 한 것이다. 아닌 게 아니라, '예禮'는 희로애락애오욕喜怒哀樂愛惡欲과 같은 칠정의 혼돈에서 '中의 논리'로 다듬어낸 것을 두고 하는 말이다. 「논어」 안연편顔淵篇의 '극기복례克己復禮'도 이와 같은 뜻을 함축한다. 중中의 작용으로 칠정[己]의

---

12) 李相玉 역주 (1985), 「禮記」, 仲尼燕居. 敢問 將何以 爲此中者也 子曰 禮乎 禮 夫禮所以制中也.

혼돈을 벗어나[克] 알맞고 적절한 질서[禮]를 찾게 된다[復]는 뜻이니, 이 또한 기막힌 '中'의 논리를 함축하는 원리다. 이번에는 자유子游가 공자에게 '절제節制'에 관하여 물었다. "감히 묻거니와 예禮란 악惡을 극복함[節制]으로써 선을 온전히 하는 것입니까?" 공자가 "그렇다."라고 대답했다.13) 여기에서 '절제' 또한 '가장 알맞고 적절한 것을 찾는 영혼의 작용을 일컫는 것'이니, 이 또한 '中'의 작용에 관한 언급이 아닐 수 없다. '절제'의 영어 표현은 'moderation' 또는 'temperance'다. 이 두 단어의 우리말 번역은 공통적으로 '중용中庸'이다. 결국, '절제'란 '정情을 중中의 과정을 통하여 혼화시킨다.'는 뜻으로 풀이된다. 모두 「예기」의 논리적 맥을 엮는 개념들이다. 「예기」는 사실 '中'의 실천적 논리와 그 예例로 수놓은 유학의 근간이다. 물론, 이때의 「예기」는 주희가 「대학」과 「중용」을 그것으로부터 떼어내기 이전의 것을 가리킨다. 「대학」과 「중용」은 「예기」의 한 부분이었다.

사실, 인간 삶의 맥락에서 칠정은 서로 대립하고 뒤섞이어 항상 혼돈의 소용돌이를 일으키기 마련이다. 물론, 그 소용돌이는 다듬어지지 않아 절節에도 맞지 않는다. 그러나 「예기」에 따르면 칠정의 각 요소들은 알맞고 적절한 중中의 논리, 곧 적도適度를 좇아, 서로 나누고 채워 조화를 갖추려고 한다. 지나침과 모자람, 편벽됨과 무엇에 기댐과 같은 것을 극복하고 선善을 온전히 하려는 절제節制를 통해서다. 이는 '화和', 곧 중中의 논리가 만들

---

13) 李相玉 역주 (1985), 「禮記」, 仲尼燕居. 敢問 禮也者 領惡而全好者與 子曰 然.

어내는 '혼화混和의 신비'를 따라 이루어지는 알맞고 적절한 균형均衡을 찾는 영혼의 메커니즘이다. 사실, 공자의 '인의人義'나, 그 뒤 맹자의 '사덕四德'은 이와 같은 혼화의 신비가 만들어내는 칠정의 균형인 셈이다. 이 혼화混和의 미학美學은 '영혼의 저울질', 인간 영혼이 만들어내는 균형 메커니즘이었다.

'영혼의 저울질'은 결국 '숙고deliberation'와 다른 것이 아니다. 그것은 알맞고 적절한 적도適度를 찾는 영혼의 몸짓이다. 그것은 '알맞고 적절한 자리', 보다 아름다운 균형의 미美를 찾는 '헤아림'이다. 그런데 이 헤아림은 과학처럼 제한된 틀에 얽매이지 않는다. 이와 같은 '中'의 저울질, 그 헤아림은 오히려 시계추의 진자振子 운동이 그렇듯이, 좌우[兩極端] 이쪽저쪽으로 알맞음과 적절함의 자리[中]를 정하기 위한 균형 잡기의 연속적 행위에 비추어 이해함이 좋을 것이다.

사실, 위와 같은 영혼의 균형 잡기 모형은 유학儒學, 그것도 중용中庸의 원리, 그 가운데 '사단四端'의 역학力學으로 정립되어 있다. 그리고 이 모형은 그 뒤 아리스토텔레스의 '중용의 논리', 곧 '메소테스mesotes'로도 포착되었다. '메소테스'는, 아리스토텔레스에게 있어서, '가장 적절한 것[to metrion]'을 고르는 선택의 틀이다. 아리스토텔레스는 '메소테스'를 '서로 대립되는 것 사이에서 가장 적절한 것a mean state among contraries을 선택하는 사고의 틀'로 규정했다.[14] 예컨대, '용기'를 양극단, 즉 '비겁함'

14) Aristoteles (1968), De Anima, 424a5.

도 '만용'도 아닌, 이들 사이의 가장 알맞고 적절한 자리라고 판단하는 모형이다. 이와 같이 아리스토텔레스의 메소테스는, '용기'의 경우가 그렇듯이, 대립과 갈등을 빚고 있는 요소들을 혼화시켜 가장 알맞고 적절한 자리를 선택하여 실제적인 문제를 개선하는 데 목적을 둔다.

아리스토텔레스의 '메소테스'는 유학의 '중용'과 큰 차이가 없어 보인다. 유학에서 '중용' 또한, 칠정과 같이 극단과 극단이 대립하는 실제적 사태에서 '中'의 자리를 찾는 데 목적을 두기 때문이다. 아닌 게 아니라, 칠정의 혼돈을 헤아려 예禮에 가장 알맞고 적절한 것으로 다듬어 나가는 공자의 영혼에서 우리는 한 영혼이 펼치는 메소테스의 작용을 읽을 수 있다.

그런데 칠정의 소용돌이에서 예컨대 인의人義의 예禮를 혼화混和해 내는 중용의 방법은, 공자가 그렇게 표현했듯이, '하학이상달下學而上達'의 모형을 취한다. 앞에 그려놓은 '中의 계층 모형'이 보여주듯이, 이는 가장 알맞고 적절한 것을 추구하는 중中의 과정[작용]이 밑에서부터, 즉 칠정에 대한 헤아림[下學]을 통해서 위로, 즉 예양禮讓과 같은 규범의 세계[上學]로 올라가는 형식[上達]을 취한다는 표현이다.[15) 공자의 문장 '하학이상달下學而上達'에서 '하학下學'은 실천적 지혜[四端]의 추구를 가리키고, '상달上達'은 하학에 의해서 선택되거나 창안한 예양과 같은 보편적 규범[四德]을 가리킨다. 그렇다, 이 맥락에서 우리는 다시 자사의

---

15) 張基槿 역주 (1972), 「論語」, 憲問.

저 두 문장을 소환한다. '희로애락지미발 위지중喜怒哀樂之未發 謂之中'과 '발이개중절 위지화發而皆中節 謂之和'라는 두 문장이다. 이 두 문장은 공자의 '하학이상달下學而上達'과 의미상 차이가 없다. 뒤의 문장은 '하학'에 관한 문장이고, 앞의 문장은 '하학'을 통하여 이르게 되는[상달] '상학'에 관한 문장이기 때문이다.

우리에게 좀 더 친숙한 용어로, 공자의 '하학이상달下學而上達'은 '실천적 지혜를 통하여 보편적 이치에 이른다.'는 뜻이다. 아닌 게 아니라, 중용은 밑에서부터 위로 올라가는[bottom up] 상향식 헤아림의 모형을 취한다. 이 모형은 실제實際로부터 예양禮讓과 같은 규범規範을 만들어낸다. 그러면서 영혼의 갈 길, 그 모습을 가꾸어낸다. 그렇기 때문에 이 모형은, 신유학新儒學이 그런 것처럼, 규범[理]이 위[하늘]에서 아래로 내려오는 하향식[top down] 모형과는 반대 방향을 취한다. 그리하여 우리의 영혼이 공허한 하늘에서 땅으로가 아니라, 적나라한 칠정의 세계에서 혼화의 균형을 찾아 알맞고 적절한 中의 자리[理]를 만들어 실제의 원형, 그 윗자리에 오른다는 뜻이다. 이와 같은 중용의 원리를 우리가 공자의 원시유학의 기본 구조에서 읽어낼 수 있다는 것은 참으로 다행이다. 원시유학의 모순 없는 체계에 관한 재확인 차원에서다. 원시유학에서 덕德이나 지식知識은 하늘에서 떨어지는 것이 아니라, 실제적인 것에서 발하는 형식을 취한다는 확인 말이다.

우리의 영혼이 '중中의 자리'를 잡지 못하면, 그것은 희로애락의 소용돌이에서 끝없이 떠돌 것이다. 이와 같은 경우라면, 우리의 영혼은 결국 서로 대립되는 양극단 가운데 어느 특정 극단, 즉 선악의 이분법이나 흑백논리는 물론, 편 가름과 같은 진영 논리나, 왜곡된 이념, 그리고 곡학아세曲學阿世와 같은 거짓 논리에 기울게 될 것이다. 잘못된 영혼에서 볼 수 있는 균형 상실의 현상이다.

「중용」의 중심 개념은 '中'이다. '中'은 '중용'의 기본 원리로서 양극단 사이에서 어느 쪽으로든지 치우치지 않는 마음자리를 뜻한다. 그 자리는 이른바 무편무당無偏無黨, 무편무피無偏無陂, 불편불의不偏不倚, 무과불급無過不及의 자리다. 이와 같은 마음자리를 일컫는 '中'은, 그리하여, 실제적 문제 사태에서, 이렇게 항상 우리 영혼에게 가르친다. 즉, '오욕汚辱과 애락愛樂과 분노憤怒와 비애悲哀와 편견과 정파적 이념에 침몰하지 말고, 가장 알맞고 적절한 것이 무엇인지를 헤아려, 그 적도適度[中]를 찾고, 오로지 그곳에 확고히 머무르라[庸].'고 말이다. 이를 「중용」은 간단하게 '윤집궐중允執厥中'이라는 말로 표현한다. '오로지[允] 그 가장 알맞고 적절한 이것[厥]을 잡아라[執].'라는 뜻이다.16) 「서경」에 올라 있는 내용이다.

순舜임금이 우禹에게 말했다. "오라, 우禹여! 장마가 나라를 위협했으되, 두려움을 물리쳐 공을 세웠으니, 오직 그대가 어질기 때문이며, 나라에는 부지런하고 집안에서는 검약하며, 스스로

---

16) 張基槿 역주 (1972), 「論語」, 堯曰.

만족하거나 뽐내지 않았으니, 오직 그대가 어질기 때문입니다. 그대는 교만하지 않으나, 천하에는 그대와 재능을 겨룰 자가 없으며, 그대는 자랑하지 않으나 천하에는 그대와 공을 자랑할 이가 없습니다. 나는 그대의 덕이 높음을 알아 그대의 그 큰 공을 기리고 있습니다. 하늘이 내려주는 운수가 그대에게 와 닿으니, 그대는 마침내 천자의 자리에 오를 것입니다.

사람의 마음은 위태롭기만 하고, 도道를 지키려는 마음은 극히 희미한 것이니, 오로지 정신을 하나로 모아, 진실로 그 중용을 잡아야 합니다[允執厥中]."17)

'진실로 그 중中을 잡아라[允執厥中].' 순舜임금이 우禹임금에게 전한 말이다. 그런데 이때, 그 '中'이란 '가장 알맞고 적절한 것'을 가리키니, 이는 결국 우禹가 갖추었다는 어짊과 성실함과 검약과 겸손과 공손함을 가리킨다. 이것은 모두 순임금과 우임금이 따르는 中의 마음자리였다.

이와 같은 中의 마음자리는 「서경」의 주서周書 홍범편洪範篇에도 펼쳐져 있다.

치우침이 없고 기울어짐이 없이[無偏無陂] 임금으로서 의義를 따르고, 자신이 좋아하는 대로만 하지 말고, 임금의 도道를 따르며, 나쁜 행동을 하지 않고, 임금의 길[道]을 따라야 합니다. 치우침이 없고 기울어짐이 없이[無偏無黨] 임금의 길을 크게 넓히고[王道蕩蕩], 치우침이 없고, 기울어짐이 없이[無黨無偏] 임금의

---

17) 車相轅 역주 (1972), 「書經」, 禹書.

길을 바르게 하고[王道平平], 거꾸로 가지 않고 벗어남이 없이 [無反無側] 임금의 길을 바르고 곧게 하고[王道正直], …18)

「서경」은 역사를 진술한 것이지만, 거기에는 역대 성군聖君들이 따라야 할 중용의 덕과 그 원리가 이렇게 기록되어 있다. 그것은 가장 알맞고 적절한 것이 무엇인지를 헤아리는 중용의 덕을 갖춘 군주들의 이야기다. 이 이야기들은 '무엇을 가지고 가장 알맞다'고 말하고, '어떻게 하여 적절한 길을 따라 알맞은 길을 택하는지'를 말하고 있다.

아닌 게 아니라, 중용의 덕을 갖춘 성군들의 이야기에서 우리의 관심을 끄는 것은 그들의 영혼이 어떻게 하여 적절한 길을 따라 알맞은 것을 택하는 실천적 지혜를 얻을 수 있는가에 있다. 그런데 우리의 영혼이 이와 같은 실천적 지혜를 얻고, 그것을 확충하는 길을 「중용」은 이렇게 가르친다. 즉, '널리 배우고, 자세히 묻고, 신중하게 생각하고, 분명하게 그 이유를 가리어 말하고, 독실하게 행하는 것'이라고 말이다. 박학博學, 심문審問, 신사慎思, 명변明辯, 독행篤行이다.19) 물론, 실천적 지혜를 얻는 길은 이와 같은 항목에 한정되지는 않는다. 그러나 중요한 점은 이들이 따르는 지적 활동은 '숙고deliberation'와 '성찰reflection'과 '헤아림phronesis'과 같은 지혜를 통해서 이루어진다는 것이다. 문학을

---

18) 車相轅 역주 (1972), 「書經」, 周書.
19) 金學主 역주 (1972), 「大學 中庸」, 誠과 道. 博學之 審問之 愼思之 明辯之 篤行之.

포함한 인문학의 범위를 넓게 차지하는 지적 활동들이다. 아닌 게 아니라, 순임금은 물론이지만, 우임금 그리고 그 밖의 성군聖君들에 관한 이야기는 그들이 모두 칠정을 다듬어 中의 마음자리를 잡는 공부에 늘 정진했을 뿐만 아니라, 그 결과로 오로지[允] 그 가장 알맞고 적절한 것[厥]을 잡았다[執]고 그 줄거리를 모은다. 그런데 성군들이 따른 그 '알맞고 적절함', 그 中의 마음을 우리는 또 어디에서 읽을 수 있는가? 그것은 결국 인류가 만들어내는 폭넓은 문화, 특히 그 문화에서 꽃핀 인문학 속에서일 것이다. 하지만 우리가 그 구체적인 中의 마음을 또 읽을 수 있는 곳은 역시 맹자의 「맹자」에서일 것이다.

맹자가 쓴 「맹자」는 「중용」의 확대판이다. 그래서이겠지만 「맹자」에서 우리는 '알맞고 적절함'의 의미가 어떤 것인지를, 그 논리가 어떻게 전개되는지를 더욱 그럴듯하게 읽을 수 있다. 우선 칠정에 뿌리를 둔 맹자의 '사단四端'이 그것이다. 그것은 中의 마음이 무엇인지를 예를 든 것이나 다름없고, 中의 마음이 어떤 모습으로 작동하는지를 보여준 것이나 다름없다.

공자 사후 100년 뒤, 맹자는 공자와는 좀 다른 방법으로 공부를 했다. 공자는 옛것에서 배웠지만[溫故而知新], 맹자는 인간의 본성을 뒤졌다. 그의 연구 주제는 '성性', 곧 인간의 본성[human nature]에 관한 것이었다. 하지만 그는 이 본성 속에서 '中'의 마음을 찾아내는 데 초점을 두었다. 그는 예컨대 이학理學처럼, 전해 내려오는 형이상학적·관념론적 신념에 매이지 않았다. 그는 그 시대의 위대한 심리학자였던 셈이다. 그가 어느 날 제자 공손 추公孫丑에게 이렇게 말했다.

사람마다 모두 차마 남에게 잔학하게 굴지 못하는 마음이 있다. 그 까닭은 이러하다. 이제 사람들이 어린아이가 우물에 빠지려고 하는 것을 졸지에 보게 되면, 모두 겁이 나고 측은해하는 마음이 생기는데, 그것은 그 어린아이의 부모와 친교를 맺으려하기 때문도 아니고, 동네 사람들과 벗들로부터 칭찬을 받으려하기 때문도 아니며, 그 아이가 지르는 소리가 역겨워서 그런 것도 아니다. 이런 것에서부터 살펴본다면, 측은해하는 마음이 없는 사람은 인간이 아니고, 부끄러워하는 마음이 없는 사람은 인간이 아니며, 사양하는 마음이 없는 사람은 인간이 아니고, 시비를 가리는 마음이 없는 사람은 인간이 아니다. 측은해하는 마음은 인仁의 발단發端이고, 부끄러워하는 마음은 의義의 발단이며, 사양하는 마음은 예禮의 발단이고, 시비를 가리는 마음은 지智의 발단이다.[20]

맹자는 이 글을 통해서 '사람들은 본성으로서 네 가지 마음의 실마리를 가지고 있다[人之有是四端也].'고 했다. 그는 이 네 가지 실마리[four beginnings]를 '사단四端'이라 했다. 측은해하는 마음[惻隱之心], 부끄러워하는 마음[羞惡之心], 사양하는 마음[辭

---

[20] 人皆有不忍人之心 … 所以謂人皆有不忍人之心者 今人 乍見孺子將入於井 皆有怵惕惻隱之心 非所以內交於孺子之父母也 非所以要譽於鄉黨朋友也 非惡其聲而然也 由是觀之 無惻隱之心 非人也 無羞惡之心 非人也 無辭讓之心 非人也 無是非之心 非人也 惻隱之心 仁之端也 羞惡之心 義之端也 辭讓之心 禮之端也 是非之心 智之端也. 車柱環 역주 (1972),「孟子 上」, 公孫丑.

讓之心], 시비를 가리는 마음[是非之心]이다. 이 네 가지 마음이 인간의 삶 속에서 스스로 발한다는 것이다. 그런데 이 네 가지 마음을 들여다보면, 그것들은 모두 인간이 그가 당면하는 실천적 상황에서 '가장 알맞고 적절한 것들'을 찾는 모습이었다. 측은해하는 마음, 부끄러워하는 마음, 사양하는 마음, 시비를 가리는 마음은 모두 알맞고 적절한 실천적 행동들[仁義禮智]을 선택하는 단서端緒, 곧 '시작점'이었다는 뜻이다. 즉, 알맞고 적절한 것을 찾는 '中'의 활동들이었다는 뜻이다. 맹자는 이와 같은 中의 마음을 가리켜 "불이 처음 타오르고 샘이 처음 솟아나는 것과 같다[若火之始然 泉之始達]."고 했다.21) 그리하여 네 가지 마음의 단서들은 '인仁'과 '의義'와 '예禮'와 '지智'와 같은 마음[上學]들, 즉 사덕四德을 만들어냈다. 그리하여 그것들은 밖[天]에서 들어와 그렇게 하도록 시키는 것이 아니고, 내가 내 안[下層]에서 만들어 가지는 것인데 그것을 실행하지 못함은 우리가 듣기만 하고 깊이 헤아리지 못하기 때문[仁義禮智 非由外鑠我也 我固有之也 弗思耳矣]이라고 했다.22) 또 말했다. "군자에게는 헤아림이 싹트는 곳이 있으니, 인仁, 의義, 예禮, 지智는 마음에 그 뿌리를 둔다."23) 인의예지仁義禮智가 외부에서 주어지는 것이 아니라, 모두 마음에서 생겨나는 것이라는 이야기다.

아닌 게 아니라, 맹자가 말하는 '측은해하는 마음[惻隱之心]',

---

21) 車柱環 역주 (1972), 「孟子 上」, 公孫丑.
22) 車柱環 역주 (1972), 「孟子 下」, 告子章句 上.
23) 車柱環 역주 (1972), 「孟子 下」, 君子所性章.

'부끄러워하는 마음[羞惡之心]', '공경하는 마음[辭讓之心]', '시비를 가리는 마음[是非之心]'은 하늘[밖]에서 주어진 것이 아니고, 우리 영혼이 헤아림을 통하여, 즉 中의 마음 작용에 의하여 만들어내는 것이라고 보아야 할 것이다. 이와 같은 마음 작용을 일컬어 우리는 우리의 영혼이 中의 날개를 폈다고 할 수 있을 것이다. 中의 마음은 이렇게 우리의 영혼에서 솟아나 그렇게 날갯짓을 펼친다. 영혼의 우화羽化[날개를 달게 되는] 현상이다.

결국, 中의 마음은 무엇인가를 불완전한 상태, 기울어져 있는 상태, 무질서한 상태 그대로 두려고 하지 않는다. 그리하여 中의 마음은 늘 완전하고 질서 있는 쪽을 지향한다. 마치 에로스의 사랑처럼 말이다. 그것은 항상 알맞고 적절한 그 균형의 항상성[homeostasis]을 유지하려고 한다는 뜻이다. 이 현상을 우리는 영혼이 스스로 그 불완전한 기울기를 바로잡으려는 역동성, 그리하여 '영혼의 날갯짓, 그 에네르게이아의 작동'이라고 읽고자 하는 것이다.

'中'은 '가운데'를 뜻하는 말이지만, 그것은 산술평균이 뜻하는 그 '가운데'를 뜻하는 용어가 아니다. 그것은 수數의 세계에 관한 용어가 아니라, 인간 영혼의 헤아림이 따라야 할 준칙, 곧 질적質的 탐구를 이끌어 가는 원리를 가리키는 용어다. 그것은 오히려 균형을 찾아 마음의 안정을 꾀하는 영혼의 항상성을 가리킨다. 그렇기 때문에 우리는 '中'을 이것저것 헤아려 가면서 그 가운데 '알맞은 것', '합당한 것', '적절한 것'을 찾아가는 실천적 활동을 뜻하는 용어로 사용해야 한다.

　그러나 수학자나 자연과학자들은 '알맞은 것'이라든가 '적절한 것'과 같은 표현을 좋아하지 않는다. '알맞은 것', '합당한 것', '적절한 것'과 같은 표현들은 그 의미의 한계가 분명하지 않기 때문이다. 소크라테스나 플라톤이 예로 들었다시피, 이와 같은 표현들은 '차갑다colder'나 '뜨겁다hotter'가 그렇듯이, 의미의 경계가 깔끔하게 닫혀 있지 않다. 의미의 모호성模湖性 때문이다. 그러나 이들 언어는 그 지시대상referent의 특수성을 '알맞고 적절하게' 표현한다는 점에서 장점을 가진다. 지시대상의 의미의 한계를 열어놓고 있다는 점에서다. 지시대상의 의미의 한계를 열어놓는다면 우리는 그만큼 중용의 과정에서 적도適度를 잡는 데 자유로울 수 있을 것이다. 아닌 게 아니라, '알맞고 적절한 中의 자리'를 찾는 활동에는 그만큼 넓은 범위를 왕래할 수 있는 넓이의 자유를 필요로 한다. 이처럼 '中'의 자리가 넓다는 것은 또한 그 논리의 형식 자체가 열려 있다는 것을 시사한다.

　아리스토텔레스의 그 유명한 '용기'의 중용은 '中'의 적용 범위가 얼마나 넓고 자유로울 수 있는지를 잘 보여주고 있다. 예컨대 '용기'라는 단어를 사용할 때 적용할 수 있는 알맞고 적절한 의미의 영역을 정하는 것은, 기하학의 '점点'이나 '선線'의 의미를 규정하는 것처럼 그렇게 제한된 의미의 범위로 규정되지 않는다. 그것은 오히려 아리스토텔레스가 예로 든 것처럼, '비겁'과 '만용' 사이에 펼쳐 있는 그 넓은 의미의 폭에 걸쳐 적용된다. 그리하여 그의 '용기'의 의미는, 예컨대 왼쪽으로는 '비겁'에, 오른쪽으로는 '만용'에 걸치는 폭넓은, 그리하여 모호模糊한 범위를 차지한다. '친절'도 이와 같다. '친절'에 '알맞고 적절한' 의미의 범위가 얼마나 넓은지는 '친절'의 일상어법을 잠시라도 음미해 본다면 어렵지 않게 이해할 수 있을 것이다. 그렇게 '친절'의 의미 또한 애매하고 모호하다. 이때 '애매하고 모호한 것'은 나쁜 것이라기보다, 오히려 '친절'의 의미론적 본질이 그렇다는 것을 가리킨다.

사실 실천적 언어, 인문학의 언어, 그리고 심지어는 사회과학의 중심 개념들조차 대부분 그 용법이 중용의 원리에 따라 사용되는 언어들이다. '아름다움'과 '참됨'과 '공정함'과 '정의' 등은 당연히 중용의 논리를 따르는 언어들이다. 영혼의 활동에 관한 언어들이 그렇다.

중용의 언어들은 분명 통계학의 언어도 아니고, 그렇다고 논리학자들이 배제하고자 하는 공허한 의미로 뒤범벅이 된 언어도 아니다. 그것들은 때로는 애매하고 모호하지만, 그것은 그들의 용법이 가지고 있는 의미론적 자유도degree of freedom가 그렇게 허용하기 때문이다. 그렇기 때문에 이들 언어가 경우에 따라서는 애매하고 모호하게 느껴질지라도, 그것은 중용의 문법에서 전혀 문제가 되지 않는다. 오히려 이와 같은 언어가 있어서, 우리는 우리의 실천적 삶을 이와 같은 언어로 용이하게 포착해 내고, 그 실제를 불편하지 않게 표현해 내기도 한다. 사실, 이와 같은 중용의 언어가 없었다면, 그만큼 인간 영혼의 그 풍부하고 넓고 깊은 세계는 이 언어의 제약 때문에 우리에게 그 자체를 그대로 드러낼 수 없게 될 것이다.

　우리의 영혼이 '中'의 자리에 들어가려면, 우리는 논리적으로 중용의 언어를 사용해야 한다. 중용의 언어 중심에 '中'의 좌표가 자리하기 때문이다. 그러므로 우리가 중용의 언어를 획득할 때, 비로소 우리의 영혼은 실천적 세계, 즉 희로애락과 같은 정서적 세계를 감지하고 그 세계에 들 수 있을 뿐만 아니라, 거기에서 '中'의 마음자리를 찾아 가장 알맞고 적절한 자리매김을 할 수 있을 것이다.

제9장

실천이성의 형상, 프로네시스

무엇이 신들을 즐겁게 하는가? 무엇이 신들을 노怒하게 하는가? 소크라테스와 에우티프론이 법정에서 마주쳤다. 그들은 서로 법정에 온 연유를 물었다. 소크라테스는 아테네 청년들을 타락시켰다는 혐의로 고발을 당하여 재판을 받으러 왔다고 했다. 신들을 기쁘게 하면서 일상을 보낸 소크라테스가 신들을 노하게 한 정치인들에 의해서 고발을 당했던 역사적 아이러니다. 그런데 에우티프론이 법정에 온 이유는 무엇인가? 그는 자신의 아버지를 살인죄로 고발하러 왔다고 했다. 그는 이렇게 하는 것이 신들을 기쁘게 한다고 생각한 것이었다. 소크라테스가 놀라서 에우티프론에게 물었다. 그와 같은 일이 신들을 즐겁게 하는가, 아니면 노하게 하는가? 그 행위가 신들의 세계에서는 경건한 행위에 속하는지 아닌지를 물은 것이다. 소크라테스의 대화가 대부분 그렇지만, 이 문제를 가지고 소크라테스와 에우티프론이 벌인 토론은 길게 진행되었지만 합의에 도달하지 못한 채 끝났다.

아버지를 법정에 고발하는 일은 경건한 행위인가, 아닌가. '경건함'이란 과연 어떤 유형의 논리를 따르는 언어인가. 이 논리는 분명 과학적 탐구가 따라야 할 논리는 아닐 것이다. 수학적 논법 또한 아닐 것이다. 그렇다고 기술에 관련된 것은 더더욱 아닐 것이다.

공자가 「예기」의 예운편에서 보여준 것과 같이, 칠정七情의 세계에서 '인의人義'를 찾고, 사실의 세계에서 '규범'을 향해 펼치는 그 영혼의 날갯짓, 그 '헤아림'은 도대체 어떤 유형의 지성을 가리키는 것인가? 이를 밝히는 일은 공자 혼자만의 고뇌가 아니었다. 그것은 공자의 생각이었을 뿐만 아니라, 소크라테스의 생각이기도 했고, 또한 아리스토텔레스의 생각이기도 했다. 그러나 이들 가운데에서 '인의의 세계', '규범의 세계'를 향해 펼치는 그 영혼의 날갯짓, 그 '헤아림'의 논리적 특성을 다른 인간 지성의 유형으로부터 분명하게 구분하여 보여준 사람은 아마도 아리스토텔레스일 것이다.

자신의 아버지를 살인죄로 고발하는 일은 신들에게 경건한 행위인가, 아닌가? 이 질문은, 아리스토텔레스에 의하면, 인간 지성의 유형에서 '실천적 지혜practical wisdom'라 일컫는 프로네시스phronesis의 세계에 속한다. '프로네시스'는 무엇이 우리의 영혼에 선한 것인지를 묻는 지성이기 때문이다. 아리스토텔레스는 '프로네시스'를 가치를 분별하는 실천적인[praktikos] 지성으로 분류했다. 프로네시스는 가치분별력을 가진 인간 지성의 한 형상eidos, 영혼의 한 엔텔레케이아entelecheia였다.

아리스토텔레스는 그의 「니코마코스 윤리학」에서 '프로네시스'와 이에 속하는 '숙고deliberation'를 다른 여러 가지 인간 지성의 형상들로부터 구분했다. 그는 우선 '프로네시스'를 관조적[theoretikos]인 것을 추구하는 과학적·이론적 지식의 형상으로부터 구분했다. 그에게 있어서 과학적·이론적 지식은 고대 헬라스어로 '에피스테메episteme'다. 프로네시스가 인간 삶의 행위, 프락시스에서 '잘 삶[eupraxia, the good life]' 또는 '선한 것[to agathon]'을 추구하는 영혼의 한 지적 능력을 일컫는다면, 에피스테메는 '참된 것[to alethes]을 추구하는 영혼의 다른 지적 형상이다.

프로네시스의 날갯짓, 그 영혼의 언어

영혼의 한 부분은 합리적rational이고, 다른 한 부분은 비합리적irrational이다.24) 앞의 것은 로고스logos, 곧 이성적인 것이고, 뒤의 것은 파토스pathos, 곧 감성적인 것이다. 앞의 것은 그리스

---

24) Aristotle (1966), Ethica Nicomachea, 1102a26-8, 1139a1-5.

문화에서 아폴론적인Apollonian 것으로, 뒤의 것은 디오니소스적인Dionysian 것으로 묘사된다. 물론, 인간 영혼의 활동은 이렇게 두 부분으로 깔끔하게 양분되지는 않는다.

아리스토텔레스는 '영혼에 관하여'라는 뜻을 갖는 그의 책 「데 아니마」에서, 영혼의 활동을 생명을 유지하려는 충동, 먹을 것을 탐하는 충동, 감각적 쾌락을 따르려는 충동, 몸을 움직이고 자리를 이동하려는 충동, 깊이 생각하려는 충동 등으로 세분화했다.25) 영혼 깊숙이 자리하는 '열정'과 '이동성'과 '생명에의 집착'과 '식욕'과 '욕구'와 '쾌락'과 같은 것들이다. 누가 보아도 틀림없는 인간 영혼의 모습들이다.

영혼의 속성들 가운데에는 '깊이 생각하려는 것'이 있다. 로고스적인 것이다. 아리스토텔레스는 그의 「니코마코스 윤리학」에서 이 로고스적인 것을 다시 나눴다. 기예art와 과학적 지식과 실천적 지혜practical wisdom[praktikes gnoseis]와 철학적 지혜와 직관적 추리다.26) 영혼의 이 부분들은 서로 구분되는 개념과 논리와 진리 체계에 따라 독특한 지식의 형상the forms of knowledge들로 분류된다. 이들 지식의 형상들은 독특한 언어와 기호를 사용하면서 영혼의 심층을 형성한다.

그러나 아리스토텔레스는 그가 분류한 다섯 가지 지식의 형상을 필요에 따라 다시 크게 세 가지로 묶는다. 그 한 가지는 주로,

---

25) Aristotle (1968), De Anima, 414a-b.
26) Aristotle (1966), Ethica Nicomachea, 1139b15.

진리로 인정되는 것으로서, 법칙과 이론 또는 절대적 지식의 형식을 취하는 에피스테메episteme다. 다른 한 가지는 이론을 응용하여 무엇인가를 생산하기 위한 지식의 형상을 취하는 '테크네techne'다. 그리고 나머지 한 가지는 실제에서 '선한 것'이 무엇인가에 관하여 숙고하고 이를 추구하는 실천적 지혜의 형상으로서 '프로네시스phronesis'다.

아리스토텔레스가 구분한 이 지식의 형상들 가운데 '에피스테메'는 과학적·수학적·논리적 지식과 같이 보편적universal이고, 필연적necessary인 진리를 추구하는 논리로 꾸며진다. 보편적이고, 필연적인 진리는 언제 어디에서나 참일 뿐만 아니라, 또한 그럴 수밖에 없는 지식이다. 과학적 지식은 귀납적 추리induction에 의해서, 수학적·논리적 지식은 연역적 추리deduction에 의해서 만들어진다. 귀납적 추리에 의하여 만들어진 명제는 연역적 추리의 대전제가 될 수 있다. 모두 에피스테메의 형상을 꾸미는 논리에 관한 이야기다.

에피스테메의 형식에서 논리적 체계는 참으로 깔끔하다. 인간이 우겨댈 수 없는 절대적 논리가 여기에 존재한다. 여기에는 사적 편견이나 집단적 이데올로기가 들어갈 자리가 없다. 절대적·보편적인 것을 추구하기 때문이다. 그리하여 에피스테메의 세계, 그 형상에서는 온전히 이성이 지배한다. 그리고 이와 같은 이성은 기하학이나 천문학 그리고 대수학 등은 물론, 철학적 지혜philosophical wisdom까지 포함한다. 철학적 지혜는, 아리스토텔레스에 따르면, 사실의 세계에 관한 과학적 지식과 이를 가지고 이루어지는 직관적 추리intuitive reason를 포함한다. 그리하여 철학적 지혜는 궁극적 존재에 관한 것, 무엇인가 추상적인 것에 대한 것을 그 내용으로 한다. 철학적 지혜 속에 드는 것은 그만큼 상식으로는 이해하기 어려운 내용들이다. 그렇기 때문에 철학적 지혜는 흔히 우리의 실천적 삶으로부터 먼 거리에 있다는 느낌이 든다. 물론, 그와 같은 지혜는 우리의 삶에 그대로 적용될 수 없는 것도 있다.

아리스토텔레스가 언급하는 철학적 지혜는 '철학적'이라는 그 수식어 때문에 윤리적인 것을 포함하는 것처럼 보일지 모르지만, 사실은 그렇지 않다. 그리하여 철학적 지혜는 인간의 선[human goods]에 관련되는 지식의 형상으로서 프로네시스와 거리가 있다. 철학적 지혜와 실천적 지혜로서 프로네시스 사이에는 때때로 서로 오갈 수 있는 다리가 놓여 있을 수 있겠지만, 논리적으로는 이들 사이에 건널 수 없는 큰 간극이 존재한다.[27]

그런데 에피스테메에 비하여, 프로네시스의 언어에는 그 논리 전개가 매우 복잡하다. 그래서 그런지 그 언어의 논리는 덜 정밀한 편이다. 그 논리는 보편적·필연적이지도, 철저히 배타적이지도 객관적이지도 않다. 그 이유는 프로네시스가 활성화되어 작용하는 지성의 장場으로서 인간 삶의 실제, 곧 프락시스praxis의 특징이 그렇기 때문이다. 프락시스는 에피스테메의 테오리아theoria

---

27) Aristotle (1966), Ethica Nicomachea, 1143b15.

처럼 객관적이고 절대적이며 보편적인 지식을 추구하는 활동과는 거리가 멀다. 프락시스는 오히려 우리가 실천적 활동을 하고 있는 특수한 실제에서 '알맞고 적절한 것[원리]'을 찾아 끊임없이 숙고하고, 성찰하는 영혼의 활동, 즉 영혼의 활성태로서 에네르게이아가 작용하는 영역이다.

프로네시스는 참으로 특이한 지성의 한 형상形相이다. 또한 그것은 특이한 만큼 아름답기도 하다. 그도 그럴 것이, 이 특이한 지식의 형상은 진위를 가르는 지식처럼 '있는 그대로의 세계'를 넘어 '가장 알맞고 적절한 세상', 즉 '마땅히 있어야 할 세상'을 만드는 지식의 한 형상이니 말이다.

아리스토텔레스는 영혼의 한 형상으로서 프로네시스의 능력을 갖춘 사람의 특성을 이렇게 밝혔다. "프로네시스의 능력을 갖춘 사람은 그 자신에게 선하고 적절한 것이 무엇인지에 대하여 숙고할 수 있는 사람이다."28) 그렇다면, 프로네시스의 능력을 갖춘 사람의 특성을 잘 분석하면 '프로네시스'가 어떤 지식의 형상인지를 이해하는 데 도움을 얻을 수도 있을 것이다.

아리스토텔레스는 '프로네시스'를 이렇게 정의했다. '프로네시스는 선善[human goods]을 추구하는 데 요구되는 능력으로서, 이성적이고 참된 것a reasoned and true state of capacity'이라고 말이다.29) 물론, 이때 '이성적이고 참된 것'은 프로네시스의 논리

---

28) Aristotle (1966), Ethica Nicomachea, 1140a25.
29) Aristotle (1966), Ethica Nicomachea, 1140b10.

적 특성logical features을 가리킨다.

아리스토텔레스의 정의에서도 읽을 수 있듯이, 프로네시스는 결국 인간의 독특한 실천적 삶에서, 무엇이 선한 것인지에 대하여 이것저것 숙고하는 영혼의 능력을 가리킨다. 이 점에서 프로네시스는 다른 지식의 형상으로부터 차별성을 갖는다. 아닌 게 아니라, 우리가 스스로의 삶에서 '무엇이 선한 것인지를 아는 것'은, 예컨대 수학을 알고 천문학에 관한 지식을 아는 것과는 차이가 있다. 이와 관련하여, 좀 더 자세히, 아리스토텔레스는 이와 같은 말을 덧붙인다. '프로네시스의 능력을 획득한 사람은 자신에게 무엇이 선한 것인지를 알고 있을 뿐만 아니라, 또 그렇게 살아야 한다고 생각한다. 그러나 한 개인의 선은 집안을 잘 다스리지 않고는, 또한 나라를 잘 다스리지 않고는 추구되지 않는다.'30) 이는 프로네시스가, 현실태로서 단순히 무엇인가를 알고 있는 엔텔레케이아와는 달리, 활성태로서 에네르게이아를 발하여 실제에서 그 삶을 실현해 나가는 능력을 그 특징으로 한다는 것을 뜻한다. 그런데 놀랍게도, '프로네시스'에 관한 아리스토텔레스의 설명이, '지극히 선한 경지에 이르기[至於至善] 위해서는 수신修身, 제가齊家, 치국治國을 해야 한다.'는 「대학」의 내용과 다름이 없어 보이니, 공자와 아리스토텔레스 사이에서 공통점을 발견하는 것은 참으로 즐거운 일이 아닐 수 없다.31) 아리스토텔레스가

---

30) Aristotle (1966), Ethica Nicomachea, 1142a5.

31) 이것으로 미루어보아 「대학」을 비롯하여 공자의 생각이나 언행을 기록한 책에서
그가 말하고자 한 '앎'의 의미가 과연 어떤 성질의 것인지를 짐작하는 일은 과히

구분해 놓은 지식의 한 형상 '프로네시스'와 「대학」이 추구하는 '지선至善'을 향한 '학문의 길[大學之道]'은 서로 다르지 않은 지식의 형상으로 보인다. 이는 우리가 참으로 기억해 두어야 할 지성사 가운데 한 부분일 것이다.

아닌 게 아니라, 순수이론으로서 에피스테메와는 달리, 실천적 지혜로서 프로네시스는 인간 영혼의 실천적 활동 전모全貌를 충만히 반영한다. 그래서 프로네시스가 에네르게이아를 발하여 활동을 전개하게 되면, 우리는 거기에서 '욕구'와 '소망'과 같은 인간 영혼의 원초적 충동은 물론, 그 밖의 모든 지성이 동원되어 선한 것이 무엇인지를 찾는 영혼의 활동을 어렵지 않게 관찰할 수 있게 된다. 말하자면, 우리는 프로네시스의 과정에서 우리의 영혼이 단순히 로고스적·아폴론적인 것에 머물러 있지 않고, 파토스적·디오니소스적 지향성과 충동성을 역력히 발휘한다는 사실을 확인할 수 있다는 뜻이다. 인간 영혼의 심층에 자리하는 균형항상성과 같은 역학적 속성들, 그리하여 인문학적 스펙터클spectacle로 확대되는 활동들까지 말이다. 그도 그럴 것이, 여기에 동원되는 것들의 대부분이 영혼에 관한 인문학적 언어로 묘사되니 그렇지 않을 수 없을 것이다. 프로네시스의 논리는 다분히 인문학적 지평 위에서 전개된다.

어려운 일이 아니다.

프로네시스의 논리

인류의 지성은 그 구조적 특성에 따라 독특한 형상形相을 취한다. 학문의 역사는 서로 다른 이들 형상의 발달development과 분화differentiation와 통합integration에 관한 서술이다. 우리가 학문의 역사를 탐색하다 보면, 거기에서 우리는 우리의 영혼이 어떤 방식으로 자신의 모습들을 가다듬어 왔는지, 그 모습은 지금 어떤 모습이 되어 있는지를 자세히 살펴볼 수 있게 된다. 그런데 그 모습들은 각각 다른 지성의 형상들을 형성하는, 서로 구분되는 논리적 구조distinctive logical structure로 나타난다. 또한 서로 구분되는 논리적 구조는 서로 다른 독특한 중심 개념central concepts과 검증방식test for truth으로 구성된다.

우리는 서로 다른 지성의 형상들 가운데 과학적 지식과 수학적 지식을 우선 학문의 역사 한복판에서 읽어볼 수 있다. 또한 우리는 지금 매우 섬세하게 윤리적 진술statements과 철학적 이해understanding 사이를 구분하는 데도 익숙해 있다. 그리고 우리는 이와 같은 지성의 형상들이 어떻게 발달과 분화를 거듭해 왔는지를 관찰하면서, 지난날 우리 영혼의 흐트러진 모습과, 또한 그것이 역사가 흐르는 동안 어떻게 변모되어 지금과 같은 간결하고도 짜임새 있는 모습이 되었는지도 관찰할 수 있다. 이 관찰은 어렵지도 복잡하지도 않다. 케임브리지대학의 명예 교수 폴 허스트Paul Hirst는 인류 지성의 역사와 그 형상의 변모를 보려면 우선 도서관으로 가, 거기에서 서책들이 어떻게 배열되어 있는지를 관찰해 보라고 권고한다.

아닌 게 아니라, 학문의 역사 초기의 과학적 문장은 사실 매우 소박한 것이었을 것이다. 그것은 단순한 추측과 상상의 취합이었을 것이다. 그 옛날 탈레스나 헤라클레이토스 같은 자연철학자들이 남겨놓은 원소설元素說이 그와 같은 것이었으니 말이다. 그것은 사물을 관찰하고, 그것을 토대로 한 추측에 불과했을 것이라는 뜻이다. 그러나 그 뒤 소박한 관찰을 잘 짜인 논리적 체계에 맞추어 표현하면서, 그것은 훌륭한 과학적 문장이 되고, 또한 자연의 아름다움을 여지없이 아름답게 묘사해 내기에 이르렀다. 그리하여 거기에는 일정한 생각의 틀이 만들어지고, 이 틀을 사용하여 사실에서 그럴싸한 법칙을 만들어내게 되었다. 생각의 논리적 틀이고, 나아가서는 위대한 영혼의 짜임새다.

진정한 학문의 역사는 그 논리의 변천사라고 볼 수 있다. ‘논리’는 생각의 질서다. 우리가 ‘훈련’이나 ‘기율’ 또는 ‘질서’를 뜻하는 영어 discipline을 ‘학문’을 뜻하는 것으로 사용하는 것은 우연의 결과가 아닐 것이다. 과학적 문장이, 예컨대 문학작품과 같지 않은 것은, 그것이 귀납적 추리inductive reasoning와 같은 독특한 논리적 형식을 따르고 있기 때문이다.

연역적 추리deductive reasoning의 모양새 또한 아리스토텔레스의 걸작이다. 아리스토텔레스는 철학자이면서도 생물학자였다. 또한 논리학자로도 이름이 높다. 그는 「분석론 전서 Analytica Priora」, 「분석론 후서Analytica Posteriora」, 「범주론

Categoriae」을 쓴 최초의 논리학자였다. 그는 개념의 언어적 표현인 명사terms들을 엮어, 우리가 논리학 입문서에서 보는 것과 같은 연역법을 만들어냈다.[32]

귀납적 추리와 달리, 연역적 추리의 형식은 일반화된 지식[법칙, 명제]을 전제propositions로 삼아 특정한 사실을 추리해 내는 형식이다. 연역적 추리의 전형으로서 삼단논법[sullogismos]이 그렇다. 우리에게 유명한 연역적 추리의 한 가지는, 대전제 '사람은 죽는다[a⊃b].'와 소전제 '소크라테스는 사람이다[x⊃a].'에서 '소크라테스는 죽는다[x⊃b].'라는 특정한 사실을 추리해 내는 경우다. 이 논리적 추리는 우리의 기호嗜好, 즉 우리가 무엇을 좋아하거나 싫어하는 것과는 전혀 관련이 없다. 이와 같은 추리 형식은 인간 의지의 표명도 아니고, 욕심이나 소망이 그 추리 과정에 영향을 주지도 않는다. 이 추리의 형식이 얼마나 완벽하면 사람들은 이것을 가리켜 신의 것이라고까지 말하겠는가 싶다. 사고의 논리를 제대로 사용할 수 있는 사람이라면, 도저히 거역할 수 없는 이 연역적 사고에 의지하여, 기하학이나 대수학의 그 아름다움을 유감없이 감상하기도 하고 스스로 펼쳐내기도 한다.

연역법은 그 자체로 아름답다. 그리하여 이 아름다움은, 그 논리적 형식을 좋아하여 따르는 영혼을, 또한 그렇게 깨끗하고 아름답게 다듬는다. 흐트러진 인간 영혼이, 이 논리적 형식에 의해서, 대수학이나 기하학처럼 짜임새를 갖춘다는 뜻이다. 이 논리

---

32) Aristotle (1968), Analytica priora, 42a31.

체계에는 인간의 편견이나 사욕이 끼어들 수 없으니, 인간 영혼이 이 논리적 짜임새를 갖추면, 그것으로 충분히 신의 경지에 들 법도 하다. 그렇기 때문에 어느 수학자가 이와 같은 논리적 형식 위에 세워진 수학에서 신의 모습을 발견하고, 신의 존재까지 인정하게 되었다는 이야기도 그럴듯하게 들린다.

논리적 형식은 그것이 어떤 유형의 것이든, A=A라든가 1=1이라는 논리적 동일률이 보여주듯이, '같음'의 관념에서 출발한다. '같음'은 모든 논리의 초석礎石이다. 모든 논리 유형 가운데 특히 연역적 형식을 갖춘 논리가 그렇다. 그래서 이 논리적 형식에서 '같음'은 사고의 '디딤돌', 그 기본 관념이고, 모든 존재자의 존재 모형이 된다. 천문의 세계를 우리가 그렇게 보듯, 연역적 논리의 형식은, '논리적 균형logical equilibrium'으로 그 세계에 존재하는 것들의 틀을 갖춘다. 세계는 '같음'과 '같음'으로 연결되는 모양이다. 대수학과 기하학만 보더라도, 이들의 문장은 '같음'과 '같음'으로 무한히 연결된다. 대수학과 기하학의 기초foundation는 이와 같은 동일률 위에 세워진 사고의 연속적 건물이 아닌가 싶다.

그러나 연역적 추리가 그렇게 아름다워도 거기에는 이제 인간 영혼의 원초적 충동이 자리할 여지는 없다. 거기는 '같음'의 논리가 무한히 전개되는 비정非情의 세계일 뿐, 예컨대 비극 문학 tragedy과 같은 인문학이 자리할 곳은 찾아볼 수 없다.

이제 우리의 주제인 '프로네시스의 세계', 그 특이한 논리의 세계로 들어가 보자. 프로네시스 또는 실천적 지혜practical wisdom 가 독특한 한 가지 유형의 사고思考라면, 그것 또한 그것에 고유한 틀을 갖추지 않을 수 없을 것이다. 그러나 연역법과 귀납법이 에피스테메, 곧 과학적·수학적 지성이 들어가 사는 틀이라면, 프로네시스는 특수한 사회 문화적 전통과 가치는 물론, 개인의 욕구orexis, 그 가운데 소망boulesis이 들어가 활동을 벌이는 틀이다.

그러나 아리스토텔레스의 프로네시스, 즉 실천적 지혜는 그의 삼단논법[sullogismos] 가운데 하나이지만, 그것은 연역법을 형성하는 삼단논법과는 다른 '실천적 삼단논법[sullogismoi ton prakton]'을 따른다. 그는 「분석론 전서」와 「니코마코스 윤리학」에서 실천적 삼단논법[실천적 지혜]에 대하여 이렇게 설명했다. "성취해야 할 행동들을 다루는 실천적 삼단논법은 우선 성취해야 할 목적[to telos]과 그것을 실현할 방법적 탁월성[to ariston]으로 구성된다."33) '성취해야 할 목적과 그것을 위한 최선의 방법이 무엇인지를 선택하는 것[proairesis]'이 실천적 삼단논법의 독특한 구조라는 것이다. 당연하게도 이 논법 또한 두 개의 전제들로 구성된다. 예컨대, 당면한 실제적 문제를 해소하는 데 관련된 가설을 설정하는 것이 그 하나이고, 이 가설의 타당성에 관한 검증 및 선택이 다른 하나이다. 그리고 다시 당연하게도 이 두 전제는 결론에서 실천에 옮겨야 할 행동[규범]이 무엇인가

---

33) Aristotle (1968), Analytica priora, 45b21-23. Aristotle (1966), Ethica Nicomachea, 1142a5-1144a31.

를 명시한다.

프로네시스의 논리적 특성은 미국의 논리학자 찰스 샌더스 퍼스Charles. S. Peirce의 'abduction', 곧 가추법假推法에 잘 어울린다. '가추법'의 영어 표현 'abduction'은 라틴어 'abdûcere'에서 왔다. 이 라틴어는 관管tube을 의미하는, 그리하여 추리가 '진행되는 통로'라는 뜻의 'dûcere'와, 이를 '벗어난다[脫]'는 것 또는 '역행한다[逆]'는 것을 뜻하는 접두어 'ab'이 합하여 만들어내는 단어다. 그리하여 'abduction'은 '추리의 틀[dûcere]을 벗어난다[ab]'는 뜻을 갖는다. 이는 가추법이 한 가지 유형의 추리이되, 그것은 연역법과 같은 매우 엄격한 논리회로에서 다소 벗어남이 허용되는 추리, 곧 '가상假想으로 이루어지는 추리임'을 뜻한다.

퍼스는 자신의 논리학적 지식 위에 과학철학philosophy of science을 세운 사람이었다. 그가 과학철학에 관심을 둔 것은 철학적 형이상학의 문제점을 극복하기 위한 것이었다. 그러나 이와 같은 과학철학자가 '가상적 추리'가 허용되는 논리를 만들어낸 것은 엄격한 과학적 추리가 인간 영혼이 사는 프락시스에 제대로 적용되기 어렵다는 점을 깨달았기 때문에서였을 것이다. 퍼스의 이러한 생각은 그의 두 논문 「신념의 확정」과 「우리는 어떻게 명료하게 생각할 것인가」에 들어 있다.34) 그는 기존의 연역법과 귀납법에 자신이 만든 가추법을 더하여,

---

34) Charles S. Peirce (1958), The fixation of belief & How to make our ideas clear. Charles S. Peirce (1877), The fixation of belief, 1-15. Charles S. Peirce (1878), How to make our ideas clear, 286-302.

이들 세 가지 논리 형식에 인간 영혼이 발하는 지성을 담아낼 수 있을 것이라고 생각했다.

가추법은 연역법의 반대 방향을 취한다. 사실 연역법의 변형이다. 연역법은 대전제[법칙]와 소전제[사례] 그리고 결론으로 구성되지만, 가추법은 대전제[법칙, 이론, 가설]의 후건을 소전제에서 긍정affirmation[선택]함으로써 결과로 삼고[가정하고], 결론에서 하나의 사례를 만들어내는 형식을 취한다. 그리하여 법칙과 가정으로 택한 결과와 특정 사례의 순서로 엮어진다.

$$\frac{\begin{array}{l} a \supset b \\ b \end{array}}{a}$$

이 가추법의 모형에 퍼스는 이와 같은 추리 내용을 담았다. 즉, '이 주머니에서 나온 콩들의 색깔은 모두 하얀데[a⊃b]', '이 콩들은 모두 하야니[b]', '이 콩들은 이 주머니에서 나왔다[a].'라는 추리다.[35] 이 예를 다른 개념들로 바꾸어 다시 진술하면 이렇다. 즉

지능 지수가 높으면 공부를 잘한다[a⊃b].
공부를 잘한다[b].
─────────────────────────
그러므로 지능지수가 높다[a].

---

35) Charles S. Peirce (1878), Deduction, induction, and hypothesis. Charles S. Peirce (1883), A theory of probable inference.

그러나 이렇게 추리된 사례는 아직 불완전하다. 그리하여 그것은 프래그머티즘의 방법론이 그렇듯이 검증 단계를 거쳐야 한다. 그것은 아직 하나의 추측[가설]에 불과하기 때문이다. 이 점은 가추법에서 매우 중요하다. 이와 같은 가추법의 검증 단계는 가추법이 편견이나 주관적 판단이나 공허한 망상에 빠지지 않도록 예방하는 장치가 된다. 이 검증 단계는 결론 단계인 사례를 실제에 적용함으로써 이루어지지만, 이와 같은 검증은 사실 대전제에서부터 시작된다. 그도 그럴 것이, 가추법의 대전제는 우리의 잘못된 망상이나 허위를 제친다. 거기에서는 공허한 정치집단의 이데올로기나 망상도 들어설 기회를 차단하거나 거짓을 탈색한다. 그곳은 일상적 상식이 들어오기도 하지만, 자주 과학으로 검증된 가설이 들어오기도 한다.

가추법은 문제 사태에서 출발하여 그 해결 방안을 역으로retrospective 추정하여 가설假設을 만들고, 그것을 시험 과정에 투입한다. 그렇기 때문에 퍼스는, 아리스토텔레스의 분석론analytica을 따라, 가추법을 그저 '가설hypothesis'이라고 부르기도 했다. 검증을 필요로 하는, 즉 '시험에 붙여야 할 이론'이라는 뜻에서다.

가추법은, 실천적 삶, 즉 프락시스에서 뜻밖의 문제가 발생했을 때, 이를 문제 사태의 개선에 관련된 이론에 비추어 그 원인을 거꾸로 추정하는 역추리逆推理retroductive reasoning의 형식을 취한다. 그리하여 이 논리 형식을 만든 퍼스는 그것을 '귀추법歸推法'이라고도 불렀다. 영어 표현으로는 'retroduction'이다. 그 논리 형식이 문제의 처음으로 돌아가[retrospective] 그 원인을 '가정conjecture' 또는 '추정presumption'한다는 것을 뜻한다.

가추법은 위에서 살핀 것과 같이 후건後件consequent을 긍정하는 반가언적半假言的 삼단논법partly hypothetical syllogism을 취한다. 그것은 대전제[a⊃b]에서 후건 b를 긍정함으로써 그 사례로 a를 이끌어내는 논리적 형식이다. 그러나 이 논리 형식은 오류를 낳을 수 있는 논법에 속한다. 왜냐하면, 매개념을 부당하게invalidly 주연周延distribution[확대 적용]할 수 있기 때문이다. 예컨대, '지능지수가 높으면 공부를 잘한다.'는 법칙에서 후건 '공부를 잘한다.'를 긍정함으로써 '지능지수가 높다.'는 사례를 이끌어내지만, 이 경우에서 공부를 잘하는 이유가 반드시 지능지수가 높아서만은 아닐 것이다. 그 이유에 해당되는 사례는 창의력이나 지구력이나 의지력이 높기 때문일 수도 있다. 이들, 즉 창의력이나 지구력이나 의지력은 모두 매개념媒概念으로서 '공부를 잘함'이 주연될 수 있는 개념들이다. 따라서 이들 매개념 가운데 하나만을 선택하여 '공부를 잘하는' 이유로 택한다는 것은 불완전한 추리가 된다. 가추법에서 후건을 긍정할 경우에는 이와 같은 판단의 오류가 발생하기 쉽다. 이를 '후건 긍정의 오류the fallacy of affirmative consequent'라 한다.

가추법에서는 연역법에서처럼 결론이 전제에서 필연적으로necessarily 귀결되지는 않는다. 그렇기 때문에 가추법은 단지 '개연적蓋然的으로 참'일 뿐이다. 그러나 개연적probable인 것은 사회과학적 판단의 특징이다. 사회과학에서는 자연과학과는 달리 개념의 적용 범위가 넓다. 즉, 매개념의 주연이 넓고 복잡하다. 그렇기 때문에 그 결과가 불확실한 편이다. 냉엄한 논리적 체계에 인위적 선택이 들어가기 때문이다. 그 결과 여기에서 도출된 가설은 항상 사실에 비추어[實事] 그 진위가 검증[求是]되어야 한다. 이 때문에 우리는 가추법을 '실험적experimental'이라고 자주 말한다.

아닌 게 아니라, 사회과학적 판단에 도움이 되는 가추법은, 연역법과는 달리, 엄격한 논리적 회로[duct, organum]에서 벗어나는[ab-] 형식을 취한다. 이는 가추법假推法이 '논리적 회로로부터 벗어난다'는 뜻을 가진 'abduction'으로 표현되는 까닭이기도 하고, '가상적[假] 추리[推]'라는 뜻의 '가추법假推法'이라는 이름을 갖게 된 연유이기도 하다. 그럼에도 불구하고, 가추법은 다른 분야라면 몰라도 프락시스의 문제 사태에서 당면된 문제를 개선하는 데 가장 적절한 논리 형식이라고 할 수 있다. 그것은 우선 대전제가 그렇듯이 문제 사태에 관련된 정보들을 이렇게 저렇게 수집하고, 그 가운데 인간 삶에 가장 알맞고 적절한 방법을 선택함으로써, 연역법으로는 접근할 수 없는 가치의 세계를 찾아가는 데 적격이다.

아닌 게 아니라, 가추법이 추구하는 독특한 추리 형식은 프락시스에 내포되어 있는 복잡하고 불완전한 특성에 잘 어울린다. 그 이유 가운데 하나는 가추법이 그 논리 형식에 있어서 프락시스의 특성들을 충분히 수용할 수 있을 만큼 열려 있기 때문이다. 아닌 게 아니라, 이와 같은 가추법의 특징은 대전제에서 가설을 다양하고 폭넓게 채택하는 과정은 물론, 추리의 두 번째 단계에서 대전제의 후건을 선택[긍정]하는 그 성찰의 자유에 제한이 없다는 점에서 두드러진다. 특히 이 과정에서는 추구하고자 하는 실천적 목적[to telos]에 대한 성찰은 이 논리 형식이 보여주는 특징이 절정에 달하는 과정이다. 더욱이 우리가 여기에서 주목해야 할 또 다른 사항은, 이 과정에서는 추구하고자 하는 목적의 윤리적 가치와 그 효용성에 관한 성찰의 넓이와 깊이가 실행자의 영혼이 누리는 폭넓은 인문학적 소양에 비례한다는 점이다. 이와 같은 점에서 가추법은 가히 인문학적 성찰의 대장정, '인문학의 논리'라 할 만큼 그 폭이 넓고 깊이 또한 깊다.

연역법과는 달리, 가추법에는 문제 사태를 개선하기 위한 목적을 설정하고, 이 목적에 따라 방법을 선택하며, 이를 검증하는 자유가 허락되어 있다. 거기에는 가정을 하고 선택을 하는 과정이 열려 있다. 그렇기 때문에 또한 거기에는 다양하고 창의적인 아이디어와 심지어는 인간 영혼의 욕구까지 충분히 반영될 수 있다. 물론, 이때의 '자유'는 몽상이나 환상처럼, 낭만적인 이데올로기를 허용하지는 않는다. 그와 같은 것이 아니라, 이때의 자유는 성찰reflection이나 헤아림deliberation과 같은 실천적 지혜phronesis가 제한을 받지 않고 충분히 실행될 수 있도록 열려 있다는 뜻을 가진다. 이와 같은 뜻에서 연역법을 '닫혀 있는 논리'

라고 한다면, 가추법은 '열려 있는 논리'라고 할 수 있을 것이다.

반드시 그럴 필요는 없지만, '열려 있는 논리'는 '닫혀 있는 논리'를 적敵으로 간주할지도 모른다. 그 이유는 물론, '닫혀 있는 논리'가 폐쇄적이고, 폐쇄적인 만큼 인간 영혼의 보편성을 충분히 반영하지 못할 뿐만 아니라, 복잡한 인간 삶의 실제에 관하여 아무런 말도 할 수 없고, 새롭고 혁신적인 지적 탐구에도 무력하기 때문일 것이다. 사실, 연역법은 이미 밝혀진 두 사실을 매개 개념에 의지하여 연결시키는 것에 불과하다. 그리하여 연역법은 결론이 논리적으로 두 전제에 이미 갇혀 있기 마련이다. 그렇기 때문에 이 논리적 틀에서는, 논리적 엄밀성을 제외하고는, 창의적인 것이나, 인문학적인 것이 들어갈 자리를 기대할 수 없다. 거기에는 그런 자리가 처음부터 마련되어 있지 않다. 이러한 현상은 '뻔한 결론'이라는, 합리주의의 답답함을 꾸짖는 말이 생각날 정도이다.

아닌 게 아니라, 연역적 사고에서는, 영혼이 거기에서 무엇인가를 하려고 한다면, 그것은 오직 주어진 논리를 철저히 따르는 영혼의 냉철함과 성실함뿐일 것이다. 거기는 오히려 인간 영혼의 자유에 대한 그리움을 느낄 정도다. 인간 영혼은 무엇인가를 욕구하고, 이 욕구를 충족하기 위하여 무엇인가를 선택하려고 한다. 이때 이 선택의 길이 제한을 받는다면, 그 영혼은 그만큼 자유를 그리워할 것이 명백하다. 그러나 연역법에서와는 달리, 자유를 그 특징으로 하는 가추법은, 그 자유의 넓이만큼 영혼의 선택 폭도 넓을 것이다. 그리하여 가추법은 이 선택적 자유에서 가장 알맞고 적절한 것을 마음껏 추구할 수 있다. 거기에는 폭넓은 소망과 욕망의 세계를 자유롭게 헤아리고 선택할 수 있을 만큼 그 자유의 문이 넓게 열려 있다.

가추법이 열려 있다는 것은 매우 중요하다. 왜냐하면, 그 개방성은 그만큼 우리에게 새로운 지식의 폭과 깊이를 더해 줄 뿐만 아니라, 우리의 주체적 판단을 충분히 활용할 수 있도록 하기 때문이다. 물론, 이 주체적 판단에는 인간 영혼의 감성적·이성적 속성들이 대거 활용될 수도 있다. 그리고 거기에는 선호하는 가치들이 들어올 수 있고, 폭넓은 사회 문화적 맥락이 충분히 고려될 수도 있다. 따라서 이와 같이 '열려 있는 논리'에서 이루어지는 판단에는 수리논리 및 과학적 제어制御 대신, 인문학적 상상의 가능성이 그만큼 크게 열려 있다고 할 수 있다. 연역법이 보다 신적인 것이라면, 가추법은 보다 인간적이다.

가추법은 퍼스를 거쳐 그의 사상적 후계자인 제임스의 프래그머티즘pragmatism으로 정형화되었다. 그러나 이 '프래그머티즘'은 역사적으로 거슬러 올라가면 사실 칸트에게서 빌려 왔다.[36] 하지만 '프래그머티즘'은 칸트 이전 소크라테스에게까지 거슬러 올라간다.[37]

하지만 철학의 역사에서 아리스토텔레스도 프래그머티즘의 논

---

36) John Dewey (1916), *Essays in Experimental Logic*, 330.
37) William James (1907), *Pragmatism and Four Essays from the Meaning of Truth*, 45.

리를 사용했고, 로크, 버클리, 흄과 같은 경험주의 철학자들 역시 이 논리를 옹호한 사람들이다. 비록 '프래그머티즘'이라고 부르지는 않았지만, 라이프치히대학의 화학자 오스트발트Ostwald도 자신의 과학철학 강의에서 프래그머티즘의 원리를 다루었다.38) 물론, 우리는 이들을 '프래그머티스트'라고 부르지는 않는다.

영어 'pragmatism'은 헬라스어 'pragma'에서 왔다. 'pragma'는 '행동action'을 뜻한다. 중세에 'pragma'에서 '실천'을 뜻하는 'praxis'가 파생되었다. 우리는 이 헬라스어를 영어로는 'practice'로 번역한다.

제임스와 듀이는 프래그머티스트답게 그들의 프래그머티즘에서 '행동'과 '생각', '실제'와 '이론' 사이를 떼어놓지 않았다. 행동하는 가운데 생각이 일고, 실제적 맥락에서 이론이 생성된다고 생각했다. 이들은 종이와 연필에 의해서가 아니라, 행동[실천]을 통해서 생각이 참인지 거짓인지를 확인할 수 있다고 생각했다. 퍼스가 「어떻게 우리의 생각을 명백히 할 것인가?」에서 '실천'과 '생각'을 어떻게 이해하고 있는지 읽어보자.

> 우리가 생각하는 것이 실천적인 것으로 드러날 수 있는 결과를 가져다줄 것인지를 먼저 생각해 보라. 그렇게 되면, 그 결과는 우리가 생각한 것과 다르지 않다.39)

---

38) 오스트발트는 제임스에게 쓴 편지에서 실제practice에 대한 자신의 견해를 피력했다. 제임스는 오스트발트가 그에게 쓴 편지에서 '모든 실재realities는 실제 practice에서 서로 영향을 주고받지만, 그것이 우리에게 미치는 영향은 실재들 realities이 가지고 있는 의미 때문이다.'라고 말했다. 위의 책, 44.

39) William James (1907), *Pragmatism and Four Essays from the Meaning of Truth*, 293.

우리의 생각이 허공에 맴돌다 사라지는 것이 아니라, 구체적 행동 속에서 그 구체적 상황을 보다 선한 것으로 바꾸어 나갈 때, 즉 우리의 생각이 실천적인 것으로 드러날 때, 그때 비로소 그것은 쓸모 있는 것, 즉 진리가 될 수 있다는 것이다.

퍼스의 생각은 윌리엄 제임스의 생각에도 그대로 영향을 미쳤다. 윌리엄 제임스는 그의 책 「프래그머티즘Pragmatism」에 퍼스의 생각을 수정 없이 옮겨놓았다.

우리의 생각이 어떤 의미를 가지고 있는지를 확인하기 위하여 우리는 먼저 그 생각에 해당되는 행동이 어떤 것인지를 결정해야 한다. 행동만이 우리가 생각하는 것이 무엇인지를 적나라하게 보여줄 수 있기 때문이다. 그리고 또 한 가지 알아야 할 것이 있다. 그것은 생각의 요소들을 실천에 옮길 정도로 자세하게 쪼갠다 하더라도, 결국 끝에 가서 우리가 깨닫는 것은 그런 요소들 가운데 어느 것도 구체적인 것이 될 만큼, 그렇게 섬세한 것이 되지 못한다는 사실이다. 그래서 어떤 문제에 대한 우리의 생각을 아주 명백하게 하려면, 우리는 우리의 생각 속에 무엇이 실천적인 결과로 나타날 수 있는지를 생각해 내야 한다는 것이다. 예컨대, 감각적으로 느낄 수 있는 것들이 무엇이고, 또 어떤 행동을 우리가

'Consider what effects, that might conceivably have practical bearings, we conceive the object of our conception to have. Then, our conception of these effects is the whole of our conception of the object.' William James (1907), *Pragmatism and Four Essays from the Meaning of Truth*, 43. 퍼스의 이 문장에서 'effects'는 흔히 '효과'라고 번역한다. 그러나 문맥에 비추어 여기에서는 그것을 '결과'로 번역했다. '결과'는 행동이나 실천으로 현저하게 나타나는 것을 의미한다. 아닌 게 아니라, 퍼스 자신도 때때로 'effects' 대신 '결과'를 뜻하는 단어 'consequences' 또는 'concrete consequences'로 대치했다.

준비할 수 있는 것인지를 말이다. 이와 같이 구체적인 결과에 대한 우리의 생각은, 그것이 즉시 이루어지든, 먼 훗날에 이루어지든, 우리의 생각이 정말로 가치 있는 것이라면, 우리의 생각과 우리가 해결하려는 문제가 하나로 일치되어야 한다는 것이다.[40]

프래그머티즘은 추상적인 것, 말로만 해결하려는 것, 선험적인 것, 고정된 원리, 닫힌 제도, 절대적이고 고착적인 것으로부터 벗어나려는 일종의 인식론 운동이다. 이 운동은 합리주의자들이 자주 사용하던 '제1자the first things', '원리', '범주', '필연적인 것들'과 같은 단어들을 멀리한다. 그 대신 프래그머티즘은 '결과', '구체성concreteness', '적합성adequacy', '실제praxis', '행동action', 그리고 '파워power'와 같은 개념들을 가까이한다.

윌리엄 제임스가 추구한 프래그머티즘은 확실히 과학주의자들이나 합리주의자들의 진리관과는 다른 데가 있다. 그가 추구한 것은 추상화된 이론이나 절대적 진리가 아니었다. 그가 추구한 것은 사실의 세계, 경험의 세계, 곧 인간 삶의 실제에 관한 것이었다.[41]

제임스의 프래그머티즘은 '진리truth'와 '실천practice'을 분리하지 않는다. 아닌 게 아니라, 제임스는 이렇게 말한다. "진리는 우리의 일상적 신념이 선한 것으로 인정될 때, 거기에 붙이는 이름일 뿐이다."[42] '진리'는 선good의 범주에 드는 하나의 종개념

---

40) William James (1907), *Pragmatism and Four Essays from the Meaning of Truth*, 43.

41) William James (1907), *Pragmatism and Four Essays from the Meaning of Truth*, 47.

42) William James (1907), *Pragmatism and Four Essays from the Meaning of Truth*, 59.

species에 불과하다는 것이다. '진리'는 결국 무엇이 '좋은 것'인 지를 지칭하는 것이라는 뜻이다.

프래그머티즘이 그 자체의 논리적 형식 안으로 선善의 의미를 끌어들이는 데 관심을 둔 때는 과히 오래되지 않았다. 그러나 이 길지 않은 역사에서 프래그머티즘이 인간 인식, 특히 인간 영혼의 특성과 그 활동 범위를 그만큼 확대했다는 것은 특기할 만한 사실이다.

아닌 게 아니라, 프래그머티즘은 실천적인 것에 관한 탐구 논리를 정립하는 데 성공적이었을 뿐만 아니라, 그 독특한 논리 속에서 선의 관념이 어떻게 작동하는지도 충분히 드러내 보인 셈이다. 그 결과 프래그머티즘은 다른 논리적 형식과는 달리 실천적 가치practical values를 추구하는 독특한 논리적 패러다임으로 정초하게 되었다. 이 패러다임을 제임스는 자신의 '소발자국 이야기'를 통해서도 그럴듯하게 묘사해 냈다.

어느 날 등산을 하던 사람이 문제 상황에 당면했다. 날이 저물고 먹을 것이 없으며, 밤이 오면 추위에 덮을 것이 없게 될 것이고, 길도 눈에 덮여 있었다. 어둠도 다가오고 있었다. 다가올 실제적 상황이 위험했다. 이 상황은 그에게 어떻게 해서든 해결해야 할 문제 사태가 되었다. 그가 목표로 하는 것은 이제 추위를 피하고 허기를 해결하며, 안전을 위하여 인가人家를 찾는 일이었다. 그는 이 목표를 달성하는 방안을 강구했다. 그는 주위를 두리번거리며 살펴보았다. 필요한 정보를 찾는 것이었다. 그는 눈 위에 나 있는 소발자국을 발견했다. 그에게 한 가지 아이디어[가설]가 떠올랐다. 소는 사람이 기르는 동물이니, '소발자국을 따라가면 인가에 도달할 것이다.'라는 것이었다. 이제 그가 할 일은 그 소발자국을 따라가는 일이었다. 그는 그것을 실천에 옮겼다. 그는 소발자국을 놓치지 않고 따라갔다. 마침내 그의 시야에 인가의 저녁 불빛이 들어왔다. 그의 가설[아이디어]은 그가 당면한 문제를 해결하는 데 잘 들어맞았다. 그의 가설이 구체적 행동의 결과로 드러나게 되었다. 그 가설[추정]은 참이 되었다.[43]

이 이야기는 문제 상황의 인식, 정보의 수집, 가설 설정, 가설 검증의 과정으로 구성되어 있다.

프래그머티스트 가운데 한 사람인 존 듀이John Dewey 또한 프래그머티즘을 하나의 탐구논리로 정형화했다. 그것을 듀이는 자신의 말로 '과학적 탐구의 논리'라 했다. 때로는 '반성적 사고reflective thinking'라고도 불렀다.[44]

프래그머티스트들은 이렇게 문제 상황을 해결하는 논리 형식을 그들의 탐구 방법으로 삼았다. 그들이 택한 탐구 방법의 특징은, 문제해결에 도움이 되는 것으로 추정되는 가설들 가운데, 가장 알맞고 적절한 것을 선택하는 데 있다. 이 가설을 선택하는 것이 좋은가, 아니면 저 가설을 선택하는 것이 좋은가를 생각하

---

43) 이 생각의 틀은 William James (1907), *Pragmatism and Four Essays from the Meaning of Truth*, 134에 있는 '소 발자국과 사고의 실천적 가치'에 관한 글을 다소의 수정을 가하여 옮겨 놓았다.

44) John Dewey (1929), *The Quest for Certainty: A study of the relation of knowledge and action*. John Dewey (1938), *Logic: The Theory of Inquiry*.

는 것[반성적 사고]은 그 가설들 가운데 어느 것이, 제기된 문제를 좀 더 선한 것으로 개선할 수 있을 것인지를 예측하는 중요하고도 복잡한 과정이다. 실제에 관한 반성적 사고는 무엇이 진리인지, 무엇이 효과적인지, 무엇이 아름다운 것인지, 무엇이 선한 것인지를 저울질하는 인간 영혼의 균형 찾기라 할 수 있다. 우리 영혼이 자체의 논리적 형식 안에서 진정으로 고뇌하는 모습의 한 장면이다.

프로네시스와 프락시스

아리스토텔레스는 '덕virtues'을 두 가지로 나누었다. 한 가지는 욕구와 가치와 정서와 도덕과 같은 품성[인격]의 덕[virtues of character]이고, 다른 한 가지는 지식이나 논리적 추구와 같은 지성의 덕[virtues of intellect]이다.[45]

우리의 영혼은 아풀레이우스의 <프시케 이야기>가 보여주듯이 무엇인가를 항상 추구한다. 이와 같은 활동은 품성에 속하는 욕구orexis의 작용이다. 그러나 욕구에서 발하는 활동에는 올바른 것이 있을 수도 있고, 그렇지 않은 것도 있을 수 있다.

욕구가 올바른 것을 지향할 때, 우리는 그것을 '다듬어진 욕구[informed desire]'라 한다. 그런데 '다듬어진 욕구'는 우리의 영

---

45) Aristoteles (1966), Ethica Nicomachea, 1103a3-7, 1138b35.

혼이 도덕적 정서와 지적 능력이 조화를 갖추었을 때 발한다. 그때가 되면 우리의 영혼은 무엇인가 좋은 것을 선택[proairesis]할 수 있게 된다. 아리스토텔레스의 이야기를 들어보자.

무엇을 긍정하거나 부정하는 것은 생각 속에서 이루어진다. 무엇을 추구하거나 회피하는 것은 욕구 속에서 이루어진다. 도덕은 하나의 품격에 관한 것이지만 이는 선택에 관련된다. 선택은 숙고된 욕구deliberate desire의 결과다. 그러므로 선택이 선한 것이 되려면, 여기에 작용하는 이성적 추리는 참이어야 하고, 욕구는 올바른 것이 되어야 한다. 그리고 욕구는 이성이 인정하는 것을 추구해야 한다. 이와 같은 활동을 하는 지성은 실천적practical인 것이다. 그러나 욕구가 제외된 순수한 지성intellect은 이론적인 것[theoria]이다. 그것은 실천적인 것[praxis]도 아니고, 생산적인 것[poiesis]도 아니다. 이때의 선악善惡은 단지 그 순수지성이 진위眞僞를 가리키는 것에 관한 것일 뿐이다. 여기에 비하여, 실천적이고 동시에 지성적인 경우에서 '선하다'고 하는 것은, 욕구가 올바른 것으로서 진리와 일치할 때이다.[46]

아리스토텔레스는 올바른 욕구right desire와 이성적intellectual 판단이 함께 작용하는 활동을 실천이성practical reason, 곧 프로네시스[practical wisdom]의 본질로 보았다. 그렇기 때문에 아리스토텔레스가 확인한 실천이성은 감성과 이성의 조화를 꾀한 것으로 읽어내야 할 것이다. 마치 파토스에 로고스의 옷을 입힌 것

---

46) Aristoteles (1966), Ethica Nicomachea, 1139a22-1139a31.

과 같이 말이다. 우리는 이 프로네시스의 논리에서 인간 영혼의 전모全貌를 완전하게 포착한 셈이다. 인간 영혼이 자라면 무엇이 될까 했더니, 그것은 어느덧 자라서 실천이성이 되었다.

아리스토텔레스에게 있어서 인간 영혼의 특성으로서 품성character은 결국 올바른 욕구의 선택이고, 그 선택이 선한 것이 되려면, 이때에 작용하는 이성적 추리가 참이어야 한다. 이것은 아리스토텔레스가 사용한 '프로네시스', 또는 '실천적 지성'의 조건이다. 그런데 프로네시스가 무엇인지를 좀 더 파악하려면, 이 지성의 형상이 활성화되어 나타나는 실제實際, 곧 프락시스에 관한 논의가 좀 더 진행되어야 할 것이다.

'프락시스'는 한 개인이나 집단의 '삶'이 이루어지는 '맥락'을 일컫는 말이다. 이때의 '맥락'은 한 개인과 개인, 개인과 사회, 그리고 사회와 국가가 서로 연결되는 사회적·윤리적 원리들의 네트워크다. 정치철학자 하버마스Habermas와 헤겔Hegel 또한 '프락시스'를 정치적 행동이나 삶의 맥락에서 이해했다. 특히 이들은 이 맥락을 도덕성에 역점을 두어 이해하고 설명하고자 했다.47) 사실, 이와 같은 생각은 처음 아리스토텔레스에게서 비롯했다. 그는 그의 「분석론 후서」에서 언급하기를, 실천적 지혜와 같은 분석적 고찰discursive thought은 무엇보다도 도덕철학의 한 분야에 해당된다고 했다.48)

---

47) Jürgen Habermas (1973), *Theory and Practice*, 178.

48) Aristoteles (1968), Analytica posteriora, 89b8.

프로네시스와 프락시스는 논리적으로 한 몸이다. 지성의 한 현실태, 한 형상으로서 프로네시스가 활성화되어 프락시스의 모습을 취하기 때문에 이들은 논리적으로 둘이 될 수 없다. 서로 나누어지지 않는다는 뜻이다. 그리하여 프로네시스가 없는 프락시스는 존재하고 않고, 프락시스가 없는 프로네시스 또한 상상할 수 없다. 그렇기 때문에 이 둘은 서로 앞뒤가 없다. 즉, 분리되어 존재하지 않는다. 그러므로 프로네시스와 프락시스는 동시성을 갖는 삶의 맥락으로서 항상 '삶의 질서'를 재구성한다.

프락시스가 이루어지는 요소들의 네트워크는, 아리스토텔레스의 「분석론 후서」에서 읽을 수 있다. 프락시스에는 진리탐구의 결실로서 과학적 이론들은 물론, 인문학적 관념들, 형이상학적·철학적 관념들, 윤리적·도덕적 규범들, 종교적 신념들, 더 나아가 심미적·정서적 반응들이 이리저리 얽히고설키어criss-crossing 있다. 그리하여 그 모양은 차라리 뒤범벅이고, 그 넓이와 깊이는 무한하리만큼 넓고도 깊다. 그렇기 때문에 이 현상을 언어로 정확하게 표현해 내는 일 또한 용이하지 않다. 그것은 차라리 언어로 표현할 수 없는 것[the ineffable]이라고 말하는 편이 더 안전하다. 여기에서는 이와 같은 복합적인 요소들로 구성되는 프락시스의 총체를 가리켜 단순히 'p-복합체[praxis-complex]'라 부르고자 한다.

p-복합체

　아닌 게 아니라, 프락시스가 이루어지는 요소들의 집합 'p= {a,b,c,d,e,f,g,h, …}'가 보여주는 것과 같이, 프락시스는 참으로 다양한 요소들과 그 활동들로 구성된다. 이들 요소는 실로 다양할 뿐만 아니라, 하나의 프락시스 과정에서 정적正的 또는 부적否的 관계를 형성하면서 복잡하게 얽히고설킨다. 그리하여 이 현상은 우리가 그 복잡성 때문에 읽어내기 어려울 정도로 혼돈스럽다. 그 혼돈은 '천지창조' 이전의 것이라고 해야 할 정도로 혼돈의 극치를 이룬다고 할 수 있다. 하지만 그런대로 그것은, '천지창조'의 혼돈에서 보는 아름다움이 그렇듯이, 오히려 역동성과 복잡성과 다양성으로 아름다움의 극치를 이루어낸다.

　프락시스의 아름다운 혼돈과 질서는 개인들의 다양한 정서, 서로 다른 사회적 신념이나 가치관, 독특한 역사 문화적 전통, 심지어 과학적 진리관은 물론, 삶을 이끌어 가는 도덕적 규범들의 총체가 만들어낸다. 물론, 이 혼돈의 질서에는 긍정적 요소들과 부정적인 요소들이 서로 화합하고 배척하는 갈등도 함께 존재한다.

인간 삶의 그 복잡한 프락시스에는 놀라울 정도로 극단에 치우친 이데올로기, 근거 없는 환상과 몽상도 없지 않다. 심지어 올바른 숙고와 성찰까지도 거부하는 특정 집단의 무의식적 적대감도 들어 있다. 거기에는 완고한 편파적 가치관들도 들어 있다. 거기에는 가냘픈 이성의 작동조차 억압하고 부정하는 전체주의적 망령도 살아 있을 수 있다. 이와 같은 부정적인 요소들로 이루어지는 프락시스의 전형적 현상을 조지 오웰George Orwell은 그의 작품 「1984」에 흥미롭게 묘사해 놓았다. 이 작품에서 특별히 눈에 띄는 것은 특정 사회, 특정 집단이 걸어놓는 슬로건들이다. 예컨대, 거기에는 '전쟁은 평화다[War is peace].', '자유는 노예제도다[Freedom is slavery].', '무지는 힘이다[Ignorance is strength].'와 같은 반지성적 벽보들도 보이고, 지배 권력의 편당적偏黨的 강령들도 펄럭인다.

만약, 불행하게도 프락시스가 부정적 신념이나 독단론 또는 비현실적 가치관으로 채워진다면, 그것은 건강한 영혼을 유혹하고 피해를 입힌다. 따라서 우리가 바라는 건강한 프락시스는, 아리스토텔레스가 올바로 인식한 것과 같이, 인간 영혼이 지성의 덕[intellectual virtue]으로 다듬어지고, 그 힘으로 보다 나은 프락시스를 스스로 만들어 이끌어 갈 수 있는 내적 자율성을 가진 경우일 것이다.

프락시스가 지성의 덕으로 이루어져야 한다는 것은 그 프락시스가 선과 악을 가를 수 있는 윤리 도덕적 규범은 물론, 참됨과

거짓 사이를 가를 수 있는 자성自省 능력을 스스로 갖추어야 한
다는 뜻이기도 하다. 그러나 그 능력은 구체적으로, 인간 영혼이
논리적·인식론적·윤리적으로 온갖 신념과 가치와 지식을 가다
듬으면서, 이들 사이에 조화와 균형을 갖출 때 획득된다. 이와
같은 조건이 갖추어질 때, 비로소 프락시스는 그 혼돈에서 새로
운 질서를 만들어내는 힘[動機]을 발휘할 수 있을 것이다.

프로네틱 아포리아

프락시스의 심층에는 항상 프로네틱 아포리아phronetic aporia,
즉 프락시스 과정에서 당면하는 난국難局이 숨어 있기 마련이다.
물론, 이와 같은 난국은 에피스테메나 테크네에서도 예외 사항이
아니다.

헬라스어 'aporia아포리아'는 '이럴 수도 저럴 수도 없는 어려운
국면局面'을 일컬었다. 그것은 부정접두사 'a'와 '길'을 뜻하는
'poros'가 결합하여, '길이 없는', 그리하여 '더는 나아갈 수 없는
막다른 지경地境'을 뜻하는 단어가 되었다. 우리는 대화가 막다른
지경에 처하는 아포리아 현장을 플라톤이 쓴 대화편의 이곳저곳
에서 목격한다. 아닌 게 아니라, 플라톤의 대화편 여기저기에서
소크라테스는 대화를 더 이상 이끌어 갈 수 없는, 이른바 소크라
틱 아포리아Socratic aporia에 자주 부딪친다. 그의 사려성의 깊이
때문일 것이다. 이럴 수도 저럴 수도 없는 인식론적·논리적 난

국에 부딪치는 것은 그의 인식론적 운명이었다.

소크라틱 아포리아의 한 가지를 우리는 플라톤의 「메노」에서 볼 수 있다. 소크라테스는 메노에게 '덕arete'은 '지식episteme'이라고 말한다. '덕은 지식이다.'는 그의 유명한 명제 가운데 하나였다. 그런데 그에게 있어서 '지식'은 가르칠 수 있는 것이었다. 그렇다면, '덕'과 '지식'은 같은 것이고, '지식'은 가르칠 수 있는 것이니, '덕' 또한 가르칠 수 있는 것이어야 했다. 하지만 '덕은 과연 가르칠 수 있는 것인가?'

'덕은 과연 가르칠 수 있는 것인가?' 이 질문에 소크라테스는 '그렇다.'고 대답해야 논리적이다. 그럼에도 불구하고 소크라테스는 '그렇다.'고 대답할 수 없었다. 소크라테스에게 당면한 문제는 우선 '덕[arete]이란 과연 무엇인지?'에 대한 것이었다. 그는 메노와 함께 '덕이란 무엇인가?'에 대한 탐구를 계속했다. '덕'은 '지식'의 한 가지이지만, 그것은 단순한 과학적·논리적 지식[episteme]을 가리키는 것이 아니었다. '덕'을 가리키는 헬라스어 'arete'는 그 속에 선한 것the good도 포함되는 개념이었다. 그는 '덕'이 '지식'이 아닐 수도 있지 않은지, 그것은 성군聖君들만이 가지는 독특한 지혜가 아닌지, 그리하여 그것은 하늘의 시여施與는 아닌지, 난제가 난제를 낳았다. 그러나 그는 최후로 '덕'이 한 가지의 '지식'이라고 할지라도, 그것은 결국 가르칠 사람이 없지 않느냐는 회의에 다시 부딪치게 되었다.

그렇다면, '덕은 지식이다.'라는 정의는, 그리고 '지식은 가르칠 수 있는 것'이라는 '지식의 본질'에 관한 그의 신념은, 그저 남겨놓아야 할 난제일 수밖에 없었다. 그는 결국, 그의 트레이드 마크, '친구와 약속이 있다.'는 핑계를 대고 대화의 장소를 떠났다. 플라톤의 「메노」가 여기에서 끝난다.

「메노」는 제자 플라톤이 스승 소크라테스가 당면한 아포리아를 논리 정연하게 그려놓는 재기才氣가 돋보이는 책이다. 어떻든 '덕은 가르칠 수 있는가?'는 소크라테스가 우리에게 남겨놓은 대표적 아포리아가 되었다. 소크라테스가 당면하는 난국을 플라톤은 '아포리아aporia'라고 불렀다. 'Aporia'는 영어에서 'difficulties[난국]' 또는 'questions[질문]'로 번역된다. 그리하여, 소크라테스의 경우가 그렇듯, 우리가 걷는 대화의 길 또한 자주 막다른 골목[難局]에 이른다. 그리고 그렇게 되면, 우리 또한 곧장 '우리는 어디로 가야 하는가?'라는 물음을 던진다. 프락시스의 세계가 그렇다. 프락시스의 과정 곳곳은 난국이고 거기에는 깊고도 좁은 난해한 질문들이 우리를 기다린다. 그것이 '이것이냐 저것이냐'를 가리는 실존적實存的 난국이라면 더욱더 난감할 수밖에 없을 것이다. 어떤 경우든, '난국'은 곧장 '질문'을 불러들이고, 질문이 다시 질문을 불러오면 그것은 진정한 'aporia'의 지경으로 미끄러져 들어간다.

소크라테스가 그의 디알렉티케에서 부딪치는 난국은 대부분 테오리아[이론]의 세계에서 발생하는 '논리적 난국' 또는 '에피스테믹 아포리아epistemic aporia'다. 이 아포리아는 근본적으로 진리의 조건truth condition을 따르다가 그것을 충족하지 못할 때

마주친다. 흔히 논리학의 명제 계산calculus of sentences이나 수학의 공리나 정리를 만드는 데서 발생한다. 이와 같은 아포리아는 학회學會의 인위적 결정[common opinions]에 의해서 새로운 통로를 열기 마련이다. 그러나 소크라틱 아포리아는 이미 「메노」에서 경험한 것과 같이 디알렉티케의 과정에서 당면하는 논리적 모순이나 불일치의 경우를 일컫는 에피스테믹 아포리아다.

'아포리아'에는 테오리아의 세계에서 당면하는 에피스테믹 아포리아가 있는가 하면, 아리스토텔레스의 프락시스에서처럼, 소망과 열정을 발하여 '그런대로 보다 선한 것'을 찾는 과정에서 출현하는 아포리아도 있다. 이를 '프로네틱 아포리아phronetic aporia'라고 부르면 좋을 것 같다. '프로네틱 아포리아'는 실천적 지혜의 과정에서 발생한다. 실천적 지혜에서 부딪치는 이 막다른 골목은 마치 로버트 프로스트Robert Frost의 '가지 않은 길The road not taken'처럼 여러 갈래의 길이 있을 수 있다. 그리고 그처럼 '사람들이 덜 걸은 길'을 택할 수도 있고, 발자국이 나지 않은 새로운 길을 걸을 수도 있다. 그러나 그 길은 결국 모든 것이 달라질 수 있는 실존적·주체적인 선택의 길이 된다. 프로네틱 아포리아는 그만큼 열려 있고, 그리하여 선택의 가능성을 높여주기도 한다. 그러나 이 길은, 에피스테믹 아포리아에서의 경우와는 달리, 진리의 척도로 측정하는 길이 아니다. 그 길은 그 대신 정당화justification의 의무를 지고 택하는 길이다.

'프로네틱 아포리아'는 프로네시스의 과정에서 만나는 난국이고, 거기에서 제기되는 질문이다. 그것은 인간 영혼이 실천적 난국에 처하여 더 이상 '무엇을 어떻게 할 것인지를 결정하지 못할 때' 필연적으로 부딪치는 난국이고, 새롭게 제기되는 막다른 질문이다. 아풀레이우스의 프시케도 분명 이와 같은 난국에 수없이 직면했을 뿐만 아니라, 그 막다른 질문을 스스로에게 수없이 던졌을 것이다.

아리스토텔레스에게 있어서 프로네틱 아포리아는 그에게 있어서 철학의 출발점이었다. 아닌 게 아니라, 아리스토텔레스의 「토피카Topica」는, 사유 과정이 '이것이냐 저것이냐의 문제'에 직면했을 때, 어떻게 할 것인지를 알지 못하여 난처한 국면에 부딪치게 될 때 진정한 철학적 고뇌가 시작된다고 가르친다.49) 그가 '이것이냐 저것이냐'의 난국을 벗어나는 방법에 관하여 고민한 흔적이 그의 「니코마코스 윤리학」에도 남아 있다. 그는 거기에서 우리 인간은 신을 닮은 인간이 되려고 하는데, 그리하여 방종보다는 절제continence 있는 사람, 덕 있는 사람이 되고자 하는데, 과연 어떤 사람을 가리켜 그와 같이 절제 있는 사람이라고 할 수 있는지를 결정하는 어려움[난국]에 처해 있었다. 그런데 그는 이 난국에서 이렇게 해야 한다고 했다. 즉, 우리가 프락시스의 난국을 해결하려면, 우리는 먼저 우리 앞에 놓여 있는 사실들을 관찰하고, 그 난점이 무엇인지를 논의하며, 그런 다음에 왜 그러한 난국이 도래했는지를 밝혀야 한다는 것이었다. 그런데 이를 밝히는

---

49) Aristotle (1968), Topica and De Sophisticis Elenchis, 145b16.

일은 난국을 초래하는 것에 대한 의견opinions들 속에서 더 이상 교란되지 않는the undisturbed 공감적 견해common opinions를 찾아내는 일이라 했다.50) 아리스토텔레스가 「니코마코스 윤리학」에서 고안한 이와 같은 방법론은 오늘날에도 수정 없이 사용된다.

그런데 프로네틱 아포리아의 난국을 헤쳐 나가는 방법론에 관한 현대적 버전을 찾는다면, 그것은 아마도 옥스퍼드의 벤트 플류베리 Bent Flyvbjerg가 만든 '가치-정립적 질문value-rational questions' 일 것이다.

  □ 우리는 어디로 가고 있는가?[Where are we going?]
  □ 그것은 바람직한가?[Is this desirable?]
  □ 우리가 해야 할 것은 무엇인가?[What should be done?]51)

3중 구조로 형성된 이 가치-정립적 질문들은 실천적 지성과 욕구 그리고 소망의 결합으로 이루어지는 질문들이다. 물론, 이 질문들은 저 멀리 아리스토텔레스의 프로네틱 아포리아에 그 뿌리를 두지만, 가까이는 프래그머티즘[가추법]에서 그 논리적 기반을 찾을 수도 있다. 사실, 프래그머티즘의 논리는 프로네시스의 논리적 정형正形이니 그것은 논리적으로 당연한 귀결일 것이다.

아닌 게 아니라, 플류베리의 '가치-정립적' 질문을 자세히 보

---

50) Aristotle (1966), Ethica Nicomachea, 1145b2-7.

51) Bent Flyvbjerg (2001), *Making Social Science Matter: Why social inquiry fails and how it can succeed again*, 60.

면, 그것들은 프래그머티즘의 논리를 빼어 닮았다. 즉, 그것들은 삶의 실제를 관찰하고, 관련된 정보를 수집하며, 그 의미를 분석하고, 가설을 수립하며, 결론을 맺고, 신념과 가치관을 확정하며, 이를 검증하기 위해 실행에 옮기니, 그것들은 프래그머티즘의 논리와 다름이 없다. 더욱이 플류베리의 가치-정립적 질문에서 우리는, 프래그머티즘이 그렇듯이, 수립된 가설을 다시 프락시스에 옮기고 그것을 검증하는, 이른바 '회귀적 성찰retrospective reflection'의 가능성마저 확인할 수 있다.

우선 3중 구조로 형성된 플류베리의 첫 번째 질문은 대부분 프락시스를 이끌어 가는 가설의 재확인이다. '우리는 지금 어디로 가고 있는 가?Where are we going?' 이 질문은 분명 프로네틱 아포리아가 빚어내는 질문이다. 우리가 가지고 있는 신념[가설]이 프락시스에 연결되어 있는지, 그리고 그 신념의 작용이 과연 프락시스에 효과effects를 미치고 있는지, 미치고 있다면 어느 정도인지를 묻는 질문이다.

플류베리의 두 번째 질문은 특정 프락시스의 상황에 관한 평가다. 그것은 지금 진행되고 있는 프락시스가 '과연 바람직한 것the desirable인지'를 묻는다. 그것은 과연 선한 것the good인지 아닌지를 묻는다. 이 질문이 있어 플류베리의 가치-정립적 질문은 다른 질문들로부터 그 특성을 달리한다. 플류베리가 자신의 질문을 '가치-정립적 질문value-rational questions'이라고 한 것은 이와 같은 이유에 의해서일 것이다. 이 부분은 프로네시스의 과정에서 발하는 실천적 성찰practical reflection의 핵심 부분이다.

플류베리의 「사회과학의 본질Making Social Science Matter」은 지식의 한 형상으로서 '프로네시스'를 주제로 삼는다. 그는 이 책에서 인간과 그 제도의 문제를 하나의 거대한 프락시스로 보면서, 이 프락시스를 다루는 사회과학적 지식의 특성을 다른 데서가 아니라, 지식의 한 형상으로서 프로네시스 자체의 특성에서 찾는다. 그의 이야기다.

> 프로네시스는 사회적·정치적 탐구의 기본 모형이다. 이것은 인간 지성 가운데 가장 중요한 것에 해당된다. 이것은 참으로 중요한 사고 양식 가운데 하나다. 왜냐하면, 그것은 가치-합리성을 바탕으로 가치의 균형을 유지하는 데 관심을 두고 있기 때문이다. 아리스토텔레스가 그렇게 알려주고 있듯이, 프로네시스는, 그것이 어떤 유형의 사회든, 한 사회가 가치의 균형을 유지하도록 함으로써, 시민들이 행복을 누리도록 하는 데 결정적인 요인이 된다.52)

플류베리는 프로네시스의 특성을 사회적 가치의 균형을 찾는 데 두고 있다. 사회가 어떤 것이든, 거기에는 하나의 프락시스가 존재하기 마련이다. 그리고 이 프락시스는 절대적이고 고정되어 있는 것이 아니라, 어디론가 진행하고 있는 과정에 있다. 그런데

---

52) Bent Flyvbjerg (2001), *Making Social Science Matter: Why social inquiry fails and how it can succeed again*, 4.

플류베리는 묻는다. '우리는 지금 어디로 가고 있는가?' 그리고 또 묻는다. '그것은 과연 바람직한 것인가?'

'우리는 지금 어디로 가는가?'는 우선 정치, 경제, 사회, 문화와 같은 삶의 실제에 관한 사실적 성찰이다. 이에 비하여 '그것은 바람직한 것인가?'는 전적으로 탐구된 사실에 관한 규범적·실천적 성찰이다. 실천적 질문은 사실도 중요하지만, 궁극적으로는 그 사실에 대한 규범적 판단에 무게중심을 둔다. 그러므로 실천적 질문은 사실적 질문에 규범적 질문을 얹어놓는 모형이다. 그것은 사실적 질문과 실천적 질문, 기술과학descriptive science과 규범과학normative science의 협업적協業的 관계에 있다.

플류베리의 두 번째 질문은 사실적 지식이 보여주고 있는 현상이, 우리 영혼이 소망하는 것에 과연 '알맞고 절절한지'를 묻는 것이 된다. 이는 「중용」에서 '중中'의 작용이 그렇듯이, 또한 프락시스를 이끌어 가는 프로네시스 특유 목적이 그렇듯이, 우리의 실제를 이끌어 가는 선善이 어떤 것인지, 그 선善에 가장 알맞고 적절한 것이 무엇인지를 묻는 질문 형식이다. 사실의 세계에 규범의 세계를 올려놓는 이와 같은 논리 형식은, 전통적 논리학의 금기禁忌에 해당될지도 모른다. 그러나 이와 같은 실천적 질문의 특징은 명료한 삼단논법을 추구하는 아리스토텔레스의 「분석론 전서」에서도 중요하게 다루어졌다. 실천적 질문은 인간 삶의 프락시스를 이끌어 가는 논리 형식이 요구하는 질문임에 틀림없다. 이 점에서 그것은 독특하게 사실에서 규범을 찾는 프로네시스 특유의 논리라고 보아야 할 것이다. 그렇다고 보면, 실천적 질문이 따르는 논리 형식과, 그 질문들이 다소 논리답지 않을지라도, 그것은 오히려 프락시스의 특성에 가장 잘 어울리는 논리 형식이라고 볼 수 있을 것이다. 아닌 게 아니라, 피에르 보르도Pierre Bourdieu 또한 프로네시스의 논리 형식에 의심을 품지 말라고 했다. 그는 이렇게 말했다. "프로네시스는 논리답게 보이지는 않을지도 모른다. 하지만 그것은 분명 한 종류의 논리임에 틀림없다[Phronesis has a logic that is not that of logic]."53) 찰스 테일러Charles Taylor 역시 프로네시스에 한 가지 또 다른 특징을 더했다. 그것은 프로네시스에 더해야 할 특징치고는 더할 나위 없는 것이었다.

프로네시스는 특수한 환경에 알맞게 행동을 하는 방법에 관한 지혜를 일컫는다. 이 지혜는 일반화된 진리로 인정될 수 있는 지식과 같은 것은 아니다. 프로네시스는 실천적인 것이되, 그것은 다분히 윤리적인 것이다the ethically practical.54)

이론적 지식과 실천적 지식 사이를 가르는 중요한 문장이다. 테일러가 지식의 한 형상으로서 프로네시스에 더한 독특한 특징

---

53) Pierre Bourdieu (1977), *Outline of a Theory of Practice*. Pierre Bourdieu (1990), *The Logic of Practice*.

54) Charles Taylor (1989), *Sources of the Self: The making of the modern identity*, 125-148. Bent Flyvbjerg (2001), *Making Social Science Matter: Why social inquiry fails and how it can succeed again*, 57.

이다. 프로네시스는 지식의 한 가지 형상이지만, 그것은 과학이나 수학과 같은 순수한 명제적propositional 지식[episteme]의 형상은 아니라는 것이다. 대신에 그것은 가치 논의와 선택, 가치에 입각한 정책 수립, 즉 '선한 것'이 무엇인지를 묻는 형식을 취한다는 것이다. 아닌 게 아니라, 그것은 가치 논의가 부하되어value-laid 있는 독특한 논리적 형식을 따른다.

프로네시스는 이렇게 진행된다. 우선 사실적 논의가 앞선다. 예컨대, '창의력이 높으면 공부를 잘한다[a⊃b].'와 같은 심리학적·사실적 지식이다. 학습에 관심이 집중된 사회에 관한 진술로서 심리학적 진리이다. 그리고 우리는 이 사실적 논의의 후건, 즉 '공부를 잘하는 것[b]'을 우리의 소망으로 받아들인[긍정]다. '공부를 잘하는 것'은 바람직한 것the desirable, 선한 것the good 이기 때문이다. 그리고 이 두 전제들로부터 우리는 하나의 규범을 만들어낸다. '그러므로 창의력을 길러야 한다[a].'이다.

이 논리 형식은 특정한 사실적 지식에 가치[선함]를 부하負荷하고, 그 결과로 당위를 이끌어내는 참으로 독특한 논리적 틀로 구성된다. 프로네시스, 곧 실천적 지식[praktikes gnosis]의 구조다.

이와 같이, 사실적 지식에 가치 판단을 올려놓는 실천적 논리를 따르는 '프로네시스'는, 사실과 가치를 분리시키는 다른 논리 형식, 즉 에피스테메에서는 찾아볼 수 없는 프로네시스에 고유한 특징을 지닌다. 프로네시스가 이끄는 실천적 지식은 사실적 정보의 수집에 그치지 않고, 그것에서 가치문제를 감지할 뿐만 아니라, 또한 보다 알맞고 적절한 가치-정립에 관심을 둔다. 우리는 이와 같은 모형을 이미 자사의 「중용」 머리글에서도 읽었다. '발이개중절 위지화發而皆中節 謂之和'라는 문장 말이다. 아닌 게 아니라, 칠정과 같은 실제적·정서적 요소들이 발하여 갈등을 일으킬 때, 그 신비한 중中의 활성화 작용에 의하여, 칠정이 조화와 균형을 유지하게 된다[和]는 것은 프로네시스의 모형을 빼어 닮았다.

사실, 어느 한 프락시스를 잠시라도 살펴본다면, 우리는 거기에서 잠시라도 가치문제를 떠날 수 없다. 거기에는 예외 없이 가치문제들로 뒤범벅이 되어 있다. 프로네시스는 가치 논의를 떠맡아야 할 운명을 지고 태어나는 인간 지성이다.

오늘날 대부분의 학문은 가치문제를 배제하는 과학적 방법 또는 넓은 의미의 가치-중립적 탐구를 그 방법론으로 삼는다. 그런데 이 경향은 가치-정립적인 것을 특색으로 하는 사회과학에까지 보편화되는 경향이다. 이와 같은 경향에서 플류베리는 프락시스를 탐구하는 학문에서조차 가치논의와 그 정립에 관한 활동을 경계하거나 배제하지 않을까 염려한다. 프락시스의 탐구는 프락시스의 특성을 반영하는 '프로네시스 기반 연구[phronesis-based research]'를 논리적으로 요청한다. 「사회과학의 본질Making Social Science Matter」에서 읽을 수 있는 사회과학의 본질이다.

아풀레이우스의 프쉬케도 그랬지만, 인간 영혼은 항상 무엇인가를 열망한다. 이와 같은 열망은 단순하지가 않아, 우리의 영혼은 선택적 길을 찾아 끊이지 않는 가치-정립적 질문을 한다. 그 결과 우리 영혼은 그 복잡한 실제 속에서 알맞고 적절한 실천적 가상세계the practically virtual world를 만들어낸다.

그렇다. 우리의 영혼은 프락시스에 알맞고 적절한 가상세계를 항상 연모하고, 그것을 현실화하려는 충동을 멈추지 않는다. 그리하여 우리의 영혼은 늘 플류베리의 두 번째 질문, '그것은 바람직한 것인가?'를 끊임없이 제기한다. 이 질문은 사실 인간 영혼에게 있어서는 선善의 향방을 찾는 나침반, 나비에게 있어서는 아름다움을 찾는 날갯짓의 작용과 같다. 이 질문을 통하여 우리의 영혼은 우리의 욕구와 소망이 지향하는 곳[end]이 '어딘지'를 항상 묻는다. 이 질문은 우리의 영혼이 프락시스를 성찰하고, 그리고 그것을 이끌고 가는 실천적 지혜[프로네시스]에 고유한 하나의 형상form이다.[55]

'프로네시스'는 아리스토텔레스의 용어지만, 그것은 근본적으로 '바람직한 것the desirable'을 찾는 인간 영혼의 독특한 지향성[날갯짓]을 특징으로 한다. 그런데 그 '바람직한 것'이란 프락시스를 구성하는 요소들 사이에서 발생하는 인지적·정서적 일치consonance와 불일치dissonance가 만들어내는 가장 알맞고 적절한 가치 요소들의 균형equilibrium일 것이다. 이 '바람직한 것'의 좌표를 찍기 위해 우리의 영혼은 일상에서 늘 '숙고deliberation'를 통하여 끊임없이 정서적·지적 균형을 취하려

---

55) Aristoteles (1966), Ethica Nicomachea, 1139b1-15.

한다. 그리고 이 바람직한 것의 좌표를 이탈하면, 우리 영혼의 지적·정서적 역학은 그 균형을 유지하기 위한 날갯짓[힘]을 펼친다. 그런데 이 지적·정서적 균형은 프로네시스가 찾는 최상의 목적이고, 이 목적은 곧 최고선[summum bonum]이니, 프로네시스[숙고]를 통하여 찾아 이르고자 하는 좌표는 최고선의 자리가 되는 셈이다.

프로네시스 또는 숙고는 프락시스에서 발생하는 문제 사태와 그 맥락을 파악[성찰]하고, 상식과 이론을 종합하며, 거기에 가치 논의의 과정을 더하여 가장 '선한 것'을 선택함으로써 문제 해결 방안[가설 설정]을 모색한다. 그러나 이 과정에서 핵심은 역시 가치 논의와 선의 선택에 있다. 가히 인문학적이다. 아리스토텔레스가 프로네시스를 에피스테메나 테크네로부터 분리해 내는 것도, 가치 논의가 포함되는 이와 같은 숙고의 독특한 과정 때문이었다. 그가 이것을 '실천적praktikos'이라고 하여 다른 것으로부터 구분 짓는 것도 '선한 것'을 찾는 이 숙고의 과정 때문이었다. 아리스토텔레스는 이렇게 프로네시스의 개념과 이를 바탕으로 하는 실천철학의 자리를 우리의 지성사에 의미 있게 마련해 놓았다. 그는 전형적인 프로네시스 철학자classic philosopher of phronesis였다.

우리가 자주 사용하는 프로네시스의 용어 가운데 '숙고deliberation'와 '성찰reflection'이 있다. 이 둘은 프로네시스의 한 언어 가족이다. '숙고'가 논리적으로 '실제'를 전제하듯이 '성찰' 또한 그렇다. '실제'

없는 '숙고'가 존재할 수 없듯이, '실제' 없는 '성찰' 또한 존재하지 않는다. '숙고'가 그렇듯이, '성찰' 또한 '실제' 속에서 이루어진다. '숙고'와 '성찰'과 '실제'는 모두 논리적 동치同値, 곧 모두 내포적 관계에 있다. 그리하여 '성찰'과 '실제'를 묶어서 만든 술어로서 제격인 것은 아마도 '실천적 성찰reflection-in-action'일 것이다. 이것은 MIT의 교수 도널드 쉔Donald Schön이 사용한 용어다.

'실천적 성찰'은 쉔뿐만 아니라, 존 듀이John Dewey를 비롯한 여러 철학자들에 의해서도 이미 사용되어 온 용어다. 리처드 로티Richard Rorty나 스티븐 툴민Stephen Toulmin도 있다. 이들의 학설은 모두 프로네시스와 프락시스에 기반을 두었다. 이들의 철학을 '실천철학[practical philosophy]'이라고 부르는 이유다. 그들은 스스로 자신들의 철학에 '실천적practical'이라는 수식어를 붙여, 다른 철학과 구분했다.56)

쉔의 슬로건 'reflection-in-action'은 그의 「성찰하는 실천가 The Reflective Practitioner」의 주제다.57) 그런데 지나온 철학적 사유의 길목에서 잠시 만났던 하나의 세상 보기가 문득 떠오른다. 쉔의 언어, 'reflection-in-action'과 그렇게도 닮은 세상 보기 말이다. 그것은 우리가 「중용」의 그 머리글에서 잠시 만났던 그 것이다. 자사의 저 '발이개중절 위지화發而皆中節 謂之和' 말이다. '정情이 발하여 모두 절도에 알맞게 되다.'라는 뜻을 가진

---

56) Stephen Toulmin (1988), The recovery of practical philosophy.

57) Donald A. Schön (1991), *The Reflective Practitioner: How professionals think in action.*

어구다. 이 어구에서 '발發'은 칠정이 소용돌이치는 '실제', 곧 'in action' 속의 작동이고, '중절中節'은 알맞고 적절한 것을 찾는 '숙고deliberation'나 '성찰reflection'의 작용과 다르지 않으니 놀라지 않을 수 없는 일이다.

'발하여 모두 절節에 알맞게 됨[發而皆中節]'과 '실천적 성찰[reflection-in-action]'의 두 관념들이 서로 만나는 것은 우연이 아닐 것이다. 그런데 다시 이 틈을 타서 'reflection-in-action[실천 속의 성찰]'과 함께 떠오르는 또 다른 표현들을 기억하고 싶다. 우리에게 아주 익숙한 표현들 말이다. 그것은 '행위 속의 인식knowing in doing'이고, '실천 속의 인식knowing in practice'이라는 어구들이다.58)

쉔이 '실천 속의 성찰'에 관심을 집중시킨 것은, 공학적 합리성technical rationality에 기반을 둔 과학적 지식에 대한 비판적 대안을 마련하는 데서부터였다. 공학적 합리성은 의학이나 약학 그리고 공학 자체에서와 같이 엄밀한 과학적 지식을 낳았다. 그러나 엄밀한 과학적 지식은 일상적 실제에서 보면 지나치게 체계적이고 근본적fundamental이어서, 그것은 가변적이고 복합적인 프락시스의 특징을 성찰하는 데는 부적합한 것일 수밖에 없었다. 이는 프락시스의 두드러진 특성, 즉 도덕과 윤리, 사회 문화나 정치와 같은 시각에서 볼 때 더욱 그렇다. 그리하여 쉔은

---

58) Donald A. Schön (1991), *The Reflective Practitioner: How professionals think in action.*

만약 '공학적 합리성'의 바탕 위에서 형성된 이 체계적이고 근원적인 과학적 지식을 일상적 프락시스에 아무런 변경 없이 적용한다면, 그것은 프락시스에 대한 왜곡과 오류를 낳을 것이라고 경고했다. 공학적 합리성에 관한 이와 같은 회의는 주로 1960-1980년대에 일던 합리주의에 대한 반작용이었다. 도덕이나 윤리는 물론, 정치 문제에서 과학적 방법을 선망하는 것은 위험하다는 비판이었다.

쉔은 결국 '실천 속의 성찰'이 가지고 있는 특성은 인문 사회과학의 탐구 논리와 연결된다고 이해했다. 이것은 결국 실천 인식론epistemology of practice의 제창이고, '실천적 과정에서 이루어지는 독특한 인식론', 곧 실천적 지식에 대한 이해와 그 중요성에 대한 진작振作이었다.59)

실천적 과정으로 활성화되는 프로네시스는 프락시스의 특성을 있는 그대로 반영한다. 따라서 프로네시스는 실제의 복잡성complexity에 따라 매우 복잡하고, 독특하며, 그 의미와 정확성의 정도 또한 고정되어 있지 않다. 그러므로 때로는 암묵적tacit이고, 때로는 지식들 사이의 대립과 갈등으로 불안정하며instability, 불확실uncertainty하고, 때로는 다양한 가치들의 갈등을 있는 그대로 노정시킨다.60) 프로네시스의 이와 같은 특성은 프락시스 속에서 작용하

---

59) Donald A. Schön (1991), *The Reflective Practitioner: How professionals think in action*. viii.

60) Donald A. Schön (1991), *The Reflective Practitioner: How professionals think in action*. 39, 49.

는 여러 가지 가치와 지식과 신념과 의견, 그리고 그 밖의 복잡하게 뒤엉켜져 있는 p-복합체의 구성 요소들이 그렇게 빚어내는 것이지만, 여기에 더하여 이 요소들 사이의 전체적 균형을 유지하려는 복잡한 역학적 구조가 또한 그렇게 엮어낸다. 물론, 이와 같은 프로네시스의 특성은 건강한sane 인간 영혼의 한 단면이기도 하다.

이제 플류베리의 세 번째 질문을 음미할 차례에 이르렀다. '우리가 해야 할 것은 무엇인가?[What should be done?]'라는 질문이다. 그러나 여기에서 우리는 당위를 묻는 이 질문의 답, 곧 실천적 행위로서 '당위[德]'가 하늘[외부]에서 주어지기를 기다려서는 안 된다. 이 질문의 답은 과거 중국의 천명사상에 깃든 '하늘에서 내려오는[天命, 자연] 이치[理]'나, 영적靈的인 존재와의 접촉이 아니기 때문이다. 그런 것이 아니라, 그것 그 당위는 우리가 살고 있는 '프락시스'와 이 프락시스가 따르는 프로네시스의 논리, 곧 실천적 삼단논법[sullogismoi ton prakton]의 논리가 만들어낸다.

실천적 삼단논법에서는 '우리는 어디로 가고 있는가?'와 '그것은 바람직한 것인가?'와 같은 실천적 성찰에 관련된 질문들이 앞장선다. 예컨대, '우리는 어디로 가고 있는가?'는 프락시스에 관한 사실적 현상을 묻고, '그것은 바람직한 것인가?'는 그 프락시스가 과연 '선한 것'인지에 관한 당위적·규범적 질문을 한다. 물론, 이 질문들이 지향하는 것은 당위를 이끌어내기 위한 것이다.

프락시스는 '선함to agathos'이 이끌어 가는 세계이니, 여기에 작용하는 실천적 삼단논법은 결국 당위적 언명으로 귀결된다. 소크라테스가 이끌어 가던 디알렉티케의 특징 가운데 하나는, 대화의 진행 과정이 이 '선함'을 대화가 따라가는지를 점검하는 일이다. 그리하여 디알렉티케의 과정에서 소크라테스는 자주 묻는다. '이것은 과연 선한 것인가?' 이와 같은 맥락은 소크라테스의 디알렉티케뿐만 아니라, 오늘날 우리의 대화법에서도 어렵지 않게 짚어볼 수 있다.

그리하여 프로네시스 또는 실천적 삼단논법이 엮어내는 질문들 사이의 논리적 흐름은 신비롭기만 하다. 왜냐하면, 그것은 단순한 사실 또는 존재[is]로부터, 우리의 육안肉眼으로는 볼 수 없는 가상적假想的 세계, 곧 당위[ought]의 세계를 이끌어내니 그렇다. '존재'에서 '당위'를 이끌어내는 이 논리는, 마치 혼돈에서 우주가 시작되는 맨 처음, 그 빅뱅big bang이 알 수 없는 것들로 새로운 질서를 만들어내듯, 그렇게 무질서의 혼화[和] 현상을 연상시킨다. 그렇다. 우리 영혼은 실천적 삼단논법의 추리과정이 보여주듯이, 사실의 세계에 관한 성찰과 숙고를 거친 뒤, 결론에서 당위를 창조해 낸다. 실천적 논리는 사실의 세계를 당위의 세계로 확장하는 영혼의 역학, 그 메커니즘인 셈이다.

아닌 게 아니라, '존재'와 '당위' 사이에는 서로 건너지 못하는 간극[gulf]이 있다. '존재'와 '당위'가 각각 논리적으로 다른 범주categories에 들기 때문이다. 이 문제는 1739년 데이비드 흄David Hume의 그 유명한 'is-ought problem', 즉 '존재와 당위의 문제'로 그 모습을 처음 드러냈다. 그동안 그것은 상식의 세계에서는 아직 짐작도 못 한 비밀이었다. 이 비밀의 문이 열리면서, 우리는 '있는 것[What is.]'과 '있어야 할 것[What ought to be.]' 사이의 논리적 간극, 나아가서 윤리학과 사실과학 사이의 심각한 단절을 인식하게 되었다.

'존재'와 '당위' 사이에 논리적 간극이 존재한다면, 그리하여 '존재'에서 '당위'가, 즉 '있는 것'에서 '있어야 할 것'이 나오는 것이 불가능하다면, '당위'는 도대체 어디에서 오는 것인가? 그것은 천지를 창조했다는 신의 배려인가, 아니면 우주 밖에서 떠돌던 무엇의 귀환인가? 무엇보다도 육안에는 보이지 않는 그 정체는 과연 무엇인가? '존재와 당위의 문제'는, 특히 그 '당위의 기원'에 관련된 문제는, 젊은 철학도들, 특히 그 가운데 윤리학 입문자들에게는 참으로 경이驚異로운 것이 아닐 수 없을 것이다. 하지만 지금 우리는 당위의 출현에 관한 이 경이로움을 프로네시스의 논리적 특성 속에서 어렵지 않게 체험할 수 있게 되었다.

프로네시스의 논리는 일종의 가치 탐구 논리다. 프락시스가 프로네시스의 논리를 따라 작동하는 것은 그 프락시스 자체를 개선하기 위한 '가장 알맞고 적절한 것'이 무엇인지를 찾기 위한 것이다. 헬라스어 'to deon'은 '가장 알맞고 적절한 것'을 뜻한다. 이 헬라스어는 '의무'를 뜻하는 영어 형용사 'deontic'의 어원이다. '의무', 곧 '해야 하는 것'은 '당위적인 것'을 가리킨다. 결국, 우리는 프로네시스의 논리를 따라 '가장 알맞고 적절한 것', 그리하여 '당위적인 것'을 만들어낸다. 당위의 기원을 우리는 다른 데, 즉 하늘이나 경전經典에서가 아니라, 프로네시스의 논리 속에서 찾아야 한다는 이유다.

'당위'의 기원이 그렇다면, 그것은 분명 우리의 영혼이 무엇보다도 실천적 질문을 통하여 만들어내는 가상적 실재virtual reality의 하나가 될 것이다. 그러나 생각건대 인간 영혼이 만들어내는 이 가상의 세계만큼 세상에서 가장 아름다운 것은 또 없을 듯하다. 또한 이 가상의 세계를 만드는 영혼만큼 이 세상에서 그렇게 위대한 것도 또 없을 것 같다. 그도 그럴 것이, 당위의 세계는, 헬라스인들이 그렇게 신화에 투영했듯이, 필멸必滅의 인간 육신이 불멸不滅의 신들이 사는 세계를 만들어 살고자 하는 인간 영혼의 작품이니 말이다.

아닌 게 아니라, 인간 영혼이 만들어 살고자 하는 그 가상적 실재의 세계는 결코 공허한 소망만은 아니다. 그것은 우리 영혼의 균형 메커니즘이, '그렇게 되지 않으면 안 되는 것'을 지어낸 것이기 때문이다. 그것은 마치 '1=1'이어야 하고, 'A=A'가 되지 않으면 안 되는 논리적 균형을 만들어, 그것으로 가상적 실재의 세계를 지어내듯이, 그렇게 지어내는, 마땅히 그러해야 하는 '토 데온to deon'의 세계, 지극히 선한 '토 아가톤to agathon'의 세계, 우리의 영혼이 그곳을 향해 끊임없는 날갯짓을 펼치는 그 세계인 것이다.

제10장

토 아가톤, 그 가상적 현실

인간 영혼은 '알맞고 적절한 것'을 찾는다. '알맞고 적절한 것 [to metrion, within measure]'은 인간 영혼이 가지고 있는 혼화混和와 균형均衡의 메커니즘이 만들어내는 세상 보기의 하나다. 그런데 그 '알맞고 적절한 것'은 '선한 것'이니, 혼화와 균형의 메커니즘은 결국 '선한 것'을 찾아 그것을 따르려는 끊임없는 인간 영혼의 열망, 그 에네르게이아다.

'선한 것'은 객관적으로 어느 곳에 존재하는 것이 아니다. 그것은 육안으로 볼 수 있는 특정 사물을 가리키는 것이 아니다. 그러므로 '선한 것'에 관한 우리의 논의가 적어도 이 논리적 질서에서 벗어나지 않으려면, 우리는 그것을 무게와 부피를 가진 존재라거나, 인간과 무관하게 '하늘'에서 내려오는 것이라거나, 성인聖人이

나누어주는 것이라거나, 어느 때 어느 장소에서 습득할 수 있는, 그런 불가사의한 무엇이라고 말해서는 안 된다. '선한 것'은 오관 五官으로 감지할 수 있는 대상objects이 아니기 때문이다. 오직 '선한 것'에 관하여 말한다면, 오관은 우리를 속인다.

'선한 것'은 때로는 드러나고, 때로는 사라진다. 그러나 '선한 것'의 출현은 아무 데서가 아니라 특별한 데서 이루어진다. 실천적 논리 형식에서다. 실천적 논리는 무엇이 '선한 것'인지를 찾는 것을 목적으로 하는 논리 형식이기 때문이다. 실천적 논리, 가추법은 선한 것, 영혼의 언어까지 만들어낸다. '선善'을 추구하는 실천적 논의의 특징이 그렇다.

플라톤의 소크라테스는 디알렉티케가 논리적 질서에 따라 진행되려면, 그리고 무엇보다도 그것이 인간의 삶과 그 실제에 관한 것이라면, 거기에는 마땅히 '알맞고 적절한 것', 곧 '선한 것'에 관한 숙고의 과정이 포함되지 않으면 안 된다고 생각했다. 그리하여 소크라테스는 그의 디알렉티케가 거의 끝날 즈음, 늘 이렇게 묻는다. "그런데 말일세, 그것은 도대체 선한 것인가?" 그가 철학사에서 구축해 놓은 디알렉티케는 결국 '선한 것'을 추구하는 영혼의 날갯짓과 다른 것이 아니었다. 하지만 그가 디알렉티케를 통하여 꾸며내고자 한 세계, 곧 '선한 것'으로 이룩되는 그 세계는 과연 어떤 것인가?

'선함'의 자리

「파이돈」의 주제는 '선함[what is praised]이란 무엇인가?'이
다. 「파이돈」에서 소크라테스는 케베스에게 이와 같은 말을 했
다. "사물들은, 그것들이 자연적인 것이든 초자연적인 것이든,
'선하고 적절한 것to agathon kai deon'으로 존재하려 한다."고
말이다. 그러나 소크라테스는 사람들이 이 사실을 알아차리지
못한다고 원망했다.[61]

'선함[토 아가톤]'에 이르는 것은 온 인류의 염원이었다. 그것
은 플라톤이 쓴 대화편에서 소크라테스가 벌인 대화의 주제이기
도 했다. 플라톤의 「필레보스」 첫머리에는 소크라테스와 필레보
스가 등장한다. 하지만 이들은 '선한 것'이 무엇을 가리키는지에
관하여 서로 다른 생각을 하고 있었다. 소크라테스는, 필레보스
와 달리, 사람들이 추구하는 '좋은 삶[eu prattein]'에는, 지적인
것이 들어 있어야 한다고 했다. 그런데 이에 비하여 필레보스는
지적인 것에 앞서 우선 '즐거움[pleasure]'을 추구하는 것만으로
도 충분히 '좋은 삶'이 될 수 있다고 했다.

그러나 소크라테스의 지론은, 우리의 삶에서 추구해야 할 '선
한 것'이 감각적인 것이라기보다는 지적인 것이어야 한다는 것이
었다. 아닌 게 아니라, 그의 주장에는 지적인 것이 쾌락의 잘못
을 눌러 이길 수 있다는 뜻이 들어 있다.[62] 마치 공자의 '극기복

---

61) Plato (1996), Phaedo, 99c.
62) Plato (1996), Philebus, 11d-12a.

례克己復禮’, 곧 ‘우리의 감성적 욕구[리]를 눌러 이기고[克] 예禮를 따라야 한다.’는 어구를 떠오르게 하는 맥락이다.

소크라테스의 주장을 듣고 있던 필레보스가 소크라테스의 주장에 다시 반론을 제시했다. "제가 생각하는 바로는 영혼이 추구하는 행복의 조건이 무엇이라고 주장하든, 그 주장은 쾌락을 조건으로 내세우는 주장을 이길 수 없다는 것입니다. 이것만은 변함이 없습니다." 옆에서 이들의 대화를 듣고 있던 프로타코스가 필레보스를 거들었다. "필레보스가 옳습니다. 아무리 권위를 가진 스승이라 할지라도 이 주장을 이기지 못할 것입니다." 프로타코스로부터 힘을 얻은 필레보스가 다시 말했다. "그렇습니다. 문제 될 것이 무엇이 있겠습니까. 저는 이제 그와 같은 당연한 문제를 가지고 더 이상 이러쿵저러쿵 따질 생각이 없습니다. 신이 이를 충분히 증거 할 테니 말입니다."

필레보스에 의하면, ‘선한 것’을 추구하는 것은 ‘즐거워하는 것’이고, ‘즐거워하는 것’이 곧 ‘선한 것’이라는 주장은 여신 아프로디테가 틀림없이 증거 할 것이라는 것이었다. 필레보스의 넋두리를 듣고 있던 소크라테스가 말했다. "그렇다고 합시다. 그런데 그렇게 하려면 우선 여신 아프로디테로 하여금 그것을 증거 하도록 해야 할 것입니다. 아닌 게 아니라, 그녀의 이름 ‘아프로디테’가 본래 ‘edone[에돈네]’, 즉 ‘즐거움pleasure’을 뜻하니, 오히려 잘된 일인지도 모릅니다."63)

---

63) Plato (1996), Philebus, 12c-d.

그러나 소크라테스에게 있어서 '쾌락'은 매우 다양한 의미를 가지고 있는 용어였다. 예컨대, 도덕적인 사람이 정의로운 일을 하면서 즐거움을 느끼지만, 부도덕한 사람도 부도덕한 행위를 하면서 즐거움을 느끼기도 한다는 것이었다. '즐거워하는 것'은 도덕적인 행위를 하면서 느끼는 것이기도 하지만 그것은 부도덕적인 행위를 하면서도 느끼는 것이니, '즐거움'을 추구하는 삶을 언제나 '좋은 삶'이라고 할 수 없다는 것이었다. 소크라테스에 따르면, 어떤 '즐거움'은 선한 것이지만, 또 어떤 '즐거움'은 선한 것이 아니라는 것이었다. 이들은 극단적으로 서로 반대되는 것, 그리하여 그것은 때로는 선한 것을 가리키기도 하고, 또 때로는 악한 것을 가리키기도 한다는 것이었다.[64]

다시 소크라테스가 프로타코스에게 말했다. "그런데 말입니다. 이와 같은 경우를 생각해 봅시다. 먼저 쾌락을 추구하는 삶에 이성이 결여된 경우를 말입니다. 다음에는 이와는 정반대로 이성이 이끄는 삶에 즐거움이 전혀 없는 경우를 가정해 봅시다. 그런데 만약 이들 두 가지 경우 가운데 어느 하나가 좋은 삶이라고 규정한다면, 우리는 그것에 더 이상 더할 것이 없을 것입니다. 그런데 또 말입니다. 그 가운데 어느 하나가 무엇인가를 더 필요로 한다면, 우리는 그것을 더 이상 '참으로 좋은 것[삶]'이라고 말할 수 없을 것입니다." 이에 프로타코스가 "물론, 그렇겠지요."라고 대답했다.[65]

---

64) Plato (1996), Philebus, 13c.
65) Plato (1996), Philebus, 20e.

소크라테스가 다시 프로타코스에게 물었다. 자신의 생각이 그에게 얼마나 영향을 미쳤는지를 알아보기 위한 것이었다. "그런데 아직도 일생을 최대의 즐거움을 즐기면서 살려고 하십니까?"[66] 포르타코스는 "그렇습니다."라고 대답했다. 그리고 그 밖에 다른 것은 필요치 않다고도 했다. '즐거움' 한 가지만 누리면 자신의 일생이 행복할 것이라는 포로타코스의 말에 소크라테스가 놀라지 않을 수 없었다. 소크라테스는 프로타코스에게 자신의 질문에 조심해서 대답해 달라고 부탁하면서, 또 이렇게 물었다. "정말로 '무엇이 가장 알맞고 적절한지 재어보고, 그리고 무엇이 요구되는지 숙고해 보며, 깊이 성찰하고 생각도 하며, 신중을 기하여 알려고 하는, 이 이성적인 것'이 살아가는 데 필요치 않다고 생각하십니까?" 프로타코스는 소크라테스를 다시 놀라게 했다. "제가 즐거움을 누리면서 살면 그것으로 행복한데, 여기에 무엇을 더 덧붙일 필요가 있겠습니까?" 소크라테스가 정색을 하면서 말했다. "그런데 말입니다. 만약에 우리에게 이성도 없고, 지력도 모자라고, 기억력과 지식, 그리고 올바로 판단하는 능력도 없다면, 우리는 지력이 결여된 사람이 되어 우리가 즐거움을 누리며 즐겁게 지낸다는 사실조차 알아차리지도 못할 것이 아닙니까?"[67] 소크라테스 특유의 반어법이었다.

소크라테스는 프로타코스에게 경고했다. "그런데도 불구하고,

---

66) Plato (1996), Philebus, 21a.
67) Plato (1996), Philebus, 21b.

우리에게 정말로 무엇이 가장 알맞은 것인지를 가려내는, 그 이성이 정말 필요치 않다고 말할 수 있겠습니까?"68) 그리고 또 계속했다. 이성이 없는 즐거움의 추구가 그렇지만, 이것의 반대도 매한가지라고 했다. 즐거움이 없는 이성적 삶도 매한가지로 좋은 삶이 되지 못한다는 것이었다. 소크라테스는 다시 말했다. "이번에는 우리 가운데 누가 이성적인 삶, 즉 생각과 지식과 굉장한 기억력을 가진 것을 좋은 삶이라고 자랑하는 것 말입니다. 하지만 조금의 즐거움도 없는, 오히려 고통만 있는 그런 삶을 말입니다." 이 말이 무엇을 뜻하는지를 깨닫고 프로타코스가 말했다. "알겠습니다. 즐거움만 추구하는 삶도, 이성만을 추구하는 삶도 저에게는 좋은 삶이라고 할 수 없게 되었습니다."69)

소크라테스는 '선한 것'을 찾는 과정에서 오로지 즐거운 것만을 중요한 것으로 생각하지 않았고, 또한 오로지 이성적인 것만을 중요한 것이라고 생각하지도 않았다. 그에게 있어서 '좋은 삶'은 이 둘의 조합[the combined life]이었다.70) 그는 '선한 것'의 자리를 이들 두 유형의 삶 사이에 두었다.

소크라테스는 지나침[過]의 것을 그대로 두지 않았고, 미치지 못함[不及]의 것 또한 홀로 두지 않았다. 그가 찾고자 한 것은 감성적인 삶과 이성적인 삶 사이의 그 '선함과 적절함[to agathon kai deon]'의 자리였다. 그에게 있어서 이 자리는 대립되는 양극단

---

68) Plato (1996), Philebus, 21b.
69) Plato (1996), Philebus, 21e.
70) Plato (1996), Philebus, 22a.

의 어느 한쪽이 아니라, 이들의 혼화混和[the well proportioned]'
가 이루어지는 곳이었다. 이성이 결여된 감성과, 감성이 결여된 이
성의 혼돈混沌 속에서, 조화調和가 이루어지는 그 혼화混和의 자리
였다. 디알렉티케는 서로 대립하는 양극단의 가운데에서 지나친 것
을 제거하고, 모자란 것을 보충하는 적절성의 균형[to symmetron]을
찾는 활동이었다.

소크라테스가 디알렉티케를 통해서 찾아내고자 하는 그 '알맞
고 적절한 균형'의 좌표는, 결국 '선to agathon'의 자리였다. 그
의 생애를 보면, 그는 분명 대립되는 두 극단 사이에서 만들어지
는 '선한 것', 그가 지어낸 또 다른 용어로, '제3의 것'[the third,
something arising out of the mixture of contraries]을 찾는 데
모든 생애를 바친 셈이다.71) 그에게 있어서 인간은 자신의 삶을
구현하는 과정에서, 그것이 어떤 것이든, '선한 것the good'이 무
엇인지에 대하여 숙고deliberation하고 성찰reflection해야 하는
존재였다.72)

소크라테스에게 있어서 '선한 것'은 성찰과 숙고의 결과여야
했다. 그에게 있어서 '선한 것'은 하늘이 명한 것[天命之]도, 단
순히 감각적인 것도 아니었다. 그에게 있어서 그것은 진지한 성
찰과 숙고의 결과였고, 올바르게 다듬은 소신right opinion이었
고, 참된 추리true reasoning를 통하여 선택되는 신념이었다. 예

---

71) Plato (1996), Philebus, 20c, 23d.
72) Plato (1996), Philebus, 20d.

컨대, 감성과 이성 사이의 어디쯤인가 존재하는, 그 혼화의 자리였다. 그렇기 때문에 이 혼화의 자리는 감성적인 것들과 이성적인 것들의 그 혼화소混和素[ingredients]가 모이는 자리였다.[73]

결국, '선한 것'이 창출되는 이 혼화소들을 우리는 일상에서 항상 마주친다. 양립할 수 없는 이 극단적인 것들은, 마치 「도덕경」의 음陰과 양陽 사이에서가 그렇듯이, '제1자第一者'와 '제2자第二者' 사이에서 새로운 '제3자第三者'를 만들어낸다. 그러니까 '제1자'와 '제2자'는 서로 갈등과 대립을 일으키는 실제[七情] 속의 요소들이고, 이들 사이에서 가장 알맞고 적절한 것으로 중화中和되어 '제3자'가 생성된다는 것이다. 우리의 일상에서 성공적으로 이루어지는 일이 그렇다. 그리하여 이렇게 창출된 '제3자'는 '제1자'와 '제2자' 사이에서 만들어지는 '선한 것the good'이다.

소크라테스에 의하면, 두 가지 다른 극단적인 삶, 즉 감성적인 삶과 이성적인 삶에는 개념적으로 각각 그 상대적인 삶이 결여되어 있다. 이와 같이 양극兩極으로 치우친 삶은 상대적인 것을 결여하고 있는 것이니, 배타적인 삶의 유형을 '좋은 삶'이라고 할 수는 없을 것이다. 그렇다면, 소크라테스의 지론이 그렇듯이, 감성적인 삶이 곧 '선한 것the good'이라는 주장이 있을 수 없고, 이성적인 삶만이 곧 '선한 것'이라는 주장도 있을 수 없게 된다. 그리하여 감성이 결여된 이성도 완전하지 못하고, 이성이 결여된 감성 또한 좋은 것이 될 수 없다는 결론에 이른다.

---

73) Plato (1996), Philebus, 22a.

사실, '이성이 결여되어 있는 감성', 즉 '혼화되지 않은 쾌락 unmixed pleasure'은 동물들에게는 몰라도 인간에게는 '선한 것'이라 할 수 없을 것이다. 물론, 이의 역逆 또한 성립할 것이다. '감성이 결여되어 있는 이성', 즉 '혼화되지 않은 이성'은 오직 신적인 것일 뿐, 인간에게는 존재할 수 없는 것에 해당될 것이다. 순수하게 감성적인 것도 순수하게 이성적인 것도, 인간에게는 '선한 것'이라 할 수 없다는 뜻이다. 감성과 혼화되지 않은 이성은 신의 세계에서는 최고의 덕이 될지 모르지만, 그것은 원초적 충동, 즉 소망boulesis과 욕구orexis와 같은 속성들을 배제할 수 없는 인간 영혼에는, '적절한 것', 즉 '선한 것'이 되지 못한다는 뜻이다. 소크라테스에게 있어서 '선한 것'의 자리는 '감성과 이성이 혼화되는 자리'였다.

소크라테스에게 있어서 '선한 것'의 생성모형은 이렇게 서로 극단적인 것들, 즉 '지나침[過]'과 '모자람[不及]'의 혼화와 균형이었다. 아닌 게 아니라, '지나침'을 제거하고, '모자람'을 제거하면, 논리적으로 '알맞고 적절한 것', 곧 '선한 것'만 남게 될 것이다. 그것은 소크라테스의 모형에서처럼 '제1자'와 '제2자' 사이에서 생성되는 논리적 선, '제3자'다. 그리고 우리는 이와 같은 경우의 예를 아리스토텔레스에게서도, 맹자의 경우에서도 볼 수 있다. 우선 아리스토텔레스에게 있어서, 예컨대 '용기'는 소크라테스의 제3자로서 '선한 것'의 하나이다. '제3자'로서 '용기'는 '용기'의 결여缺如로서 '제1자'와 '용기'의 과잉過剰으로서

'제2자' 사이에 자리한다. '제3자'로서 '용기'는 '제1자'와 '제2자' 사이의 혼화[proportion]에서 생성된다는 뜻이다.

소크라테스로부터 들을 수 있는 '선한 것'의 생성 모형을 우리는 맹자에게서도 읽을 수 있다. 맹자의 사덕四德은 사단四端이 만들어내는 '선한 것들'에 해당된다. 예컨대, 사덕 가운데 하나인 '인仁'의 경우가 그렇다. '仁'은 '仁'의 모자람으로서 '제1자'와 '仁'의 지나침으로서 '제2자' 사이에서 생성된다. 공자의 열 가지 인의人義가 이와 같은 논리적 과정을 통해서 탄생되었을 것이다. 그것은 '제1자'와 '제2자'가 뒤범벅이 된 칠정을 극복[克己復禮]하면서 만들어낸 '제3자들'이 되는 셈이다. 예컨대, 이 가운데 '자애慈愛'는 '제1자'의 결여와 '제2자'의 과잉 사이의 혼화로 이해된다. 이렇게 만들어지는 '선한 것들'은 수없이 많다. 그리고 이들은 여러 모습을 보이면서 '선한 것들'의 거대한 클러스터를 엮어낸다. 즉, 공자가 칠정에서 만들어낸 열 가지 인의人義[十義], 즉 부모의 자애[慈愛], 자식의 효도[子孝], 형의 어짊[兄良], 아우의 공경[弟弟], 남편의 의리[夫義], 아내의 순종[婦聽], 어른의 은혜[長惠], 어린이의 유순[幼順], 임금의 인애[君仁], 신하의 충성[臣忠]은 물론이고, 맹자의 사덕[仁義禮智]이나, 아리스토텔레스의 중용이 만들어내는 '가장 알맞고 적절한 것들[適度]'이 그렇게 제1자와 제2자와의 사이를 측정하는 계산법에 의해서 생성되는 제3자들이다. 이와 같은 제3자들, 그 '선한 것들'의 거대한 클러스터는 우리의 일상적 삶에서 형성되고, 또한 그것들이 우리의 실제를 엮어냄으로써 우리 사회의 문화적 바탕이 된다. 이들은 모두 '선한 것들'을 형성하는 가족들인 셈이다.

프로네시스가 활성화[羽化]되면, 그 실행 과정으로서 프락시스에서 우리는 '아름다운 것들'과 함께 '선한 것들'을 수없이 만들어 그것들을 가지고 살아간다[doing]. 인간관계에서도 '선한 것'을 만들어 살고, 자식들의 교육에서도 '선한 것들'을 실제 생활에 옮겨 살도록 가르친다.

그런데 그 '선한 것'의 자리, 인간 영혼이 추구하는 그 '알맞고 적절한 것'의 자리하는 산술적 평균이 자리하는 부분이 아니다. 그곳은 분명하게 규정하기 어려운, '서로 대립되는 것 사이를 연결하는 넓은 범위의 어디쯤'이라고밖에 말할 수 없을 것이다. 그렇기 때문에 그곳은 논리적으로 정확히 '여기'라고 할 수도, 또는 '저기'라고 할 수도 없는 곳, 그래서 모호한 어느 지경이다. 그리하여 우리는 소크라테스를 따라 단지 '알맞고 적절한 곳'이라는 표현을 하고, 또 그곳에서 산다.

'정확히 여기라고 할 수 없는 곳', 그리고 '모호한 어느 지경', 단지 '알맞고 적절한 곳'은 애매하고 모호한 관념들이다. 그리하여 형식논리는 물론, 수학에는 이와 같은 관념, 애매하고 모호한 관념들이 들어갈 자리가 없다. 수학에서는, 예컨대 '그렇다[1]'와 '그렇지 않다[0]'가 명료하게 구분되고, 이들 사이에는 아무것도 들어갈 자리가 없다. 여기에서는 애매하고 모호한 용어들을 배척한다.

수학자들에게 있어서 '그렇다[1]'와 '그렇지 않다[0]' 사이는 '불분명하고 애매한 공간'이다. 그리하여 그들에게 있어서 이 사이는 '불분명하고 애매하다'는 뜻의 '퍼지fuzzy 공간'이다. 이 공간은 그들에게 있어서는 무의미한 공간이다. 그러나 1965년 자데Lotfi A. Zadeh 교수는 무의미했던 이 '퍼지 공간'을 의미 있는 공간으로 재탄생시켰다. 그는 '1'과 '0' 사이에, 예컨대 '0.4'나 '0.7'과 같은 자리를 인정하고, 여기에 애매하고 모호한 관념, 즉 '적절함'이나 '그럴듯함'의 자리를 마련했다. 이른바 '퍼지이론fuzzy theory'이다. 이제 수학에서의 그 '퍼지 공간'은 헬라스 철학자들의 이상향, 그 '알맞고 적절한 것'의 공간, 「중용」에서의 '中'의 공간, 프로네시스의 담론이 이루어지는 공간, 그리고 무엇보다 애매하고 모호한 개념으로서 '선함'이 자리할 수 있는 공간이 되었다.

가장 왼쪽[0]과 가장 오른쪽[1], 그 어느 쪽도 아닌, 벽시계의 펜듈럼이 왕래하는 그 모호한 곳 어딘가에는, 가장 그럴듯한 말로 표현하면, 분명 '알맞고 적절한 곳'이 있다. 그런데 이렇게 '알맞고 적절한 곳'은 대립되는 것들의 갈등이 잠정적으로 끝나는 곳이다. 이곳은 다른 말로 표현하면, 대립과 갈등이 사라진, 그리하여 혼화混和의 아름다운 균형이 이루어지는 곳이다. 그곳은 단지 '아름다움'처럼 질적質的인 곳, '적절한 비례가 갖추어진 곳', 그리하여 '아름다운 조화가 이루어진 곳'이다. 이때의 '아름다운 조화'는 '선한 것들'의 특징이고, 그 특징이 자리하는 곳은, 선한 것들의 논리적 장소가 된다.

'선한 것'의 원인자原因子

소크라테스는 대립된 요소들, 즉 제1자the first와 제2자the second의 혼화[mixture]에서 '선한 것'으로서 제3자the third가 생성된다고 이해했다. 그런데 혼화에서 생성된 '제3자'는 언젠가는 또다시 시작되는 대립과 갈등을 일으킬 것이다. 그리하여 우리가 사는 프락시스에서는 다시 새로운 문제 사태가 발생할 것이다. 그리고 이 문제 사태는 다시 새로운 혼화를 거쳐, 또 다른 '제3자'를 만들어낼 것이다.

그런데 소크라테스는 대립과 갈등, 즉 제1자와 제2자를 혼화시켜 '제3자'를 창조해 내는 힘의 근원에 이름을 붙이기 어려워 그것을 조심스럽게 '제4자[the fourth]'라고 불렀다. 이른바 그의 '원인자原因子[the cause of the mixing of two extremes]'다.[74] 아닌 게 아니라, 우리가 제1자와 제2자 사이에서 '선한 것'으로서 '제3자'의 자리를 찾으려면, 우리는 그 자리를 '선한 것'으로 볼 수 있는 안목眼目, 즉 '선한 것'을 만들어내는 '원인자[제4자]'를 가지고 있어야 한다. 그런데 이 원인자가 발하는 힘, '제3자'를 만들어내는creating 그 '제4자'의 정체는 관연 무엇인가?

라파엘로의 작품「아테네 학당」은 플라톤이 아리스토텔레스와 함께 현관으로 걸어 나오는 장면의 그림이다. 플라톤은 만상의 근원인 '이데아'를 이야기하는 듯, 오른손으로 하늘을 가리키고, 왼손으로는 그의 우주론이 담긴「티마이오스Timaeus」를 들고 있

---

74) Plato (1996), Philebus, 23d, 25e, 26e.

다. 「티마이오스」, 거기에는 '영원하고 변함없는 아름다운' 우주의 질서, 그 진리의 세계가 그려져 있다.

아테네 학당의 플라톤과 아리스토텔레스

플라톤의 「티마이오스」에는 티마이오스라는 천문학자가 등장한다. 이 영명한 천문학자는, 진리는 영원한 것이고 변함이 없다면서, 그것은 너무나 아름다워 표현할 수조차 없다고 주장한다. 플라톤 또한 티마이오스와 다름이 없었다. 플라톤이 티마이오스를 자신의 대화편에 불러들인 것도, 영원하고 변함없으며, 아름다운 천문의 세계를 찬미하기 위해서였으니 말이다. 그리하여 플라톤은 오른손으로 하늘을 가리키며 '아름답다' 한 것이다. 그런데 플라톤이 오른손으로 가리키고 있는 저 영원하고 변함이 없는 아름다움, 저 천문의 세계는 도대체 플라톤의 눈에 왜 그렇게 '영원하고 변함이 없으며 아름답게' 보였는가?

그런데 그렇지 않았을지도 모른다. 저 '영원하고 변함없으며 아름다운' 천문의 세계를 플라톤은 볼 수 없었을지도 모른다. 만약에 그의 왼손에 '영원하고 변함없으며 아름다운' 천문의 질서가 담겨 있는 「티마이오스」가 들려 있지 않았다면 말이다. 그도 그럴 것이, 플라톤이 오른손으로 가리키는 저 하늘, 저 천문의 세계를 '영원하고 변함없으며 아름답게' 보는 것은, 그의 왼손에 들려 있는 「티마이오스」에 들어 있는 아름다운 천문학의 질서[원리]를 통해서였을 것이다. 그런데 이때 플라톤이 보고 있는 저 아름다운 하늘과, 조화를 갖춘 그 질서는, 소크라테스에게는 제1자와 제2자가 조화를 갖춘 제3자일 테고, 플라톤의 왼손에 들려 있는 「티마이오스」에 실려 있는 우주의 아름다운 질서는, 다시 소크라테스에게는 제4자에 해당될 것이다.

플라톤에게 있어서 천지를 창조한 신은 '온전히 선한 자the all-good'다. '온전히 선한 것'은 '선한 것the good'이라기보다 '선함 자체goodness per se[auto agathon]'에 해당된다. 그런데 신이 자신의 모상模像대로 '선한 것'을 지어냈다면, 그 '선한 것들'의 근원[원인]은 논리적으로 '선함 자체', 곧 '신 자체'라고 말해야 할 것이다. '신과 천지창조'를 말할 때의 문법文法이다. 신神은 자신이 창조한 것을 '선한 것'의 원인자, 곧 '선함goodness'으로 창조했다는 뜻이 된다. 이와 같은 플라톤의 문법에 맞추다 보면, 선한 것을 선한 것으로 보는 소크라테스의 '원인자'는, 창조자로서 '신God'과 다른 것이 아닌 셈이다.

「창세기」의 작가는 그 첫 장에 하느님이 천지를 창조하고, 인간을 포함하여 생명을 가진 모든 것들에게 먹을 양식까지 모두 마련해 준 뒤, 이렇게 말씀하셨다고 기록했다. "하느님께서 그가 창조한 모든 것을 보시고 말씀하셨다. 보아라, 참으로 선하다." 하느님은 '선함goodness'으로 천지를 창조하고, 그것을 '선함의 눈'으로 보았다. 이렇게 하여 '선함'이 '선한 것'의 원인자가 되었다.

티마이오스의 천지창조설은, 그 '선함'의 개념을 창조의 신 데미우르고스Demiourgos에게서 가져왔다. 데미우르고스는 선함의 존재였다. 창조자의 선함 속에는, 세상에 대하여 조금치의 질투조차 들어 있지 않다. 신은 오직 세상의 모든 것이 자신의 선을 닮기만을 바랄 뿐이었다.[75] 결국, 천지창조의 원리는 '선함'이었다. 그리고 데미우르고스는 '선함'의 이미지로 세상을 만들고, 또 세상을 그렇게 '선함의 눈'으로 바라보게 되었다. 우리의 영혼 또한 신을 닮아 '선함'으로 세상을 보고, 또 그것을 지향하지 않

---

75) Plato (1996), Timaeus, 29e-30a.

을 수 없게 되었다.

선함은 차라리 데미우르고스 신의 품성稟性이었다. 그는 이 품성을 가지고 천지를 창조하고, 그 피조물들이 자신의 품성을 닮기를 바랐다. 물론 그는 자신의 피조물들을 자신의 '선함'으로 바라보았다. 여기에는 '선한 것'을 '선함'으로 볼 때, 비로소 그 '선함'을 시현示現한다는 논리적 함의implication가 들어 있다. '선한 것'은 '선함'의 형상form 안에 들어 있다는 뜻이다.

'선한 것을 선함으로 본다는 것[the good-in-view of goodness]'은 우리에게는 어쩔 수 없는 하나의 인식론적 프레임이다. '선한 것the good'이 존재한다면, 그것은 '선함goodness'에 의해서 인식될 때이기 때문이다. 우리의 세상 보기가 그렇다. '선한 것'이 저기에 어떤 모습으로든지 존재한다면, 우리에게는 그것을 '선한 것'으로 보는[판단하는] '선함'이 먼저 있어야 한다. 인식론이 우리에게 주는 논리적 요구이다. 이와 같은 '선함'과 그 세상 보기는 프래그머티즘의 가추법은 물론, 실천적 논리 또는 프로네시스의 논리에도, 아리스토텔레스의 메소테스mesotes에도, 그리고 공자와 자사의 '중용中庸'은 물론, 맹자의 '사단四端'의 원리에도 작용한다.

사실이다. 우리는 우리의 일상적·실천적 판단에서, 우리가 깨닫지 못하는 사이에, 이미 '선함'에 비추어 무엇인가를 '선한 것'으로 판단한다. 우리가 무엇을 '바람직한 것the desirable', '알맞고 적절한 것within measure'이라고 판단하는 것은, 결국 '선함'에 비추어 그렇게 판단하는 것이다. 우리뿐만 아니라, 공자 또한 그랬다. 그가 '과유불급過猶不及', 즉 '지나침[過]은 미치지 못함[不及]과 같다.'라는 말을 했을 때, 이미 그는 '알맞고 적절함'으로 세상 보기를 하고 있었던 것이다. 그가 '과過'와 '불급不及' 사이에서 '알맞고 적절한 것'으로 세상 보기를 한 것은, 우리 영혼이 그렇게 '선함goodness'의 덕virtue을 발하여, 스스로 역力의 균형을 찾는 것을 본질로 한다는 뜻일 것이다.

실천적 판단과 선함의 논리

'선함'은 우리가 상정想定하는 가상적 실재假想的 實在[virtual reality]다. 그러나 그것은 우리의 영혼이 만드는 것, 그렇게 있지 않으면 안 되는 것, 그것으로 세상 보기를 하는 '선한 것'의 원인자[제4자]에 해당된다. 실천적 판단의 아름다운 특징이다. 이와 같은 세상 보기는, 예컨대 앞에서 살핀 가추법에서도 충분히 읽을 수 있을 것이다.

반가언적 삼단논법을 닮은 가추법은 프락시스의 상황에 관련된 정보들[지식, 이론]이 대전제 'a⊃b'에 들어온다. 물론, 선택에 의해서 여기에 들어올 수 있는 정보[가설]들은, 그것이 과학적이든 상식적이든, 수없이 많다. 다음에 소전제에서는 대전제의 b를 '가장 알맞고 적절한 것', 즉 '선한 것the good'으로 선택한다. 그리고 그 결과로 얻어낸 것은 새로운 가설이 되고, 다시 시작되는 검증 과정에 투입된다. 그런데 우리의 관심은 소전제에 있다. 실천적 삼단논법이 실천논리로 규정되는 것은 이 소전제가 가지고 있는 특징 때문이다. 왜냐하면, 소전제에서 우리는 대전제에 들어오는 사실적 진술을 가지고 당면한 실제적 문제를 개선하는 데 요청되는 그 '그 알맞고 적절한 것', '그 선한 것'이 어떤 것인지를 선택하는 실천적 활동을 하기 때문이다. 물론, 이때 후건을 '선한 것'으로 본다는 것은 그것을 '선함'의 눈으로 본다는 뜻이다.

실천적 논리 형식은 인류 영혼이, 그 기원에서부터 오랫동안 알게 모르게 닦아 온 사유 형식 가운데 하나였다. 그리고 이를 통하여 우리의 영혼은 오르고자 하는 그 최고의 계단, 곧 지선至善[the highest good]의 계단을 올려다볼 수 있게 되었다. 이 형식은 참으로 독특하여 '선'의 관념이 판단 과정에 들어가 '무엇이 선한 것인지?'를 묻는다. 그리하여 이 형식은 사실적 지식을 다루되, 그것을, 아무래도 규범적 지식이라고 할 수밖에 없는, '선함'에 비추어 재형성한 지식으로 형식을 바꾸어 채택한다. 이와 같은 이중구조二重構造, 즉 사실적 지식을 '선함'에 비추어 당위적인 것으로 변형하는 과정을 일컬어, 우리는 '지성에 선함[영혼]을 입힌다.'고 할 수 있을 것이다. 이 책의 결론, 어딘가에 쓰고 싶은 말이다.

그런데 '선한 것'의 원인자로서 그 '선함'은 아직도 신화에서 오는가? 아니면 형이상학적 가정이나, 옛 성인들이 만들어놓은 덕목, 예컨대 공자의 '십의十義'나 이황의 '성학십도聖學十道'와 같은 것에서 오는가? 참으로 오랫동안 물어 온 질문들이고, 앞으로도 진정한 자세로 물어야 할 질문들이다. 그런데도 불구하고, 많은 사람들은 할 수 없이, 그것을 저 '하늘이 준 것'이라는, 고대 자연철학자들의 '천명설天命說'에 기대어 위안을 얻는다.

하지만 놀랍게도 지난 세기의 존 듀이John Dewey는 '선한 것'의 '원인자'로서 그 '선함'의 기원을 '하늘'에서 '땅'으로 좌표 이동을 시켰다. 사실, 그 이전에는 정약용丁若鏞도 그랬고, 더 이전에 아리스토텔레스도 그랬다. 그들은 '선한 것'을 '하늘'에서 내려오는 것이 아니라, '실제의 땅[프락시스]'에서 자라나는 것으로 이해했다. 적나라한 경험의 세계에서 말이다. 「중용」의 문장 한 가닥 '발이개중절發而皆中節', 곧 '칠정의 세계에서 모두 절도에 맞게 조화를 이룬다[致中和].'는 문장이 다시 우리를 그렇게 일깨워 주듯 말이다.

아닌 게 아니라, 듀이는 사실 실제를 이끌어 가는 방법means을 고려하지 않는, 선험적인 목적이나 공허한 이상理想을 추구하는 것을 경계했다. 그 당시는 그가 통일과학운동unity of science movement에 합류한 때였고, 프래그머티즘이 전성기에 달했던 때였다. 그러나 그는 당시의 자연과학적 패권주의에는 휩쓸리지 않았다. 그리하여 당시에 확산되었던 '규범規範'이나 '가치 관념'에 관한 배제 분위기에도 가까이 가지 않았다.

듀이에게 있어서 가치의 문제는 단순히 관념적인 것이 아니었다. 그는 오히려 사실에서 가치를 찾으려고 했다. 그리하여 그는 고대 자연철학자들이 자신들의 주장을 합리화하는 방식이나, 특정한 관념을 '하늘이 명한 것'이라고 하는, 중국의 일부 철학자들과는 다른 방식으로, 선함의 근거를 찾았다. 아닌 게 아니라, 가추법의 논리 형식이 그렇듯이, 듀이에게 있어서도, 우리가 소망을 함으로써 무엇인가를 목적ends으로 삼을 때, 거기에는 방법means에 대한 고려, 대전제가 제시하는 과학적 이론이나 사실적 지식과 같은 정보가 전제되지 않으면 안 되었다. 이는 실천적 사유과정에서 놓치면 안 되는 논리적 요구였다. 듀이는 우리의 이상이나 목적들이 '그 자체in-themselves'로 존재하고, 또 그러해야 한다는 형이상학적 신념을 위험한 것이라고 생각했다. '목적들 그 자체ends-in-themselves'가 본질적으로 가치 있는 것이라는 주장은 그가 보기에 성급한 논리적 비약이었다. 듀이에게 있어서, 방법에 대한 고려가 없는, '목적들 그 자체'는 오직 '인위적arbitrary'인 것일 뿐이었다.76) 그런데 우리는 심지어 '선한 것을 선함으로 본다.'고 할 때조차도, 이와 같은 인위에 빠지면 어쩌나 하는 걱정이 앞선다. 하지만 그럴 염려는 듀이에게서 찾을 수 없다. 가추법의 저 대전제가 우리를 망상으로 추락하지 않도록 지키기 때문이다.

듀이에 의하면, 인간은 생리적인 경우도 그렇지만, 심리적으로도 무엇인가가 결핍되거나 갈등상태에 이르면, 이 문제 사태로부터 벗어나려는 욕구를 발한다. 그것은 이른바 문제를 해결하려는

---

76) John Dewey (1939), Theory of Valuation, 40.

목적ends의 설정이다. 이때의 목적은 다분히 욕구에 의한 것이다. 그리하여 듀이는 이 '목적'을 'the end desired', 즉 '욕구된 목적'이라고 표현했다. '욕구된 목적'은, 다른 것이 아니라, 성취되길 기대하면서 마음속에 그려놓은 결과[anticipated results]를 말한다. 듀이는 이와 같은 '목적'을 일컬어 'ends-in-view', 곧 '예견像見된 목적'이라 불렀다. 이는 듀이가 가치론을 논하면서 사용한 중심 개념 가운데 하나다. 그것은 '어떤 목적end을 마음의 눈으로 내다본[in-view] 것'이란 뜻이다. 듀이는 그것을 'a foreseen end', 곧 '미리 내다본[像見된] 목적'이라는 뜻으로 풀어서 설명하기도 했다.

'예견된 목적'이 무엇인지는 아래의 인용문을 통해서 보다 명확히 이해될 수 있을 것이다. 듀이는 '예견된 목적'을 보다 분명하게 설명하기 위해서, 자신의 「가치론Theory of Valuation」에 영국의 수필가 찰스 램Charles Lamb의 수필 한 토막을 소개했다. 램의 수필 「돼지구이론A dissertation upon roast pig」의 한 부분이다.

어느 날 돼지우리에 화재가 발생했다. 타버린 돼지우리를 정리하면서 농장 주인은 불에 탄 돼지를 꺼내려 했다. 농장 주인은 불에 익혀진 뜨거운 돼지고기에 손을 데었다. 그는 즉시 뜨거운 손가락을 입으로 불어서 식히려고 했다. 그때 주인은 지금까지 경험하지 못한 익은 돼지고기의 냄새를 맡았다. 그리고 그 맛을 즐겼다. 그런 뒤, 그는 돼지고기를 먹고 싶으면 다시 돼지우리를 짓고, 거기에 돼지를 넣은 뒤, 그 돼지우리에 불을 질렀다.77)

듀이는 독자들이 이 이야기의 끝부분에 관심을 모아주길 바란다. 그 끝부분에는 돼지농장 주인이 돼지고기를 먹기 위한 욕구를 충족시키기 위하여, 마음으로 내다본[in-view] 목적[end]과 방법[means]이 들어 있다. '돼지고기를 먹기 위하여 돼지우리를 짓고, 거기에 돼지를 넣은 뒤, 불을 질렀다.'는 이야기가 그렇다. 매우 우스꽝스러운 이야기지만 흥밋거리다. 하지만 그것은 우리의 관심사인 '예견된 목적'이 무엇인지를 보여주는 하나의 범례로서는 제격이다. 아닌 게 아니라, 그 광경이 우리의 눈에 선하다. 분명 그 농장 주인도 그와 같은 행동을 하기에 앞서, 그와 같은 광경을 마음에 그렸을[in-view] 것이다. 그것은 틀림없는 하나의 'end-in-view', 즉 '예견된 목적'이다. 그러나 그 목적은 얼마나 부당하고, 그 방법은 또한 얼마나 어리석고 불합리absurd한가.

찰스 램의 수필 한 부분을 통해서 듀이가 우리에게 전하고자 한 메시지는 그 뜻이 너무나 명백하다. 그것은 분명 우리가 어떤 소망을 달성하려고 할 때, 그 목적ends과 방법means 사이의 관계가 걸맞지 않아 서로 연결되지 않는다면, 그 목적이 얼마나 맹목적이고, 그 방법 또한 얼마나 졸렬하고 불합리한지를 말하려고 한 것이었을 것이다. 아닌 게 아니라, 램의 수필이 재치 있게 그려낸 그 우스꽝스러운 방법은, 그때 그 목적을 성취하는 데 과연 알맞고 적절한지에 관한 숙고를 결여하고 있다. 실천적 판단에서

---

77) John Dewey (1939), Theory of Valuation, 40.

방법은 목적의 정당화뿐만 아니라, 그 방법의 타당성까지 포함한다. 사실, 방법이 존재하지 않거나, 램의 수필에서처럼 존재한다 하더라도 그것이 불합리하면, 목적이 비록 그럴듯할지라도, 그것은 황당할 정도로 불합리한 견해, 게으른 환상에 불과할 것이다. 그리하여, 듀이가 램의 수필을 통해서 우리에게 전하고자 한 메시지는, 그 목적이 다분히 '인위적인arbitrary' 것일 뿐만 아니라, 어리석음insanity과 미성숙immaturity과 경화됨induration을 뒤섞어 놓은 환상fanaticism에 불과하다는 것일 것이다.[78]

그런데 위와 같은 듀이의 메시지는, 그 옛날 같으면, 군주의 정치적 폭력에 대한 경고를 빗댄 것일 수도 있고, 도그마가 밑바탕에 깔려 있는 학문이나 종교적 신념을 떠받치는 부당한 근거에 대한 경고일 수도 있을 것이다. 아닌 게 아니라, 염려스럽게도 '방법이 충분히 고려되지' 않은 '목적 그 자체ends-in-themselves'에 대한 맹목적 집착은, 때로는 그럴듯하게 보일지는 모르지만, 그것은 역사에서 경험할 수 있듯이, '목적이 수단을 정당화한다[The end justifies the means].'는 위험한 전체주의적 발상을 반성 없이 추종하는 경우와 다름이 없다. 사실, 이와 같은 목적론적 환상은 개인의 잘못된 삶뿐만 아니라, 권력 지향적이거나 전체주의적 이데올로기를 좇는 정치 집단에서 어렵지 않게 목격할 수 있다. 마키아벨리의 군주론이나, 전체주의자들의 몽상이나 무지한 맹신이 그렇다.[79]

---

78) John Dewey (1939), Theory of Valuation, 40-4.
79) John Dewey (1939), Theory of Valuation, 41.

방법에 대한 고려가 배제된 '목적 그 자체'를 향한 획일주의는, 그리고 그것이 낳은 '목적이 수단을 정당화한다.'는 이 잘못된 격언은 오늘날에도 매한가지로 작용 중이다. 그리하여 듀이는 격앙된 어조로 '목적 그 자체[ends-in-themselves]'에 골몰하는 전제적·관념적 전통에 갇혀 있지 말라고 경고한다.

> 만약 인류가 '목적 그 자체'라는 가치 절대적 관념을 버린다면, 그것도 말뿐이 아니라 모든 실제적 맥락에서 그렇게 한다면, 인류 역사에서는 처음으로 경험에 기반을 두어 '예견된 목적'을 설정하고, 욕구의 모양새도 제대로 갖출 수 있게 될 것이다.[80]

듀이에게 있어서 '목적 그 자체'에 관한 고정관념을 버린다는 것은, '목적'이 위에서 아래로 내려오는[top down]것이라고 생각하는 것, 독단doctrines과 같은 고정된 가치에 얽매이는 것으로부터 벗어나야 한다는 뜻이다. 그리하여, 듀이에게 있어서, '예견된 목적[end-in-view]'은 행위자 스스로에 의해서 '선한 것으로 평가되는 것[the praised or valued as good]'이어야 한다는 뜻이 된다. 사실, 듀이의 표현과 같이, '욕구가 존재하는 곳에는 예기되는 목적이 존재한다[Wherever there are desires, there are ends-in-view, …].'[81] 그러나 '욕구된 목적[the end desired]'은 항상 '선한 것인지 아닌지의 문제'를 동반한다. 그렇기 때문에

---

80) John Dewey (1939), Theory of Valuation, 43.

81) John Dewey (1939), Theory of Valuation, 52.

듀이에게 있어서 '예견된 목적[end-in-view]'은 '선한 것인지 아 닌지'가 항상 검토examination되어야 하는 것이다.

그렇다. 듀이가 제시하는 이와 같은 '예견된 목적'의 프레임에 는 목적[ends]이 과연 선한 것인지 아닌지는 물론이거니와, 그것 은 또한 어떤 방법[means]을 통하여 구현될 수 있는 것인지 아 닌지의 논의가 붙박여 있다. 이 프레임에서 '목적'과 '방법'은 서 로 떨어져 있지 않다. 듀이의 생각과 같이, 이들은 서로 관련되 어[relational] 있다. 이와 같은 관계를 묘사해 내기 위하여, 듀이 는 '목적과 방법의 연속성[the continuum of ends-means]'이라는 술어를 만들었다. 그리하여 듀이에게 있어서 '목적'의 평가는, 램 의 수필에서와는 달리, '방법'의 평가와 함께 이루어진다. 목적과 방법의 연결 모형이다. '방법 없는 목적은 무의미하고, 목적 없는 방법은 맹목적이다.'라는 말은 논리적으로 '목적과 방법의 연속 성'의 기원으로 삼아도 적절할 것 같다.

듀이에게 있어서, '목적이 선한 것'으로 평가된다는 것은 '방 법이 선한 것'으로 평가된다는 것과 다르지 않다. 그것은 '목적 적 선'과 '방법적 선'의 논리적 관련성의 그림이 그렇기 때문이 다. 그렇기 때문에 '선한 목적'과 '나쁜 방법'은 공존할 수 없고, '나쁜 목적'과 '선한 방법' 또한 논리적으로 공존할 수 없다. 램 은 자신의 수필로 바비큐의 기원을 말하려고 했다기보다, 오히려 목적과 방법의 불합리한 연결을 풍자했다는 사실을, 우리는 뒤늦 게나마 여기에서 확인하는 셈이 되었다.

물론, 듀이에게 있어서 '목적'은 '선한 것'으로 평가되는 것이어야 한다. 그러나 그 평가는 목적 자체 속에서가 아니라, 방법에 관한 평가와 함께 이루어진다. 방법적 선이 검증되기에 앞서 목적적 선의 평가가 선행될 수는 없다는 뜻이다. 그에게 있어서 목적과 방법은 따로 떨어져 있는 것이 아니기 때문이다. 듀이의 '목적과 방법의 연속성[ends-means continuum]' 이론이 그렇다. 듀이는 이렇게 말한다. "예기된 목적은 실제적 문제로서 발생되는 결핍이나 갈등을 개선할 수 있는 유용성[serviceability]의 근거 위에서 '좋은 것인지 나쁜 것인지[as good or bad]'로 평가되어야 한다."[82] 그렇다. 그리하여 그 유용성은, 결국 방법의 적합성과 선함에 관한 성찰에 의해서 결정된다. 그리고 또 말한다. "목적은 달성하고자 하는 것에 요구되는 것[requiredness]인지 아닌지에 따라 '알맞은 것인지 그렇지 않은 것인지[fit or unfit]', '적합한 것인지 아닌지[proper or improper]', '올바른 것인지 그릇된 것인지[right or wrong]'로 평가되어야 한다."[83]

듀이는 이미 '목적'을 문제 사태의 개선에 '알맞은 것', '적합한 것', '올바른 것[선함]'인지에 비추어 평가한다. 그런데 놀라운 것은 듀이가 '목적'을 문제 사태의 개선에 '알맞은 것', '적합한 것', '올바른 것'에 비추어 평가한다는 표현은 헬라스의 철학자들, 예컨대 소크라테스와 플라톤이 '선함'을 '알맞고 적

---

82) John Dewey (1939), Theory of Valuation, 47.
83) John Dewey (1939), Theory of Valuation, 47.

절한[to deon] 것'으로, 아리스토텔레스가 '메소테스[중용]'로, 그리고 동양에서 유학이 '지선至善'을 '중절中節'로 표현하는 것과 다르지 않다는 사실이다. '알맞음', '적합함', '올바름', '알맞고 적절한 것[to deon]', '중절中節'이 모두 시간과 공간을 초월하여 '선함goodness'의 용법use으로 쓰이고 있으니, 참으로 경이驚異롭지 않을 수 없다.

우리가 여기에 이르렀다면, 우리는 마지막으로 이와 같은 생각을 공유하는 것이 좋을 것이다. 즉, 듀이가 다듬어놓은 '예견된 목적[ends-in-view]'은, 결국 실제적 문제의 해결을, 사실적 지식과 '선함'을 바탕으로 하는 가치판단을 가리키는 것이니, 그것은 '실천적 지혜로 보는 목적ends-in-phronetic view'과 다른 것이 아니라는 생각 말이다. 그렇다면, '예견된 목적[ends-in-view]'을 '실천적 지혜로 보는 목적ends-in-phronetic view'으로 고쳐 불러도 좋을 것 같다. 이와 같은 우리의 생각이 타당하다면, 듀이가 염려한 '목적 그 자체ends-in-themselves'의 위험성이나, '선함 그 자체 goodness-in-itself'의 오용誤用은 자연히 이 '실천적 지혜로 보는 목적[ends-in-phronetic view]' 속에서 사라지게 될 것이다. 이뿐만 아니라, 듀이가 본래 사용한 '예견된 목적[ends-in-view]'이 '실천적 지혜로 보는 목적[ends-in-phronetic view]'으로 보완되면, 이 방법론적 개념은 실천적 논리 형식, 예컨대 가추법의 형식 속에서 뚜렷한 모양새를 갖추게도 될 것이다. 이렇게 되면 듀이의 가치론도 보다 완벽하게 될 수 있을 것 같다.

사실이 그렇다. 가추법의 대전제는 실제적 문제를 개선하는 방법means이 포함된 사회과학적·자연과학적 정보들로 구성되고, 소전제는 '실천적 지혜를 통하여 선택하는 목적'으로 형성된다. 그리고 그 결과로 대전제에서 방법적 정보가 되기에 알맞고 적절한 것을 선택하면, 그것은 곧 실천적 당위當爲가 된다. 당위가 탄생되는 이 과정은 <프시케 이야기>에서 간추린 영혼의 언어가 만들어지는 단계이기도 하다. 이와 같은 논리 형식에서 대전제는 가언적假言的 명제로서 기술적descriptive이고 방법적methodological이다. 이에 비하여 소전제는 정언적定言的 명제로서 규범적normative이며 처방적prescriptive이다. 그리고 결론은 실천적 지혜로서 당위적ought to be이다.

지금 우리는 위의 논리 형식에서 '존재is'에서 '당위ought'가 탄생되는 모습을 확인한 셈이다. 영혼의 언어[당위]가 탄생되는 모습 말이다. 윤리학의 그 고질적 난제[is/ought problem]를 치유하면서, '사실에서 가치가 탄생되는 그 신비' 말이다. 더불어 우리는 이 논리 형식을 이렇게 해석할 수도 있을 것이다. 즉, 가추법에서 대전제는 다양한 지식과 정보가 자리하는 곳인 반면, 소전제는 대전제의 지식과 정보를 '무엇이 선한 것인지'에 비추어 성찰하고 선택하는 영혼의 자리라고 말이다.

'선함', 그 가상적假想的 실재實在

'선한 것'을 '선함'의 눈으로 보는 것은 인간 영혼의 덕[function]이다. 그때는 인간 영혼이 최고의 자리에 올랐을 때다. 우리가 실천적 지혜를 통하여 무엇인가 선한 것을 추구할 수 있게 될 때는, 분명 우리 영혼이 '선함goodness'의 경지에 다다랐을 때일 것이다. 이를 아리스토텔레스의 용어로 표현하면, 우리의 영혼이 선함의 엔텔레케이아, 곧 선함의 형상을 갖추었을 때라고 할 수 있을 것이다. 그리하여 그때가 되면 우리의 영혼이, 예컨대 문학과 예술을 포함하는 인문학적 시각이 제대로 갖추어져 있을 때일 것이다. 왜냐하면, 우리 영혼의 눈이 '선한 것'을 추구할 때 갖추어야 할 그 '선함goodness'은 문학과 예술을 포함하는 폭넓은 인문학적 마음이 충만할 때이기 때문이다.

소크라테스 최후의 날, 소크라테스가 독배를 마시기 직전, 그는 그의 최후를 지켜보는 제자들에게 물었다. 인간 영혼이 자유의 날개를 펴면, 그 힘으로 무엇을 찾아 날아야 한다고 생각하는가? 그런데 소크라테스에게 있어서 찾아 날아야 할 것은 그가 평생 디알렉티케를 통하여 추구했던 것, 그의 영혼이 획득하고자 했던 '아가토테타agathoteta', 곧 '선함'이었다.

인간 영혼이 태어나서 추구하는 '선한 것the good' 가운데에는 이것저것 헤아릴 수 없이 많다. 건강과 재산과 미모와 절제와 용기와 뛰어난 지력과 같은 것들이 모두 '선한 것들'에 속한다. 이들 가운데에는 우리에게 이익이 되는 것들도 있다. 그러나 소크라테스는 이와 같은 것들이 항상 이익이 되는 것은 아니라고 했다.[84] 왜냐하면, 이와 같은 것들은 그저 '선한 것들the goods'일 뿐, '선함' 그 자체가 아니기 때문이라는 것이었다. 그는 플라톤의 「국가」에서 글라우콘에게 이렇게 말했다.

> 만약 우리가 '선한 것'의 형상[form], 즉 '선함'의 이데아를 알지 못한다면, 또는 '선함'의 이데아를 제외하고, 다른 것을 아무리 많이 알고 있다고 할지라도, 그것들은 우리에게 아무런 소용이 없습니다. 아닌 게 아니라, 우리들이 '선함'을 빼고 어떤 것을 소유한다고 한들, 그것들을 어디에 쓸 수 있겠습니까.[85]

'선한 것'이 아니라, '선함'은 우리가 갖추어야 할 또는 도달해야 할 최상의 계단이라는 것이다.

하지만 '선함'으로 세상을 보는 일은 용이하지 않다. 우선 그것은 너무 넓은 의미를 가지고 있기 때문이다. 사실, 철학자나 아무리 예리한 논리학자라 할지라도, '선함'의 의미를 정의하는 것은 용이하지도 가능하지도 않다. 아리스토텔레스는 이 점을 일찍 깨달아 '선함'은 그 의미가 모호하여, 그 개념을 규정하는 일이 어렵다는 점을 꿰뚫어 보았던 사람이었다.[86] 어떻든 정의되기 어려운 개념으로 세상을 본다는 것은 그만큼 어려운 일이 아닐

---

84) Plato (1996), Meno, 88a.

85) Plato (1996), Republic, 505a-b.

86) Aristotle (1968), Topica and de Sophisticis Elenchis, 107a2.

수 없다. 그럼에도 불구하고, 인간 영혼은 쉼 없이 '선함'으로 세상 읽기를 한다.

그런데 만약 '선함'과 함께 '정의'와 '사랑'과 '아름다움' 등이 땅의 것들이라면, 즉 구체적인 사물들을 가리키는 단어들이라면, 우리는 이 단어들을 어렵지 않게, 그리고 애매하지도 모호하지도 않게 정의할 수 있을 것이다. 하지만 이 단어들은 그와 같은 구체적 사실을 가리키는 것들이 아니다.

비제Bizet의 오페라 「카르멘Carmen」은 '사랑은 다루기 어려운 새 L' amour est un oiseau rebelle'라고 노래했다. 집시 여인 카르멘과 돈 호세의 사랑은 공중을 나는 새처럼 길들이기 어려웠던 모양이다. 공중에 나는 새들을 길들이는 것이 그렇게 용이하지 않듯이, '사랑' 또한 그렇게 다루기 어려운 말이다. 어떤 언어를 가리켜 '길들이고 다루기 어렵다.'고 말하는 것은, 우선 그 의미 파악이 명료하지도 않고, 그것의 사용 또한 무난하지도 않다는 뜻이다. '사랑'은 그 용법이 무한에 가까울 만큼 다양하다. 우선 그 의미가 애매하고 모호하기 그지없다. 어떤 사람의 '사랑'을 가리켜 '그것도 사랑이냐?'라고 묻는다. 그러나 우리는 겨울에 내리는 흰 '눈'을 가리켜 그것이 '눈'인지 아닌지를 묻지 않는다. 엄연한 '사랑'을 두고도 그것이 '사랑'이냐고 묻는 것은, '사랑'의 추상성, '사랑'의 불명료성 때문이다. '사랑'이 그렇고, '선함'은 더욱더 그렇다.

'선함'의 의미론적 불명료성은 정의의 불가능성으로 이어진다.

아닌 게 아니라, 소크라테스 또한 '선함'의 의미가 애매하고 모호하여, 자주 '선함'의 의미를 재확인하는 경우가 많았다. '쾌락은 항상 선한 것인가?', '유용한 것은 항상 좋은 것인가?'와 같은 문제에 부딪친 소크라테스가 항상 어려워하는 광경을, 우리는 플라톤의 대화편들을 읽으면서 수없이 목격한다. 플라톤의 대화편에서 소크라테스는 늘 길고 복잡한 디알렉티케를 통해서 개념의 정의에 힘쓴다. 개념의 불명료성 때문이었다. 소크라테스의 디알렉티케에서 사용하는 '선함'의 의미론적 넓이는 사실 무제한이고, 그 불명료성 또한 끝이 보이지 않는다. 하지만 이는 그의 디알렉티케 자체의 문제가 아니라, '선함' 자체의 의미론적 특징 때문이었다. 사실, 소크라테스가 '선함'의 의미 추구에 그렇게 매달렸던 것은, 그가 그만큼 독특한 '선함'의 의미론적 특징에 충실했기 때문이었다.

소크라테스가 충실했던 '선함'의 의미론적 특징은 사실 우리가 이미 확인한 아리스토텔레스의 프로네시스[실천적 지혜]에도 그대로 반영되어 있다. 매한가지로 플류베리의 실천적 질문에도 애매하고 모호한 '선함'의 의미론적 특징이 살아 움직인다. 우선 '이것은 좋은 것인가?'를 묻는 실천적 질문에서가 그렇다. 거기에서 이루어지는 헤아림, 즉 성찰의 과정은 늘 '선함'의 의미에 관한 검토, 즉 '무엇이 가장 알맞고 적절한 것인지'를 묻는다. 이는 「중용」에서도 매한가지다. 거기에도 대립하는 양극단 사이에 '알맞고 적절한 자리', 즉 '中'의 자리를 저울질하는 논리가 있으니, 그렇지 않을 수가 없다.

양극단 사이의 '알맞고 적절한 자리'는 분명 가상적 공간virtual space에 해당된다. 기하학에서와는 달리, 이 애매하고 모호한 공간은, 사실 가상假想의 세계가 그렇듯이, 무한에 가까울 정도로 넓다. 아닌 게 아니라, 자데Zadeh 교수의 '퍼지 공간'에는 무수한 수의 행렬이 자리한다. 그리하여 그곳은 애매하고 모호한 무엇인가가 실재實在하는 공간이다. 그 실재적 공간은 '그렇다[1]'와 '그렇지 않다[0]' 사이에 수많은 '애매하고 모호한 것'이 자리할 수 있는 곳이다. 그러나 저 절대적인 곳, '0'과 '1'은 명료한 곳이지만 그곳은 인간 실제의 세계에는 존재하지 않는 신들의 영역, 마치 인간 세계에서는 정의될 수 없는 '선함'이나 '아름다움' 그 자체와 같은 것들이 자리하는 곳이다.

'선의 의미' 문제는 오늘날에도 가장 중요한 탐구 주제 가운데 하나다. 그도 그럴 것이, 실천적 논리[가추법]의 소전제가 보여주는 것과 같이, 삶의 프락시스 속에서는 우리가 무엇을 '선한 것인지 아닌지'를 판단하고 선택해야 하는데, 그 '선의 의미'에 관한 올바른 인식과 그 용법이 그렇게도 난해하니 그럴 수밖에 없을 것이다. 그렇기 때문에 선의 의미 문제는 아직도 윤리학의 출발선에 놓여 있다고 볼 수 있다. 하지만 윤리학은 처음부터 끝까지 '선의 의미'를 묻는 학문인지도 모른다. 그래서 그런지, 윤리학은, 처음에도 그랬지만, 오늘날에도 항상 '선의 의미 탐구'를 중심 문제로 삼고 있다.

‘선’의 의미 분석은 지난 세기에 철학자들의 관심거리 가운데 하나였다. 그것은 마치 과학자들의 궁극적 관심이 ‘진리란 무엇인가?’에 있었던 것과 같았다. ‘선’이란 무엇인지에 관한 탐구 없이는 윤리학이 시작될 수 없으니 그럴 수밖에 없었을 것이다.

케임브리지의 모어G. E. Moore 교수는 지난 세기 초, 당시에 유행하던 분석철학적 방법에 의존하여 「윤리학 원리Principia Ethica」를 썼다. 그는 거기에서 학문 사회에서는 경험하기 어려운 매우 특이한 형식의 답을 했다.

> “선이란 무엇인가What is good?”라고 누가 나에게 묻는다면, 나는 이렇게 대답할 것이다. 그 답은 오직 하나, 곧 ‘선은 선이다Good is good.’라고 말이다.87)

‘선’의 의미를 스스로 물은 것이다. 그러나 그 답은 참으로 특이했다. ‘선’은 결국 정의할 수 없다[indefinable]는 것이었다. 이것은 ‘선’의 정의가 어떤 것이든, 그것은 결국 무한회귀regressus ad infinitum를 자초한다는 뜻이다. 그는 그래서 ‘선은 선이다.’라는 다소 어색한 답을 할 수밖에 없다고 한 것이다. 그는 그 이유를 이렇게 들었다.

> “선이 무엇이냐?”고 묻는 것은 마치 “노랑yellow이 무엇이냐?”라고 묻는 것과 다름없다. “노랑이 무엇이냐?”라는 질문의

---

87) G. E. Moore (1980), *Principia Ethica*, 6.

답은 "노랑은 노랑이다."라고밖에 말할 수 없다.[88]

　　모어 교수에 의하면 '노랑'은 그 의미가 단순simple하다. '노랑'의 속성이 단순하니 그 속성들attributes을 분석할 수 없다는 뜻이다. '노랑'의 속성이 '노랑' 하나뿐이라는 것이다. 그리하여 '선은 선이다.'의 경우와 같이 '노랑은 노랑이다.'라고밖에 달리 말할 수 없다는 것이다. 그리하여 '노랑'은 예컨대 '총각'의 경우와는 같지 않다. '총각'은 결혼의 여부, 연령대, 성별로 나누어 그 속성들을 열거할 수 있다. '총각=df.{미혼, 성년, 남자}'와 같이 말이다. 그러나 '선'은 이렇게 그 의미를 분석하여 나열할 수 없다. 그리하여 모어 교수는 '선 그 자체는 정의할 수 없다[Good itself is indefinable].'라고 말할 수밖에 없었던 것이다.

　　세상에는 정의할 수 없는 용어들이 참으로 많다. '선'도 그렇고, '아름다움'도 그렇고 '사랑'도 그렇다. '선good'이 정의될 수 없는 용어라는 것을 간파한 모어 교수는 이 점에서 현대철학에 중요한 업적을 남겼다. 그 결과 케인즈 경Lord Keynes은 모어 교수의 「윤리학 원리」를 가리켜, 우리에게 많은 생각을 일깨워 줬다고 했다. 그뿐만 아니라, 모어 교수의 윤리학은 '선'의 용법을 정확히 규정함으로써, 합리적 사고 과정의 길을 넓게 닦아놓은 플라톤보다 그 공적이 훨씬 더 높다고까지 극찬했다.

　　'선'의 의미가 단순하다는 것은 '선'의 지시대상referent이, '총

---

88) G. E. Moore (1980), *Principia Ethica*, 6.

각'의 지시대상과는 달리, 어느 특칭적인 것[구체적인 것]을 가리키지 않는다는 것을 뜻한다. 또한 '선'이 특칭적인 것을 가리키지 않는다는 것은 그것에 고유한 외연denotation이 존재하지 않는다는 것도 뜻한다. 이 말은 다시 '선'은 특칭적인 것the particular이 아니라, 보편적인 것the universal을 가리킨다는 것도 뜻한다. 이는 마치 '아름다움'을 보편적이라 하고, '아름다운 것'을 특칭적인 것이라고 말하는 것과 같다. 그리하여, '선善이 존재하지 않는다.'는 말은 그 외연으로서 특칭적인 지시대상을 가지고 있지 않다는 것을 뜻하고, '선善이 존재한다.'는 말은 그것이 보편적인 개념으로 존재한다는 것을 뜻한다. 즉, '선'은 추상적·가상적 실재reality라는 뜻이다.

그리하여 '선'은 '노랑'처럼 특정한 속성도 없고, 그 의미가 이것저것으로 분리되는 나뉨도 없다. 그 의미는 '바다'처럼 하나로 넓고 단순하다. 이는 '선'의 적용이 특수한 것에 제한되지 않는다는 뜻을 함의한다. 그리하여, 우리는 '선함'의 눈을 가지고 'x'도 보고 'y'도 보며 'z'도 보게 된다. 이렇게 적용에 제한이 없으니, '선'의 적용 범위 또한 보편적이다. 그것은 보편적universal인 '신神'의 세상 보기를 닮았다.

우리는 '선'의 의미가 너무 넓어, 그 범위를 제한할 수 없다. 그 의미가 보편적이기 때문이다. 그러나 이는 '선의 정의 불가능성'의 근본적인 원인이 되기도 하다. 그런데 '선'의 경우와 같이, 의미가 넓은 경우에 우리는 '의미의 무한자無限者the unlimited on meaning'라는 칭호를 붙여야 할 것 같다.

'무한자the unlimited'는 '의미의 한계를 정할 수 없는 것'을 지칭한다. 소크라테스에게 있어서 '의미의 무한자'는, '제3자'로서 '선한 것'을 생성시키는 원인자the cause, 즉 '제4자'에 해당된다. 물론, '선한 것들'을 지어내는 원인자로서 '제4자'는 '선함'을 가리킨다. 그런데 중요한 점은 무한자에 대조적인 유한자로서 '선한 것들'은 그 의미의 무한자, 곧 '선함' 속에서 태어난다는 것이다. '보편적인 것'에서 '특칭적인 것'이 태어난다. 이는 창조자로서 신[the universal]과 그 창조물[the particular]의 관계와 같다.

헬라스의 철학자들은 무한자로서 '선'의 이야기를 이와 같은 방식으로 표현했다. '선善은 유일자the One[to hen]이니, 그것은 신God과 다르지 않다.' '선함' 그 자체는 개별자가 아니니, 논리적으로 그럴 수밖에 없다. 그리하여 그들은 '선함'은 '유일자'이고, 이것으로부터 만물이 생성되고, 이것에 모든 것이 달려 있다dependent고 생각했던 것이다. 그럴듯한 이야기다. 아마도 이와 같은 이야기들은 그들의 영혼이 신의 세계에 들고 싶어서 발하는 염원이었을지도 모른다. 그들이 신들에게 헌정한 수많은 신전神殿들이 이를 증거 하지 않는가도 싶다.

'선함'은 무한자의 한 형상으로서 수많은 유한자들을 그 속에 잉태한다. 그리고 수많은 유한자들[선한 것들]을 출산한다. 우리가 '선함'의 눈으로 그 수많은 특수한 것들을 보면서, 그것들에서 수많은 '선한 것들'을 확인하고 선택하니, 이는 그럴듯한 수사修辭다. 예컨대, 중용의 원리로 가장 알맞은 것을 찾는 것도 그렇고, 실천적 논리에서 가장 적절한 방법을 모색하는 과정에서도, 그것과 같은 이야기가 통용된다. 어디 그뿐인가. 디알렉티케도 그렇고, 사단四端의 숙고 과정도 그렇다. 프락시스의 무한 속에서 가장 알맞고 적절한 것, 즉 적도適度를 잡아내는 그 중용의 논리는 그래서 아름다워 보인다. 모두 '무한無限'이 '유한有限'을 낳는 논리적 모형이다. 아마도 태초에 천지가 탄생되는 과정도 이 무한에서 유한의 개별자가 탄생되는 과정과 다르지 않았을 것이다. '무한無限'의 신비에 감추어진 비밀을 보는 듯하다.

'선함'의 적용 범위scope가 그렇게 넓다는 것은, 그리고 그 의미를 분석할 수 없다는 것은, '선함'이 가지고 있는 신비로운 의미의 무한 때문일 것이다. 그런데 그 무한의 신비를 추구함은 또한 우리의 영혼이니, 이 영혼의 넓이 또한 그만큼 넓지 않을 수 없을 것이다.

의미의 무한 속에서 '선함'은 이런 뜻으로 쓰이기도 하고, 또 저런 뜻으로 쓰이기도 한다. 일종의 의미의 제한이 없는 무한의 분화分化differentiation다. 그리하여 모어 교수와 유사하게 시카고대학의 너스바움Nussbaum 교수 또한 '선함goodness'의 의미론적 분화를 가리켜, 그 의미가 산산조각이 날 만큼 유약하다고 했다. 이를 너스바움은 '선함의 유약성柔弱性[the fragility of goodness]'이라고 표현했다.89) 너스바움은 또한 '선함'의 의미 영역이 이렇게 무한히 넓기 때문에, '선함'은 이렇게도 사용되고 저렇게도 이해되는 흔들림을 야기할 뿐만 아니라, 확고한 쓰임새가 없다든가, 실천적 행위를 굳건하게 이끌어 가는 데 그 유약성을 감추지 못한다고 생각했다. '선함'의 의미에 관한 예리한 분석이다. 그러나 너스바움은 이 유약성을 '선함'의 결함이라기보다, 오히려 그것의 고유한 특징으로 이해했다. 그리하여 너스바움은 모어 교수가 그랬듯이, 자신의 저서 「선함의 유약성」에서, 유약성 극복에 관심을 두는 플라톤의 노력을 뒤로하고, 오히려 이 유약성을 살려낸 아리스토텔레스 편에 섰다.90) 그리하여 너스바움은, 이 유약성으로부터 우리가 '선함'으로 세상을 더 넓게 볼 수 있게 되는 이점利點을 얻어냈다.

'선함' 그 자체는 정의할 수 없으니, 그것은 존재하지 않는다. 그러나 그것은 존재한다. 가상적 세계 안에서다. 신들의 세계 또한 그렇게 존재한다. '선함' 그 자체를 우리 영혼이 이렇게 감지하게 된다면, 우리 영혼은 또한 그 신들의 세계에 더욱 가까이 존재하게 될 것이다.

영혼의 집, 그 가상적 현실

인간 영혼이 추구하는 '선함'은 어디에나 존재한다. 그것은 신화

---

89) Martha C. Nussbaum (1986), *The Fragility of Goodness*.
90) Martha C. Nussbaum (1986), *The Fragility of Goodness*. Part II & Part III.

에도 존재하고, 오늘날 우리의 삶 속에도 그렇게 존재한다. 우리는 늘 그 그림자 속에서 산다. 그러나 그것은 우리의 육안으로는 볼 수 없는 무엇이다. 그래서 플라톤도 그랬다. 비록 그것이 논리적으로 가상적virtual인 것이기는 하지만 그것은 '실재reality하는 것'이라고 말이다. 그것은 그렇게 존재할 뿐만 아니라, 아름답기까지 하다고 했다. 더욱이 그 아름다움은, 마치 무한으로 달리는 수數의 행렬이 그렇듯이, 육안으로는 보이지 않는 '무한의 아름다움'이라고 했다.

그런데 '무한의 아름다움'처럼 영혼이 만들어내고 따르는 관념들은 수없이 많다. '정의'와 '자유'와 '우애'와 '절제'와 '사랑'과 같은 영혼의 언어들이다. 그리고 '참됨'과 '아름다움'은 또 어떤가. 그런데 이와 같은 관념들이 가지고 있는 의미는 분명히 존재하지만, 그 지시대상은 보이지 않으니 흥미롭지 않을 수 없다. 그렇게 보이지 않음을 우리의 영혼은 우리의 삶으로 구현해 내려고 애쓴다. 문학과 예술로 그 '참됨'과 '아름다움'을 그려내는 것도 그 한 가닥이 아닌가 싶다.

그런데 혼동하지 말아야 할 것이 있다. '아름다움'이나 '선함'과 같이 '마음으로 보는 것'은 환상이나 언어적 미화가 아니라, 우리 영혼이 진실로 만들어내는 것들realities이라는 사실이다. 예컨대, '정의'와 '자유'와 '우애'와 '절제'와 같은 것들이 그렇다. 그런데 이들의 특성은 육안으로는 볼 수 없는 것들, 그리하여 정원에 피어 있는 한 송이 '장미꽃'의 그것과는 같지 않다. 그리하여 소크라테스는 오로지 마음에서 생성되는 이 실재들은 아무나 볼 수 있는 것이 아니라고 했고, 그것을 보려면 디알렉티케를 통하여 높은 지성의 계단에 오르지 않으면 안 된다고 했다.

물론, '천국'도 영혼의 한 가닥으로서 마음으로 보는 것에 속할 것이다. '정의'와 '자유'와 '우애'와 '절제'가 '마음으로 보는 것'에 속하듯이 말이다. 아마도 인류는 언제부터인가 이와 같은 언어들[마음의 눈]로 '천국'을 보기 시작했을 것이다. 영혼이 만드는 그 가상적 현실virtual reality을 말이다.

「천국의 지도」를 그린 이븐 알렉산더Eben Alexander는 '천국'을 무엇으로 그렸을까. 아니나 다를까, 그는 '천국'이 우리들에 의해서 만들어졌다고 했다. 우리에게는 '진실'이 필요하고, 그 '진실'은 천 가지 다른 길로 내달린다고 했다. 우리 자신이 스스로 진실해지는 것, 그리고 그 '진실'이 '천국의 지도'에 있다고 했다. 그가 본 '천국' 또한 '정의'와 '자유'와 '우애'와 '절제'와 같은 언어들로 구성되는, 우리가 지금 주제로 삼는, '가상적 현실'이었을 것이다. 그렇다. 알렉산더가 임사臨死 체험에서 본 그 '천국'은 헛된 환상이나 허망한 꿈이 아니라, 오로지 '선함'과 '진실'의 눈으로 볼 수 있는 것이었을 것이다.

그것이 천국이든 어디든, 예컨대 '선함'의 세계는 분명 '마음으로 보는 것'이다. 그러나 그것은 분명 가상적 현실에 속하는 그 무엇일 것이다. 아닌 게 아니라, '선함'의 질質은 '마음의 질'과 다르지 않으니, '선함'은 마음으로 보는 것이되, 그것은 참으로 있는 것이 된다.

영혼이 순간순간 지어내는 이 가상적 현실을 구축하는 언어들,

예컨대 '정의'와 '자유'와 '우애'와 '절제'와 같은 언어들은 구분하기조차 어려울 정도로 복합적이다. 더욱이 '선함'은, 그것이 무엇에 관한 것이든, 늘 정서적이고 감성적이며 심미적이다. 예컨대, 고대 아테네의 국가 이념 'kalos kagathos칼로스 카가토스'를 보자. 'kalos kagathos'는 'kalos kai agathos칼로스 카이 아가토스'의 준말이다. '아름답고 선한 것'이라는 뜻이다. 그러나 '아름답고 선함'이 무엇을 의미하는지를 누가 묻는다면, 그리고 이 둘 사이, 즉 '아름다움'과 '선함' 사이를 구분하라고 우리에게 요구한다면, 우리는 참으로 난처한 지경에 이를 것이다. '아름답고 선함'은 그 사이를 가를 수 있는 경계가 뚜렷하지 않기 때문이다.

그러나 오늘날 많은 사람들은 '아름답고 선함'을 다른 말로 바꾸면서까지 그 의미를 보다 구체화하려고 온갖 노력을 기울인다. 그리하여 사람들은 '아름답고 선함'에 관하여 말하려고 할 때, 그들은 직접 '아름답고 선함'의 뜻을 다루려고 하기보다는 '아름답고 선한 사람이란 어떤 사람이냐?'와 같이 그것을 구체적인 질문으로 바꾸어서까지 그 의미를 밝히려고 한다.

그리하여 틀림없이 그들은 이렇게 말할지도 모른다. 즉, '올바른 양심을 가진 훌륭한 시민', 더 나아가 '덕이 높은 성군'이라고 말이다. 이와 같은 방식을 취하면 분명 그 답은 보다 구체적일 것이다. 영국인들도 예외는 아니어서, 이 고대 아테네인들의 '아름답고 선한 사람'을 그들의 구체적 표현에 따라 'gentleman', 곧 '신사'라는 말로 구체화하여 표현한다.

그런데 분명 그랬다. 고대 아테네의 영혼들은 그들이 이르고자 하는 '천국'을 '아름답고 선한 곳'으로 상징화했다. 그러나 그들은 '아름다움'과 '선함'을 가지고 '천국'을 상징화할 때, 이들 '아름다움'과 '선함' 사이를 둘로 갈라놓지 않았다. '천국'에서 '아름다움'과 '선함'은 서로 다른 것을 의미하지 않음을 그들은 일찍 간파했을 것이니 말이다. 사실, '천국'도 그렇지만, '아름다움'과 '선함'은 무한의 의미를 가진 개념들이니, 어찌 겹쳐진 이들 무한을 서로 분리할 수 있겠는가 싶다. 아닌 게 아니라, '천국'은 '아름답고 선한 곳'일 테니, 그 안에서 '아름다움'과 '선함'이 따로 의미론적 경계를 지을 필요도 없을 것이다. 그러니 이 단어들의 의미는 얼마나 모호한 것인가.

아닌 게 아니라, 플라톤은 고대 아테네의 영혼들이 추구한 '아름다운 것'과 '선한 것', 곧 '칼로스kalos'와 '아가토스agathos'의 의미를 함께 묶어 사용했다. 사실, 우리는 자주 '아름다운 것'은 '선한 것'이고, '선한 것'은 '아름다운 것'이라고 말한다. 그도 그럴 것이, '아름다움'을 뜻하는 고대 헬라스어 'kalos칼로스'는 '조화'와 '성취'와 무엇인가를 '추구하는 힘'을 뜻하니, 'kalos칼로스'의 의미는 'to agathos토 아가토스', 곧 '선함'과 함께 쓰이지 않을 수 없다. '칼로스'와 '아가토스'의 사이는 서로 명료하게 구분되지 않는다. 그렇기 때문일 것이다. 이렇게 천국의 언어들이, 서로 배척하지 않고 끌어당김으로써, 그 광대무변의 '천국'을 만든다는 사실 말이다. '선함'을 비롯한 '천국'의 언어들이 가지고 있는 특성이다.

아리스토텔레스는 그의 「수사학」에서 '선함'의 형상 속에 들어오는 그 고귀한 언어의 집[집합]을 이렇게 묶어냈다.

선함[Goodness]의 형상form에 들어오는 것들은 정의justice, 용기courage, 절제temperance, 장엄magnificence, 관대함magnanimity, 자유liberality, 온화함gentleness, 사려prudence, 그리고 지혜wisdom다.[91]

어디 그뿐이겠는가? 우리가 잊지 말아야 할 것은 '선함'은 의미의 무한을 가진 언어라는 것이다. 아닌 게 아니라, '선함'과 함께 사용되는 언어들을 보면, 벌써 그 안에 '선함'의 모습이 보인다. 그 의미의 '무한' 때문이다. 비트겐슈타인의 용어를 빌리면, 이 '선함'의 무한 속에는 수많은 '선함의 친족들[the family of the word goodness]'이 서로 손kinship을 잡고 있다. 심지어는 '아름다움'과 '선함'도 서로 손을 잡는다. 이들 사이의 어디에 그 의미론적 분리선을 그을 수 있겠는가. 하지만 만약 억지로 그와 같은 분리선을 긋는다면, 우리는 '선함'도 '아름다움'도 제대로 사용하지 못하는 불편을 겪을 것이다. '선함'에는 이미 '아름다움'의 의미가 들어와 있고, 거꾸로 '아름다움'에도 '선함'의 의미가 들어와 있으니, 이 둘은 마치 의미들의 교집합交集合을 이루고 있는 셈이 된다.

아닌 게 아니라, '아름다움'과 '선함' 사이에는 개념적 간극이 없다. 이는 '아름다움'과 '선함'에 들어온 '아름다운 것'과 '선한 것'이 불가분의 관계에 있기 때문이다. 우리가 자주 '선한 것'은 '아름다운 것'이고, '아름다운 것' 또한 '선한 것'이라

---

91) Aristotle (1966), Rhetorica, 1366b5.

는 말을 하게 되는 이유다. 언어들 사이에서 만들어지는 의미론적 혼화[mixture]와 그 어울림의 운율[harmony]이 빚어내는 현상은, 인간 영혼의 복잡성과 심오함의 반영일 것이다. 그래서 우리는 지금도 헬라스의 영혼들이 '아름다움'과 '선함'을 연결시켜 만든, 자신들의 국가 이념 '칼로스 카이 아가토스kalos kai agathos', 곧 '아름답고 선한 것'이란 모토에서 흠잡을 이유를 찾지 못한다. 그것을 우리들은 헬라스의 영혼들이 가장 심오한 영혼의 언어들을 혼화시켜, 자신들의 영혼의 세계를 유감없이 구축해 놓은 것이라고 이해하면 된다.

'선함'의 의미는 진실로 순수하고 단순하다. 하지만 이 말이 다른 말, 예컨대 '아름다움'과 함께 쓰일 때, 우리는 그 의미의 복합성complexity이 얼마나 더 넓게 확장되는지를 어렵지 않게 감지할 수 있을 것이다. 이럴 때, '선함'은 그 의미론적 무한뿐만 아니라, 모호성vagueness까지도 감추지 못한다. 그러나 '선함'의 의미론적 무한과 모호성은, 사실적 구분이 뚜렷한 자연의 질서가 아니라, 인문학이 그렇듯이, 인간 영혼이 만들어내는 넓고도 모호한 가치의 세계, 곧 가상적假想的 세계의 질서를 따른다. 그리하여, 헬라스의 문화 속에서, '아름답고 선한 것'은, 그 의미의 범위가 매우 넓고 모호함에도 불구하고, 또한 보기에 매우 난해한 표현임에도 불구하고, 그 의미를 제대로 이해하고 올바로 사용하는 데는 별다른 문제가 발생하지도 않았다. 그리하여 그것은 보편적 국민정신이 되었고, 그들 헬라스인들이 만들어 사는 그 가상의 세계로서 아무런 손색이 있을 수도 없었다. 그것은 그들의 언어였고, 그들의 문화였고, 그들의 아름다운 전통이었다. 그것은 그 오랜 헬라스의 전통 속에서 그들의 영혼이 다듬어낸 폭넓은 문화의 집적集積이었다.

아닌 게 아니라, 플라톤의 「국가」 6권과 7권은 '선함'을 주제로 하는 대화로 구성되어 있다. 거기에서 소크라테스는 '선'에 관하여 이와 같이 말한다. "어떤 것이 진리인지를 확인할 수 있는 힘을 우리에게 부여하는 것은 '선의 형상the form of good'이다." '선함'은 우리가 현상을 관찰하면서 무엇이 참인지를 재어보는 기준이 된다는 것이다. '선함'의 용법이 '아름다운 것'을 넘어, 심지어 '참된 것'을 선택하는 데까지도 이른다는 것이니, 이는 '선함'이, 마치 어둠에 묻혀 있는 것을 태양 빛이 비추어내듯, 그렇게 진리를 비추어낸다는 뜻이다. 소크라테스에게 있어서 '선'은 지식과 진리의 근원the cause of knowledge and truth이었다.

소크라테스에 의하면, '선'으로 세상을 보는 것은, 최고의 원리로서 모든 존재하는 것들을 인식하고 이해하는 것이었다. 그리하여 '선의 형상'은 우리에게 진리가 무엇인지를 보여주는 빛이 되고, 앎의 능력을 높여주는 힘이 되었다. 어떤 앎이 '참된 것'인지를 재어보는 것은 선함의 형상에 비추어 가능하다는 뜻이다. 소크라테스에게 있어서 '앎'과 '선함' 사이는 분리되어 있지 않았다. 그에게 있어서 '지식'은, 오늘날의 과학자들과는 달리, '선함'에 대하여 배타적이지 않았다. 그는 어떤 것이 '참'일 때, 그것은 선의 형상에 비추어 비로소 '참'이 된다는 것이었다. 이와 같은 입장에서 이해한다면, 소크라테스에게 있어서 '앎'은 사실 그 뒤에 아리스토텔레스가 말하는 '프로네시스[실천적 판단]'와 다른 것이 아니었다고 말해야 할 것이다. 사실, 플라톤의 대화편에 등장하는 소크라테스는 '지식'을 대부분 '지혜wisdom'와 혼용했다.

옥스퍼드의 철학자 엄슨Urmson 또한 '선하다는 것'은 무엇인가를 칭찬할 때나 높이 평가할 때 사용하는 최상의 용어라고 했다. 예컨대, 한 인격체의 성품이 얼마나 고매한지, 얼마나 대범하고 용감하게 행동했는지에 관한 평가를 할 때, 이 '선함'이 항상 거기에 들어가 있어야 한다는 것이었다. 그가 그렇게 말한 것은 플라톤으로부터 배운 것이었을 것이다.

플라톤에 따르면, '선함'은 탁월한 것excellent을 가리키는 것이라거나, '덕arete'을 가리키는 것이었다. 또한 그는 선한 사람이 되기 위해서는 도덕적이어야 한다고 했고, 그와 같은 사람은 정의롭고 용감하고 경건해야 한다고 했다. 그뿐만 아니라, 선한 사람은 그가 행하는 것이 무엇이든 잘해야[탁월하게 해야] 할 뿐만 아니라, 훌륭하게 해야 한다고도 했다. 그는 나아가 '선함'은 '불의'에 반대되는 것이라고도 했다. 이것만이 아니다. 선한 사람은 심지어 계산을 잘하는 사람이라고까지 했다. '선함'이 '탁월함'의 덕으로 확장되는 모습이다. 어디 이뿐이겠는가. 선한 사람은 모든 면에서 유능한 사람이라고 했고, 선한 사람은 잘 달리는 사람이라고까지 했다. '선함'의 모호성과 그 용법에 관한 무한의 예들이다. '선함'이 품을 수 있는 의미들은 진실로 무한에 가깝다.

'선함'의 모호성에 관한 한, 아리스토텔레스는 스승 플라톤을 훨씬 넘어섰다. 그는 '선함'의 모호성을 깊이 인식했을 뿐만 아니라, 그것을 '선함'의 본질적 특성으로 확인했다. 그러면서 그는 다양한 현실, 즉 시시각각으로 변하는 실제의 세계에 이처럼 지극히 추상적인 '선함'의 의미를 연결시키려 했다. 예컨대, 아리스토텔레스는 「토피카Topica」에서 '정의'의 의미가 한두 가지가 아니듯이, '선함' 또한 그렇다고 했다. 그가 생각하는 선함의 의미는 참으로 애매하고 모호한 것이었다. 아리스토텔레스는 심지어 음식을 먹을 때 즐거움을 주는 것도, '선함'의 눈으로 보기도 했고, 의료 행위에서 건강을 증진시킬 때도 '선하다'는 용어를 사용했다. 물론, 그는 '선함'을 인간 영혼이 추구하는 모든 질적인 것, 즉 절제와 정의와 용기와 같은 것들을 가리키는 것으로까지 그 의미를 확장했다.

아리스토텔레스는 언어의 특징으로서 애매성ambiguity과 모호성vagueness까지도 '아름다움'의 한 가지로 보았다. 그는 「수사학Rhetorica」에서 이렇게 말했다. "'아름다움'이란 그 자체로 선택할 만한 것이고, 찬양할 만한 가치가 있는 것이다. 그것은 또한 선한 것이고 선하기 때문에 기쁜 것이다."라고 했다. '아름다움'을 '선함'과, 심지어는 '쾌락'과도 함께 묶은 것이다. 또한 '덕'은 선한 것이고, 선한 것이기 때문에 찬양할 가치가 있다고 했다. 그는 이렇게 '아름다움'을 '덕'과 '선함'과 '칭찬'으로 연결한 것이다. 「토피카」에서는 '아름다운 것은 알맞은 것'이라고도 했다. 또한 '아름다운 것은 보거나 듣기에 기분이 좋은 것'이라고까지 했다. 그는 '아름다움'을 매우 폭넓게 사용했다. '선함'의 세계에 관한 아름다운 그림들이다.

그럴 것이다. 우리의 영혼이 찾는 그 아름다움은 나비가 찾는 그 꽃들의 아름다움과 유사한 점이 많을 것이다. 하지만 그 아름다움이란 그와 같은 육안의 아름다움에 머물지는 않을 것이다. 그것은 꽃밭에 있는 꽃들의 아름다움을 넘어, 세상에서 더없이 아름다운 것, 그리하여 그것은, 플라톤의 용어를 빌려 말하면, '아름다움의 형상form'이라고 말할 때의 그 '아름다움'일 것이다. 이와 같은 플라톤의 표현을 접하다 보니, 또 다시 우리는 「반야심경般若心經」의 한 구절을 읽는 것 같다. "사리자여, 세상의 모든 것은 생겨나지도 않고 없어지지도 않으며, 더럽지도 않고 깨끗하지도 않으며, 늘지도 않고 줄지도 않느니라[舍利子 是諸法空相 不生不滅 不垢不淨 不增不減]." 그러니까 그 '아름다움'의 형상이란 여기저기에 널려 있는 개별적인 '아름다움'이 아니라, '아름다움 그 자체the beauty per se'라는 뜻이다. 꽃밭의 꽃들은 아름답다. 하지만 육안으로 보는 것들은 때로는 아름답기는 하지만, 그것은 형상으로서 '아름다움'은 아니다. 그것은 기껏해야 개별적인 아름다움에 그친다는 뜻이다. 디알렉티케 속의 아름다움, 그 형상으로서 아름다움을 꽃밭에 있는 것들의 아름다움이 이기지 못한다는 것은 이와 같다.

'아름다움'은 시인들을 애타게 만든다. 아름다움은 언어로 표현하기에 실로 난해하기 때문이다. '아름다움'은 음악이 추구하는 것이기도 하지만, '아름다움' 자체를 그대로 음악에 담기는 어렵다. 시어詩語와 멜로디가 아무리 아름다움을 있는 그대로 잘 표현해 내려고 해도, 이들을 다루는 사람들이 아무리 예리한 예술가라 할지라도, '아름다움' 자체를 그대로 시어와 멜로디에 담아내기는 진실로 어렵다. 시인들의 언어와 음악가의 멜로디는 오직 '아름다움'에 가까이 갈 수 있을 뿐이다.

우리는 오직 '선함'에 가까이 갈 뿐이다. '아름다움'에도 오직 가까이 갈 뿐이다. 우리는 그 선함 자체의 자리, 그 아름다움 자체의 자리에는 도달할 수 없다. 그곳은 그만큼 멀고 넓고 잡히지 않는 곳이기 때문이다. 이와 같이 생각한다는 것은 플라톤의 특권이다. 그의 이데아설이 온통 그렇다. 그가 만든 형상의 세계, 그는 거기에 이와 같이 완전한 것들을 간직해 두었다. 플라톤은 「향연」에서 디오티마Diotima의 입을 빌려 '아름다운 것'에 관한 이야기를 이렇게 시작했다.

'아름다움'은 결코 사라지지 않는 것입니다. 그것은 다시 생기지도, 어디론지 사라지지도 않는 것, 그것은 다시 피는 것도 시들어 버리지도 않는 것입니다. 왜냐하면, 아름다움은 누구에게나 아름다운 것이고, 지금은 물론이지만 그 밖의 어느 때라 할지라도 아름다운 것입니다. 그 아름다움은 여기에서도 아름답고 저기에서도 아름다우며, 이렇게 봐서도 아름답고 저렇게 봐서도 아름답습니다. 그것은 그것을 소중히 하는 사람에게는 항상 아름다울 수밖에 없습니다. 또한 아름다움의 신비가 어떤 것인지를 알게 된 그 사람은, 그가 아름답다고 보는 것이 누구의 얼굴이나 손도, 그 밖의 어떤 육신의 것도 아님을 잘 알고 있습니다. 그것은 아름다움은 말로 존재하는 것도, 지식으로 존재하는 것도, 그 밖의 어떤 것으로 존재하는 것도 아님을 잘 알고 있습니다. 마치 살아 있는 생명체나 땅이나 하늘이나 또는 그 밖의 어떤 것이 존재하는 것처럼, 그렇게 존재하는 것이 아니라는 것도 잘 알고 있습니다. 그러나 그것은 영원한 것으로서, 그 스스로, 그것 혼자서 존재하는 것입니다. 반면에 그와 같은 아름다움을 닮은 것들, 즉 '아름다운 것들'은 비록 성盛하고 쇠衰하지만, 우리가 아름답다고 하는 그 '아름다움' 자체에는 더해지거나 덜해지는 것이 없습니다. 아름다움 그 자체는 항상 변함이 없이 동일합니다.[92]

'아름다움'의 이데아에 관한 플라톤의 찬탄이다. '아름다움'에 관하여 찬탄을 할 수 있다한들, 이보다 더 훌륭한 찬탄을 할 수 있겠는가 싶다. 그러나 이것은 사실 '아름다움'의 형상이 어떤 것인지를 멀리서 그렇게 그려보았을 뿐이다. '아름다움'의 본질이란, 원래 이와 같은 언어에 실을 수 없는 것이기 때문이다.

아닌 게 아니라, 이렇게 심오하고 복합적인 형상을 가진 '아름다움'이, 사실의 세계 어디에 존재할 수 있겠는가? 물론, '아름다

---

92) Plato (1996), Symposium, 211a-b.

움'의 형상은 현실의 세계에 내려올 수도 없는 것, 그것은 오로지 가상假想의 현실일 뿐이니, 우리는 그것을 거기에 두지 않으면 안 된다. 그렇다면 우리가 그 '아름다움'을 어떻게 우리의 불완전한 언어로 그려내 그 안에 가두어 둘 수 있겠는가.

어떻든 아름다움의 그 모양새는 얼마나 아름다운가. 그 형상이 이렇게 아름답다면, 그와 같은 아름다움을 우리는 어떻게 정의할 수 있겠는가. 그래서 그랬을 것이다. 엄슨Urmson은 '아름다움'을 뜻하는 '칼로스'에 대하여 이렇게 말했다. '아름다움'은 그 자체의 심미적인 것을 넘어 도덕성에 관련되는 것까지를 덮어씌운다고 말이다. 그러나 저 '아름다움'의 형상이 어찌 심미적이고 도덕적인 것만을 덮어씌우겠는가.

도스토옙스키의 「백치」가 말한다. '아름다움이 세상을 구한다.' 「논어」에서 공자가 순舜임금이 제작한 춤과 음악, 즉 무악舞樂을 평하여 말한다. '참으로 아름답고, 또 참으로 선하도다[진미의盡美矣 우진선야又盡善也].' 그런데 이 말은 어쩌면 그렇게도 헬라스의 국시國是 '칼로스 카이 아가토스kalos kai agathos[아름답고 선한 것]'를 닮았는가. 공자는 '선함[善]'을 '아름다움[美]' 위에 놓았다. 그러니 '선善이 세상을 구한다.'고 고쳐 써야 할 것 같다.

예술이 '아름다움'을 '아름다움' 그 자체로 표현해 낼 길이 없듯이, 언어 또한 '아름다움'을 있는 그대로 표현해 낼 길이 없듯이, '선함'도 그렇게 그 자체를 표현해 낼 길이 없다. '아름다움'과 '선함'의 애매성과 모호성 때문이다. 그러나 아무리 '아름다움'과 '선함'의 의미가 애매하고 모호하다 하더라도, 또한 '아름다움'과 '선함'이 정의될 수 없다 하더라도, 이 언어들을 가리켜 아무런 쓸모가 없는 무의미한 용어라고 해서는 안 된다. 왜냐하면, 우리 영혼은 이미 이들 언어의 세계에 들어가, 비록 불완전하지만, 이들 언어로 그런대로 세상 보기를 스스로 하고 있기 때문이다.

우리의 시각이 비록 밝지는 못하더라도, 우리의 영혼은 이미 '아름다움'과 '선함'의 눈을 가지게 되었고, 그것으로 '아름다움'이라든가 '선함'이 가리키는 독특한 세계를 보면서 그 세계를 지향해 왔다. 우리의 영혼은 이미 이렇게 '아름다움'과 '선함'이 가리키는 독특한 세계, 곧 그 가상적 현실[virtural reality] 속에서 살고 있는 셈이다. 이와 같은 삶의 이야기는 이제 전설이나 신화속의 이야기만은 아니다.

우리가 이와 같은 독특한 논리 형식에 의지하여 '천국의 지도'를 그린다면, 우리는 분명 우리의 영혼이 사는 이 가상적 현실을 참으로 아름답게 그려낼 수 있을 것이다. 그런데 이 가상적 현실을 우리는, 사실의 세계를 가리키는 언어로가 아니라, '선함'과 '아름다움'과 '정의'와 '참됨'과 '용기'와 '절제'와 같은 영혼의 언어들로 지을 것이다. 그런데 우리가 간과하지 말아야 할 것은 이 언어들은 결국, 우리 영혼이 발하는 힘, 그 에네르게이아이고, 또한 우리 영혼이 펼치는 가냘프지만 아름다운 날갯짓이라고 해야 할 것이다.

아닌 게 아니라, 영혼의 언어들은 우리 영혼이 펼치는 날갯짓이다. 그렇기 때문에 이들 영혼의 언어를 상실하면, 그것을 새롭게 만들지 못하면, 우리 영혼은 그 날갯짓을 상실할 것이다. 그렇게 되면 우리 영혼은 균형을 잃어 깊은 혼돈 속으로 다시 미끄러져 들어갈 것이다.

'천국의 지도'를 그려 온 사람이나, 신화나 천상의 이야기를 쓴 고대의 작가들을 가릴 것 없이, 인류는 모두 '선함'과 '아름다움'과 '정의'와 '참됨'과 '정직'과 '공정함'과 '용기'와 '절제'와 같은 영혼의 언어를 만들고, 그것들로 그들이 상상하는 세계를 지어내려고 했다. 그뿐만 아니라, 그들, 그 위대한 영혼들은 이 언어들로 지어낸 그 아름답고 선한 세계를 그려놓고, 그것을 끊임없이 다듬고 찬미해 왔다. 그 세계는 그들, 그 위대한 영혼들의 아름답고 선한 실체實體였다.

영혼의 에네르게이아는 프로네시스의 논리였다

'프시케psyche'는 '영혼'이고 '나비'다. '영혼'과 '나비'는 미묘한 인연을 가진 단어들이다. 이 책은 '영혼'과 '나비', 이 두 단어들이 서로 이웃하는 사연을 놓치지 않고 청취하려 했다.

아름답고 슬픈 사연을 가진 영혼은 죽어서 나비가 되어 아름다운 꽃밭에서 너울댄다고 했다. 이 꽃 저 꽃을 찾는 나비의 날갯짓은, 아직도 이승에 두고 온 무엇인가를 그리워한다고 했다. 그리하여 우리는 나비의 날갯짓에서 무엇인가에 대한 '그리움'을 읽는다.

나비의 그 '그리움'이 무엇인가 했다. 그것은 '아름다움'에 대한 '사랑'이었다. 꽃밭의 나비는 늘 그렇게 아름다운 꽃을 찾아 사랑의 날갯짓을 했다. 그런데 인간 영혼에게 나비의 그 아름다운 꽃들은 무엇인가 했다. 그것은 우리가 <프시케 이야기>를 읽으면서 간추린 그 아름다운 언어들, '사랑'과 '아름다움'과 '정의로움'과 '열정'과 '인내'와 '정직'과 '소망'과 '절제'와 '참됨'과 '지혜로움'과 같은 것들, 우리 '영혼의 언어들'이었다.

*** *** ***

아름답고 선한 것을 향하는 '영혼의 날갯짓[energeia psyches]'은, 이 책을 쓰는 동안 멀리 떠날 줄 모르고 가까이에서 너울댔다. 그것은 이 책을 쓰면서 놓치지 않고 훔쳐보려는 영혼의 비밀이었다.

아름답고 선한 것을 좇는 '영혼의 날갯짓'은 아풀레이우스가 쓴 <프시케 이야기>를 이끄는 테마이기도 했다. 그 신화적 서사 속의 한 아름다운 영혼이, 알 수 없는 힘을 따라 '선함'을 좇고, 그 '선함'에 가까이 이르러 마침내 신의 품성[deity]을 얻게 되었다. '선함'과 '신성神性'은 서로 다른 것이 아니었다. 그 이야기는 영혼의 '선함'이 '신성'과 결합하는 아름다운 신화적 알레고리였다. 이 알레고리에는 우리의 영혼이, 나비가 아름다운 꽃밭에서 아름다운 꽃들을 찾아 날 듯, 그렇게 '선함'의 외연外延이 가리키는 '아름답고 선한 것들[to kalso kai agathon]'을 찾아 날갯짓을 펼친다는 의미가 내포되어 있었다. 아름답고 선한 것들을 향해 우리의 영혼이 날갯짓을 펼치는 그 신비가 어떤 것인지, 이 책을 이어가는 영혼 이야기의 모티브였다.

***   ***   ***

인간 영혼은 어떻게 탄생하고, 또 어떻게 변신變身을 하는가 했다. 그것은 처음에 육신의 탄생과 함께 탄생했다. 그것은 육신에 생명을 불어넣는 숨[psi], 그 들숨과 날숨 같은 기氣의 작용이었다. 그것은 '프시케psyche', 영혼의 첫 모습이었다. 그것은 처음에 알 수 없는 힘, 헬라스의 철학자들은 그것을 '디나미스dunamis'라 불렀다. 그것은 무엇이든지 될 수 있는 가능태potentiality였다.

'프시케'는 감성感性을 따라 사물을 지각하고, 쾌락hēdonē을 좇고 고통lupē을 피했다. 쾌락은 '욕구orexis'를 낳고, '욕구'는 '욕망epithumia'과 '기개thumos'와 '소망boulesis'을 낳았다. '소망'은 다시 '상상력phantasia'을 낳고, '상상력'은 '사고력'을 낳고, '사고력'은 여러 형상의 '지성nous[이성]'을 낳고, '지성'은 이성의 한 가지, 선함을 향해 날갯짓을 하는 '프로네시스 phronesis[지혜의 사랑]'를 낳았다. '실천적 지혜practical wisdom'였다.

프로네시스는 진정한 영혼의 에네르게이아[활성태], 그것은 알맞고 적절한 삶의 균형을 찾는 메커니즘[역학]이었다. 그것은 진자 운동, 펜듈럼과 같은 것, '中'의 작용이 그렇듯이, 아름답고 선한 것을 사랑하고 있었다. 영혼이 자라면 무엇이 되는가 했더니, 그것은 변신을 거듭하면서 선함을 저울질하는 메커니즘, 곧 프로네시스가 되었다.

그랬다. 영혼은 처음부터 완성된 실체로 스스로 존재하는 것도, 더욱이 육신과는 관련이 없이, 외부로부터 주어지는 것도 아니었다. 그런 것이 아니라, 그것은 처음에 알 수 없는 인간의 원초적 충동[proto-archegonos energetikoteta]에 불과했다. 그것은 처음에 무엇인가를 욕구[orexis]하는, 불완전하고 어렴풋하고 무질서한 것으로 태어났다.

그러나 우리의 영혼에는 처음부터 무엇인가로 되려고 하는 원초적 충동drives이 있었다. 그것은 처음에 형상도 없는 혼돈이었다. 그러나 그것은, 온갖 인고忍苦의 세월을 따라 정화淨化의 과정을 거치면서, 그 질곡桎梏의 멍에를 벗고 자유를 얻게 되었다. 자유는 영혼의 에네르게이아가 활동을 펼치는 조건이었다. 진정한 영혼의 모습이었다. 진정한 영혼의 모습은 마치 시인 휠더린 Hölderlin의 <명절날처럼>에서처럼, "확고한 법칙을 좇아 성스러운 혼돈으로부터 탄생되듯이…[Nach vesten Gesetze, wie einst, aus heiligem Chaos gezugt…]", 그렇게 탄생되었다.

***   ***   ***

영혼의 완전한 모습[형상]을 아리스토텔레스는 '엔텔레케이아 entelecheia'라 했다. '엔텔레케이아'는 영혼의 모습이 특정 모양새[actual reality]로 완성된 상태the completed를 가리켰다. 마치 성리학에서 만물을 다스리는 원리를 가리키는 '이理'의 개념과 유사했다. 그러나 영혼이 완성된 상태에 이르려면, 정화katharse의 과정을 거쳐야 했다. '정화'는, 무엇보다도, 자유학예eleutheries technes를 통해서 이루어졌다. 그것은 지성의 길[logos]을 따라 온갖 오렉시스의 유혹에서 벗어나고, 무지와 편견과 판단의 오류로부터 자유롭게 되는 과정이었다. 자유학예의 과정을 거치는 동안 우리의 영혼은 지성[nous]의 길을 따를 줄 알게 되었다. 자유학예에서 제일 높은 단계는 소크라테스가 스스로 오른 디알렉티케dialektike였다.

*** *** ***

아리스토텔레스는 「니코마코스 윤리학」에서 '지성nous[psyche]'을 여러 가지 형상으로 나누었다. 그 가운데 대표적 지성의 형상은 에피스테메episteme와 프로네시스phronesis였다. 그에게 있어서 순수이성을 따르는 에피스테메는 실천이성을 따르는 프로네시스에 비하여 항상 우위에superior 있었다. 하나는 이미 특정 모양새[理]를 갖춤으로써 멈추어[止] 있는 '엔텔레케이아', 곧 현실태actuality 였고, 다른 하나는 무엇인가 '선한 것'을 선택하고 성취하려는 힘[氣]을 가리키는 '에네르게이아', 곧 활성태activity였다. '영혼'은 움직이는 것, 활동하는 것이니, 그것은 프로네시스, 곧 실천적 지혜에 보다 가까웠다. 이 책의 흐름은 이 점에서 아리스토텔레스의 길을 비켜간다.

'프로네시스'는 영혼의 실천적 작용이었다. 그것은 실제적 상황에서 이리 갈까 저리 갈까, 길을 찾는 활동[에네르게이아]을 가리키는 것이었다. 실천적 난제難題, '프로네틱 아포리아'에서다. 프로네틱 아포리아는 인간 삶의 실제에 관한 헤아림, 곧 성찰[bouleusis]을 요청했다. 이때의 '성찰deliberation'은 '무엇이 참된 것인지[what is true]'에 관한 것이 아니라, '무엇이 선한 것인지[what is good]'에 관한 질문으로 시작했다. 프로네시스 특유의 질문이었다.

*** *** ***

'중용'이 선진유학先秦儒學에서 처음 길을 연 뒤, 아리스토텔레스가 프로네시스를 지성의 한 형상으로 다듬어낸 뒤, 가추법abduction이 프래그머티즘에서 한 모양새를 갖춘 뒤, 이들 모두는 함께 우리 영혼의 한 사유 형식을 닦았다. '영혼의 길'이다. 이 책은 이 길에 '제3의 논리'라는 이정표를 박았다. 영혼의 에네르게이아가 무엇인가 했더니, 그것은 프로네시스, '무엇이 선한 것인지'를 찾는 '제3의 논리'였다.

제3의 논리는 실천적practical이었다. 그것은 세 가지 실천적 질문들로 구성되는 논리형식이었다. '우리는 지금 어디로 가고 있는가?', '이 길은 과연 알맞고 적절한 길인가?', '우리는 어디로 가야 하는가?'와 같은 질문들이었다. 그것은 실사實事에서 구시求是하는 형식을 취했다. 사실의 세계에서 올바른 것, 선한 것을 추구하는 형식이었다. 여기에서는 과학적 가설이 선택되고, '선함'에 비추어 가설을 선택하는 성찰이 이루어지고, 그 결과 행위의 준칙, 즉 당위當爲가 만들어졌다.

제3의 논리에서 첫 번째 질문은 사실적 과학적이었다. 그렇기 때문에 여기에는 '하늘이 명한 것[天命之]'이라는 천명설天命說이나, 비교秘敎의 도그마나 파당적 편견이나 공허한 이데올로기가 끼어들 여지가 없었다. 여기에서는 우리 영혼이 삶의 실제[프락시스]에서 어떤 활동을 하고 있는지를 '있는 그대로' 진술하고, 그 활동의 목적과 방법에 관한 인과관계를 사실적 과학적으로 설명했다.

두 번째 질문은 첫 번째 질문에서 선택한 가설이, 우리 영혼이 소망[볼레시스]하는 것을 성취하는 데 참으로 '선한 것'이고, 올바른 것인지를 헤아리는 것이었다. 그리하여 이 단계에서는 심지어 엄연한 과학적 진리까지도 인문학적 세례를 받지 않을 수 없을 뿐만 아니라, 특정 이데올로기의 기치旗幟를 앞세우며 '멋진 신세계'라고 외치는 집단적 광기 또한 치유治癒되지 않을 수 없게 되었다. 철학적 성찰[볼레우시스]은 일종의 치유 메커니즘이었다.

제3의 논리, 두 번째 질문이 이루어지는 곳은 가히 삶의 실제에서 영혼이 소망하는 목적[end]과 이에 관한 방법[means]이 과연 '바람직한 것', '선한 것', '추구할 만한 것'인지, 그 아름답고 적절한 것인지를 저울질하는 사유思惟의 성소聖所라 할 만했다. 아름답고 적절한 것을 찾는 '저울질'은 '중절中節'을 찾는 '中'의 작용을 닮았고, '선한 것'이 무엇인지를 찾는 인문학적 성찰을 또한 닮았다. 그리하여 그것은, 마치 <프시케 이야기>에서 읽은 '영혼의 언어'들, 즉 '사랑'과 '아름다움'과 '정의로움'과 '열정'과 '인내'와 '정직'과 '소망'과 '절제'와 '참됨'과 '지혜로움'과 같은 언어들을 만들어냈다. 모두 아름답고 선한 영혼이 추구하는 세계에 대한 이름들이었다. 뿐만 아니라, 그 이름들은 인류 역사에서 위대한 영혼들이 온갖 인고忍苦를 치르면서 지어낸 영혼의 언어들[中庸]이었다. 제3의 논리 안에서 우리 영혼은 이렇게 자신의 언어들을 만들면서, 그것을 놓치지 않으려는 '윤집궐중允執厥中'의 몸짓을 하고 있었다. 이곳은 우리 영혼이 가장 알맞고 적절한[中의 자리] 행위의 준칙, 그 개념concepts[사덕]을 잡아내는capture 곳이었다. 그 아름답고 선한 '영혼의 언어들'이 어떻게 생성되는가 했더니, 그것들은 제3의 논리를 따라, '선함[genus]'에 속하는 그 '선한 것들[species]'의 개념을 만들어내는 우리 영혼의 균형 메커니즘에 의한 것이었다. 그랬다. 영혼의 언어들은 처음부터 하늘에서 내려오는 것도 아니었고, 본래부터 있어 온 '하늘의 이치[理]'도 아니었으며, 신비에 싸인 전설, 용마龍馬나 낙서洛書에 새겨져 있었던 것도 아니었다.

나비가 아름다운 꽃을 찾아 날 듯, 우리 영혼은 그 알맞고 적절한 것, '아름답고 선한 것'을 찾아 그렇게 날갯짓을 펼쳤다. '이 길은 과연 알맞고 적절한 것인가?'를 묻는 이 성찰은 존재[is]의 세계에서 당위[ought]의 세계로 옮겨가는 영혼의 날갯짓이었다. 아름다움을 찾아 꽃밭을 나는 나비의 날갯짓이, 우리 영혼에게는 어떤 것인가 했더니, 그것은 존재의 세계에서 당위의 세계로 옮겨가는 날갯짓이었다. 우리의 영혼은 그렇게 존재에서 당위를 만들어 그것에 이름을 붙였다. '영혼[프시케]의 언어'다. 이는 중용의 논리가 '칠정七情[존재]'의 세계에서 '사덕四德[당위]'의 세계를 만들어내는 '사단四端'의 작용과 전혀 다름이 없었다. '영혼'의

'에네르게이아'가 작동하는 적나라한 모습이 그랬다. 영혼의 에네르게이아가 작동하는 모습을 보니, 우리가 자주 사용하는 '영혼이 없다.'라는 말의 진정한 의미가 무엇인지도 알게 되었다.

제3의 논리, 이곳은 영혼의 한 형상 프로네시스가 작동하는 곳이며, 소크라테스의 디알렉티케가 이루어지는 곳이고, 당위의 언어, 그 영혼의 언어들이 창조되는 곳이었다. 이곳은 진정한 인문학이 자리하는 곳이기도 했다. 아닌 게 아니라, 이곳에서 우리의 영혼은 스스로의 힘으로 자신들의 모습을 다듬으면서 '아름다움'과 '참됨'과 '선함'과 '정의'와 '정직'과 '절제'와 같은 언어를 만들고 그 속에서 살고 있었다. 이곳에서 만들어지는 영혼의 언어들은 한 편으로는 이 세상 영혼들의 삶이 되고, 다른 한 편으로는 저세상 위대한 영혼들의 무덤[the tombs of the great souls]에 피는 아름다운 꽃들이 되었다.

제3의 논리에 들어가면, 우리는 그 세 번째 질문, '우리는 어디로 가야 하는가?'에 마주친다. 이 질문은 당위의 세계에 관한 질문이다. 사실, 제3의 논리 두 번째 질문이 만들어내는 '영혼의 언어들'은 이미 이 당위의 세계를 엮어나가고 있었다. 우리의 영혼에서 '존재[is]'에서 '당위[ought]'로의 변신이 무엇인지를 보여주는 부분이었다. 그것은 이 책에서 보여주고자 하는 인간 영혼의 본질에 관한 부분이었다. '존재'에서 '당위'가 탄생하는 비밀을 푸는 것은 저자가 오랜 동안 남겨놓았던 생애의 과제였다. 그런데 지금 우리는 이 비밀을, '사실'에서 '가치'가 탄생하는 비밀이라고 하든, '기氣'에서 '이理'가 탄생하는 비밀이라고 하든, '실제'에서 '이론'이 탄생하는 비밀이라고 하든, 철학사의 난제難題로서 '지知'와 '행行'의 괴리개념乖離槪念의 논리적 빗장을 푸는 비밀이라고 하든, 제3의 논리 형식에서 엿보고 있는 셈이 되었다.

'존재'와 '당위'는 논리적으로 서로 다른 범주에 속한다. 논리의 세계에서 이들은 어느 하나가 다른 하나에 환원reduction될 수 없다. 우리는 이를 한때 '존재와 당위의 문제[is/ought problem]', '풀릴 수 없는 문제'로 괄호쳐[epoche]두었었다. 아닌 게 아니라, 존재와 당위의 범주적 구분은 난해한 문제의 해결을 가로막고 있었다. 우선 그것은 저자에게는 지知[앎]-행行[삶]의 괴리 문제였다. 그리하여 우리는 존재에서 당위의 생성은 물론, '앎'이 어떤 '길'을 통하여 우리의 '삶', 곧 프락시스에 들어오는 것인지에 대한 의문을 제기해 왔었다.

'존재'에서 '당위'가 탄생하는 비밀은 제3의 논리 형식에 숨어 있었다. 우리의 영혼은 '선함'의 세상보기를 통하여 '사실'로부터 '당위'를 이끌어내고 있었다. '선함'을 찾는 영혼의 알 수 없는 힘[dunamis], 그것은 '사실'에서 '당위'를 만들어내는 결정자였다. 그리하여 존재와 당위의 범주적 문제, 그 이분법적 문법, '존재와 당위의 논리적 괴리乖離'는 '제3의 논리 형식'에서는 아무런 어색함이 없이 사라졌다.

우리에게 '영혼의 언어'를 만들어내는 능력이 없다면, 그리고 그것이 있다 하더라도, 그것을 올바로 사용할 만큼 정화되어 있지 못하다면, 우리의 삶은 마치 '영혼 없는 것'이 되고 말 것이다. 그와 같은 삶[영혼]은, 예컨대 중용中庸의 양극단 사이에서 중절中節의 능력을 상실하여 균형을 잃어 헤매는 것이 되고, 마침내 그 한없는 혼돈의 나락으로 추락하게 될 것이다.

'존재'와 '당위'의 연결은 존재에 관한 사실적 세계가 당위에 관한 규범적 세계로 어려움 없이 유입流入될 수 있다는 것을 보여주었다. 그것은 영락없이 과학 위에 인문학적 성찰을 올려놓은 모형이었다. 그것은 에덴 스토리가 그렇듯이, '자연의 질서'에서 '선악의 질서'에로의 위대한 변신이었다. 그것은 '하늘의 질서[天之道]'가 삶의 실제를 이끌어가는 당위, 그 '인간의 질서[人之道]'와 혼화하는 범주적 변신의 모습이었다. 이는 진정으로 과학[테오리아]이 삶[프락시스]이 되는 '자유'의 모습이기도 하고, 인간이 신성神性을 얻게 되는 포스트-에덴post-Eden의 이야기이기도 했다.

*** *** ***

나비는 왜 날갯짓을 펼치나 했더니, 그것은 아름다움을 사랑하는 것이었다. 인간 영혼은 어떤 날갯짓을 펼치나 했더니, 그것은 실천이성을 따라 '선함'을 가늠하는 저울질과 다른 것이 아니었다. '영혼'은 우리에게 말했다. "나는 생명을 가진 한 줄기 에네르게이아. 혼돈에서 벗어나 아름답고 선한 질서를 찾는다." 그러면서 영혼은 과학의 진실 위에 윤리적 선[善]을 짓고, 그 위에 행위의 아름다움[當爲]을 지었다. 이 모양새는 영락없이 '지성에 선함을 입히는 꼴'이었다. 이 책은 처음부터 여기까지 선함[agathoteta]이란 무엇인가 했다. 그러나 그것과 그 언어족言語族은 이제 더 이상 '하늘의 것[天之道]'이 아니었다. 그것은 '인간의 것[人之道]', 인간 영혼이 스스로 만들어 얻게 된 신神의 품성稟性, 그 영혼의 언어였다.

金敬琢 역주 (1972),「周易」(서울: 明文堂).

金達鎭 역주 (1999),「莊子」(서울: 문학동네).

金學主 역주 (1972),「大學 中庸」(서울: 明文堂).

南晚星 역주 (1979),「老子 道德經」(서울: 乙酉文化社).

朴琮炫 편역 (1993),「플라톤」(서울대학교 출판부).

오지은 역주 (2018),「영혼에 관하여」(파주: 아카넷).

李相玉 역주 (1985),「禮記」(서울: 明文堂).

張基槿 역주 (1972),「論語」(서울: 明文堂).

조무남 (2010),「플라토닉 러브」, (파주: 럭스미디어).

車相轅 역주 (1972),「書經」(서울: 明文堂).

車柱環 역주 (1972),「孟子 上」(서울: 明文堂).

車柱環 역주 (1972),「孟子 下」(서울: 明文堂).

Alexander, E. (2012), *Proof of Heaven* (New York: Simon & Schuster).

Alexander, E. and Tompkins, P. (2014), *The Map of Heaven* (New York: Simon & Schuster).

Aristotle (1966), Ethica Nicomachea (trans. W. D. Ross), *The Works of Aristotle* Vol. IX (ed. W. D. Ross) (Oxford: The Clarendon Press).

Aristotle (1966), Metaphysica (trans. W. D. Ross), *The Works of Aristotle* Vol. VIII (ed. W. D. Ross) (Oxford University Press).

Aristotle (1966), Rhetorica (trans. W. Rhys Roberts), *The Works of Aristotle* Vol. (ed. W. D. Ross) (Oxford: The Clarendon Press).

Aristotle (1968), Analytica priora (trans. A. J. Jenkinson), *The Works of Aristotle* Vol. I (ed. W. D. Ross) (Oxford University Press).

Aristotle (1968), Analytica posteriora (trans. G. R. G. Mure), *The Works of Aristotle* Vol. I (ed. W. D. Ross) (Oxford University Press).

Aristotle (1968), Categoriae (trans. E. M. Edghill), *The Works of*

Aristotle* Vol. I (ed. W. D. Ross) (Oxford University Press).

Aristotle (1968), De Anima (trans. J. A. Smith), *The Works of Aristotle* Vol. III (ed. W. D. Ross) (Oxford: The Clarendon Press).

Aristotle (1968), Topica and de Sophisticis Elenchis (trans. W. A. Pickard-Cambridge), *The Works of Aristotle* Vol. I (ed. W. D. Ross) (Oxford: The Clarendon Press).

Bacon, Francis (1889), *Novum Organum*, (Oxford; Clarendon).

Bourdieu, Pierre (1977), *Outline of a Theory of Practice* (Cambridge University Press).

Bourdieu, Pierre (1990), *The Logic of Practice* (Stanford University Press).

Burns, C. Delisle (1919), *Greek Ideals: A study of social life* (London; G. Bell and Sons).

Dewey, John (1916), *Essays in Experimental Logic* (New York: Dover).

Dewey, John (1929), *The Quest for Certainty: A study of the relation of knowledge and action* (Southern Illinois University Press).

Dewey, John (1938), *Logic: The Theory of Inquiry* (New York: Henry Holt and Co).

Dewey, John (1939), Theory of Valuation, *Foundations of the Unity of Science; Toward an international encyclopedia of unified science,* Vol. II, No. 4 (eds; Otto Neurath, Rudolf Carnap, Charles Morris) (The University of Chicago Press).

Flyvbjerg, Bent (2001), *Making Social Science Matter: Why social inquiry fails and how it can succeed again* (Cambridge University Press).

Fromm, Erich (1955), *The Sane Society* (Greenwich, Connecticut: Fawcett).

Guthrie, W. K. C. (1981), *A History of Greek Philosophy* (Cambridge University Press).

Habermas, Jürgen (1973), *Theory and Practice* (Cambridge: Polity).

Harding, M. Esther (1973), *Psychic Energy: Its source and its transformation* (Princeton University Press).

Hardy, A. (1979), *The Spiritual Nature of Man* (New York: Clarendon Press).

Hume, David (1978), *A Treatise of Human Nature* (ed. L. A. Selby-Bigge) (Oxford University Press).

James, W. (1902), *The Varieties of Religious Experience* (The Harvard University Press).

James, William (1907), *Pragmatism and Four Essays from the Meaning of Truth* (New York: New American Library).

Jung, Carl (1960), *The Structure and Dynamics of the Psyche* (trans. R. F. C. Hull) (Princeton University Press).

Milton, John (2000), *Paradise Lost* (London: Penguin Classics).

Moore, G. E. (1980), *Principia Ethica* (Cambridge University Press).

Morford, Mark P. O. and Lenardon, Robert J. (1995), Cupid and Psyche, *Classical Mythology* (New York: Longman).

Nietzsche, Friedrich (1956), *The Birth of Tragedy and the Genealogy of Morals* (New York: A Doubleday Anchor Book).

Nussbaum, Martha C. (1986), *The Fragility of Goodness* (Cambridge University Press).

Peirce, Charles S. (1878), Deduction, induction, and hypothesis, *Popular Science Monthly*, Vol. 13.

Peirce, Charles S. (1878), How to make our ideas clear, *Popular Science Monthly*, Vol. 13.

Peirce, Charles S. (1883), A theory of probable inference, *Studies in Logic by Members of the Johns Hopkins University* (Boston: Little, Brown, and Co).

Peirce, Charles S. (1958), The fixation of belief & How to make our ideas clear, *Charles S. Peirce: Selected Writings* (ed. Philip P. Wiener) (New York: Dover).

Plato (1985), *Meno* (ed. R. W. Sharples) (Warminster, England; Aris & Phillips).

Plato (1888), *The Republic of Plato* (trans. B. Jowett) 402 (Oxford; Clarendon).

Plato (1996), Timaeus (trans. Benjamin Jowett), *The Collected Dialogues of Plato* (eds. E. Hamilton and H. Cairns) (Princeton University Press).

Plato (1996), Phaedo (trans. Hugh Tredennick), *The Collected Dialogues of Plato* (eds. E. Hamilton and H. Cairns) (Princeton University Press).

Plato (1996), Philebus (trans. R. Hackforth) *The Collected Dialogues of Plato* (eds. E. Hamilton and H. Cairns) (Princeton University Press).

Plato (1996), Sophist (trans. F. M. Cornford), *The Collected Dialogues of Plato* (eds. E. Hamilton and H. Cairns) (Princeton University Press).

Plato (1996), Republic (trans. Paul Shorey), *The Collected Dialogues of Plato* (eds. E. Hamilton and H. Cairns) (Princeton University Press).

Plato (1996), Symposium (trans. Michael Joyce), *The Collected Dialogues of Plato* (eds. E. Hamilton and H. Cairns) (Princeton University Press).

Ross, David (1961), *Aristotle De Anima* (ed. with intro. and com.) (Oxford: Clarendon).

Rousseau, J. J. (1966), *Émile* (trans. Barbara Foxley, intro. André Boutet de Monvel) (London: Everyman's Library).

Ryle, Gilbert (1979), *On Thinking* (Oxford: Basil Blackwell).

Sagan, Carl (1978), *The Dragons of Eden; Speculations on the evolution of human intelligence* (New York; Ballantine).

Schön, Donald A. (1991), *The Reflective Practitioner: How professionals think in action* (Aldershot, Hants: Arena).

Stephens, Wade C. (1967), *The Spirit of the Classical World* (New York: G. P. Putnam's Sons).

Taylor, Charles (1989), *Sources of the Self: The making of the modern identity* (Harvard University Press).

Toulmin, Stephen (1988), The recovery of practical philosophy, *The American Scholar*, Vol 57.

Urmaon, J. O. (1990), *The Greek Philosophical Vocabulary* (London: Duckworth).

찾아보기

프로네시스 그 영혼의 날갯짓
지성에 선함을 입혀라(큰글자도서)

초판인쇄 2023년 1월 31일
초판발행 2023년 1월 31일

지은이 조무남
발행인 채종준
발행처 한국학술정보(주)

주소 경기도 파주시 회동길 230(문발동)
문의 ksibook13@kstudy.com
출판신고 2003년 9월 25일 제406-2003-000012호

ISBN 979-11-6983-072-0 03100